U0628943

名师工程

大师讲坛系列

大师讲坛系列丛书编委会主任：马立 宋乃庆

新课程·新理念·新教学

大师讲坛系列

大师谈

教育心理

肖川◎主编

西南师范大学出版社
SOUTHWEST CHINA NORMAL UNIVERSITY PRESS

《名师工程》
系列丛书

编者的话

当前，以人为本的教育理念正在逐步深化，素质教育以及基础教育课程改革不断推进。在这场深刻又艰苦的教育改革中，涌现了无数甘为人梯、乐于奉献的优秀教师。他们积极探索、更新观念、敢于创新、善于改革，在实践中创造性地发展、总结了很多先进的教育思想、教育理念；创造性地开发了很多新的教学模式、教学内容和教学方法。这些新思想、新模式、新方法在实践中极大地提高了教学质量，是教育改革实践中的新内涵和宝贵财富。这些优秀教师就是我们的名师，这些新内涵就是名师的核心教育力。整理、总结、发展、推广这些教育新内涵，是深化教育改革、完善教育体制、提高教育质量、提升教师水平的一件大事。

教育，是民族振兴的基石；教师，是教育发展的根基。

胡锦涛总书记在全国优秀教师代表座谈会上指出："教师是人类文明的传承者。推动教育事业又好又快发展，培养高素质人才，教师是关键。没有高水平的教师队伍，就没有高质量的教育。"十七大报告又进一步强调了必须加强教师队伍建设，不断提高教师的素质。当今世界，社会进步一日千里，科技发展日新月异，知识更新的周期越来越短。教师作为"文明的传承者"更要与时俱进，刻苦钻研、奋发进取，尽快提升自身素质和能力，为推动教育事业的健康发展贡献自己的力量。

基于以上，西南师范大学出版社策划、组织出版了大型系列教育丛书——《名师工程》。希望通过总结名师的创新经验、先进理念，宣传名师的核心教育力，为广大教师职业生涯提供精神源泉和实践动力，在教育实践层面切实推动从教者职业素养的提升。通过《名师工程》实现"打造名师的工程"。

丛书在策划、创作过程中力求实现以下特色：

一、理念创新，体现教育的人本精神

教师角色在以人为本的教育理念下发生了重大的变化，教师的素质和能力也面临更高的要求。如何弘扬、培植学生的主体性、增强学生的主体意识、发展学生的主体能力、塑造学生的主体人格等问题成为教师在目前教育中亟待解决的难题。丛书以教育管理者和教师为主要读者对象，通过教师综合素质的提高而将人本教育的思想落实到教育实践中，真正实现教育培养人、塑造人、发展人的本质要求。

二、全面构建，系统提升教师的教育能力

丛书选题的最大特点就是系统、全面地针对教师教育能力的提升而展开。施教者的能力决定教育的效果，教育改革的落实、教育效果的提高无不体现在教师身上。丛书针对不同教育能力、不同教学要求、不同教育对象，有针对性地设置选题。棘手学生、课堂切入、引导艺术、班主任的教导力、互动艺术、课堂效率、心灵教育等等，这些鲜明的主题从教育的细节出发，从教育实际情况出发，有针对性地解决问题，让教师在阅读中学有所指、读有所获。

三、科学权威，体现教育的时代前沿性

丛书邀请全国各地著名的教育工作者执笔，汇集在教育改革与实践中涌现的先进理念、成果和方法，经过专家认真遴选、评点总结而成，代表了目前教育实践中先进的教育生产力，具有时代前沿性，是广大一线教师学习、借鉴的好素材。

四、注重实践，突出施教的实用价值

丛书采用了通俗的创作方法，把死板的道理鲜活化，把教条的写法改变为以案例为主，分析、评点为辅，把最先进的教育理念和方法融入有趣的情境中。经典的案例，情境式的叙述，流畅的语言，充满感情的评述，发人深省的剖析，娓娓道来、深入浅出，让教师更充分地领会先进、有效的教育方法。

在诸多教育、出版界同仁的支持与努力下，《名师工程》陆续推出了《名师讲述系列》《教学提升系列》《教学新突破系列》《高中新课程系列》《教师成长系列》《大师讲坛系列》《教育细节系列》《创新语文教学系列》《教育管理力系列》《教师修炼系列》《创新数学教学系列》《教育通识系列》《教育心理系列》《创新课堂系列》《思想者系列》《名师名课系列》《幼师提升系列》《优化教学系列》《教研提升系列》《名校长核心思想系列》《名校系列》《高效课堂系列》《班主任专业化系列》等系列，共120多个品种，后续图书也将陆续出版。

丛书在出版创作过程中得到各地、各级教育部门与教育工作者的大力支持与帮助，在此一并表示感谢！

教育事业是全社会共同的事业，本丛书的出版一方面希望能对广大教育工作者有所帮助，共飨先进成果；另一方面也是抛砖引玉，希望更多的教育工作者参与到出版创作中来，百家争鸣、百花齐放，为促进教育事业的发展共同努力！

亲近大师，亲近真理

肖　川

　　我去过很多地方的中小学，发现绝大多数教师的办公桌上放的都是教参教辅类的书；我也去过很多地方的书店，发现绝大多数书架上摆的都是实用和畅销类的书。这反映了在今天这样一个由效率和技术主宰的时代，阅读者和出版者都变得十分"精明"，他们非常注重看得见的"实惠"，摸得着的"用处"和立竿见影的"效果"。

　　确实，有不少书能让读者马上"按图索骥""依葫芦画瓢"，获得想要的"东西"。如教学指南类的书能让教师完成一篇教案，考试参考类的书能让学生通过一场考试，健康手册类的书能让家长学会一些烹饪技法等。然而，还有一些书，它们的作用是间接的、潜在的，它们看似对读者没有什么实用价值，却能在无形中给人启迪、发人深省、怡人性情。

　　古今中外大师们的经典著作就属于那些看起来没有什么"实用价值"的书。阅读它们，不会让我们立即掌握一项技术、学会一门语言、通过一次测试、获得一种资格认证。但是，它们能慢慢地丰富我们的心灵、提升我们的气质、滋养我们的生命。如果说实用的书是"速效感冒药"，能顷刻解决问题，那么，大师著作就是"名贵中草药"，在不知不觉中强健我们的体魄；如果说实用的书是"地图"，能让我们找到抵达某个地方的路径，那么，大师著作就是"山水画"，能让我们看到云蒸霞蔚的风景，产生魅力无穷的遐想，让我们的心灵丰富和丰满起来。

　　是的，走进大师的著作，就如同驶入一片大海，我们会感受它的博大与雄浑；走进大师的著作，就如同走进一片大森林，越往里走，我们越能领略到其中的丰富、深邃和神奇。对于我们每个人来说，阅读大师、亲近大师是提升自我、获得成长的良好方式，对于教师来说，尤其如此。因为教育的道理，其实都是些大道理、朴素的道理、显而易见的道理，譬如说要启发诱导、要因材施教、要长善救失、要循序渐进等，这些道理早就存在于各行各业的大师经典著作中，它们经过了岁月的淘洗和一代又一代人社会历史实践的检验，颠扑不破，历久弥新，如同一棵棵扎根深土的老柳树，只要有读者的春风，就会吐出新芽，绿意盎然。教师们所要做的，就是亲近这些古老的道理，而不是追求时髦；就是坚守这些古老的道理，而不是买椟还珠；就是将这些古老的道理转化为自己的信念、智慧和实际行动，而不是将它们尘封于书本和阁楼。只有这样，我们所有的教育教学创新才会有扎实的底蕴和根基。

这套"大师讲坛"丛书，按照教育类别从浩瀚的大师创作中遴选出经典的教育篇章，将大师们的教育思想和智慧系统、集中、分类地呈现给广大读者，为读者亲近大师提供了一条比较便捷的途径。依我看来，这套书有三个突出的特点：一是主题鲜明，丛书共有10个主题，如《大师谈启蒙教育》《大师谈教育沟通》《大师谈教育激励》《大师谈儿童习惯培养》等，这些主题不论是过去还是现在甚或是将来，都是大家最为关心的教育话题，也是教育中最为重要的话题；二是内容经典，丛书所选取的文章是在以人为本的教育前提下，从众多的大师著作中选出的经典教育美文，都有一定的高度，融故事性和哲理性于一体；三是大师众多，丛书所选大师以教育家为主，囊括了古今中外的思想家、哲学家、文学家、历史学家、政治家和科学家等，既有先辈，也有就在我们身边的智者。

丛书的选文时空跨度大，观点和主张精彩纷呈，在遴选过程中未受某种体系限制，在一个主题下尽量让多种观点并存，以期给读者多元的思考及吸收之用。

阅读这套丛书，读者会沐浴在教育智慧的光芒之中，享受心智的快乐，从而多一份教育的眼光，多一份教育的思维，多一份教育的感悟和启迪。当然，这些收获不是囫囵吞枣就能获得，也不是一朝一夕就能形成，它需要反复的咀嚼、不断地玩味，需要"虚心涵泳、切己体察"的功夫，做到"学、问、思、辨、行"的有机结合，才能从微言中晓其大义，才能从平凡处见其神奇，才能真正体会教育的真谛，发现教育的乐趣。

是为序！

目　录

第 一 篇

教育心理学基础

　　教育心理学可以帮助教育者了解儿童独特的心理世界，从而正确地处理教学中的各种矛盾和突发事件，保护儿童稚嫩的心灵；教育心理学还可以帮助教育者认识学习的内在过程、特点和规律，探索影响儿童学习的内外部因素，从而改进、完善自己的教学方法。可以说，教育心理学的基础理论是每一位教育者都应该学习、掌握和灵活运用的专业知识。

　　那么，让我们一起来聆听大师对教育心理的真知灼见！听听蒙台梭利谈"孩子的内心世界"，苏霍姆林斯基谈"少年期的矛盾"，马斯洛谈"人本主义教育的目标与内涵"。无疑地，这些对我们了解教育心理是大有裨益的。

孩子的内心世界[①]

〔意〕蒙台梭利

现今，教育不只被视为一门技艺，而是社会科学这个大领域中最重要的一门研究。人类的进步发展，除了靠那些改善外在环境的科学外，最立竿见影的，还是借助直接针对发展中的人——儿童需要的科学。不只是科学家和教育学者对和教育有关的研究发现兴趣浓厚，为人父母者以及社会大众也表现出同样的关切。现代教育理念有两项众所周知的主要原则，第一是了解、培养孩子个人的特质，了解每个孩子的本性，并透过他特有的人格特质来引导他，第二项原则关乎解放孩子的必要。

虽然教育科学已经解开了无数教育上的难题，但是要实现现代教育的宗旨，还是遇到了不少难以克服的障碍。在教育研究里，"问题"这两个字，常常被用来当做研究的主题，例如人们常提到"学校问题""解放问题""兴趣和能力问题"等。但在其他科学研究方面却不是如此，而是用"原理"两个字，例如，"光辐射原理""地心引力原理"等。一般来说，在科学的研究领域中，问题多半产生于不明确和外围的部分，科学的核心则包括发现和问题的解决。但在具有实验性质的现代教育方面，不去正视重要的问题，就等于背离了科学的真义。纵使有人说："我已把教育的问题全都解决了，我在人类精神方面已做出了许多新发现，于是我将教育置于明确、单纯的境地。"对于这一论调科学家是无一人会相信的。在人类社会，有一股无形压力，逼使人们不得不去

---

① 选自《发现孩子》，〔意〕蒙台梭利著，胡纯玉译，中国发展出版社，2006年。

适应一些令人无法想象的事，也必须要去适应那些为了社会安定的礼教束缚。为此，个人必须或多或少牺牲一些自我。我们的儿童也是如此，在学习的义务下他们似乎不得不有所牺牲，不管我们多么希望孩子能够快乐地享受学习的乐趣，他必须努力学习，但又不能把自己弄得疲累不堪。我们一方面希望孩子能够自由自在，另一方面却又要求孩子服从。这些理想和现实之间的矛盾冲突，引发了许多教育上的问题，所谓教育科学的改革尝试，到头来变成了大人遥想孩子未来命运的声声叹息。所有现代学校的教育改革，其本意都是为了缓和教学沉疴所造成的伤害，例如，重新修改课程和教育制度，体能运动和休息时间的必要存在等。然而这些改变的补救方案，并未真正达到使孩子自由发展的效果。

无论如何，针对教育问题的解决方案，绝对不能有一丝一毫的让步妥协。我们一定要发起真正的改革；我们一定要开拓出一条教育的崭新大道，因为目前的教育之路，仍是一条死胡同。

当其他科学领域早已研究出许多有利于人类生命且令人激动的发明时，教育科学却仍未找到妥帖的方法。在教育研究领域，每一个探讨项目都只限于外在的现象研究。借用医学的术语来说，都是只治标不治本。

各类不一样的症状，在医学上可能都是由一个主要的病因所引起的，想要解除这些病痛，如果只是一项一项的个别分开治疗，而非找出病源所在，到最后可能只是徒劳无功。举例来说，心脏方面的异常可能引发所有身体器官功能的各种毛病，如果我们只是去治疗其中一项器官的毛病，却不去设法使心脏功能恢复正常，那么所有的症状还是会再出现。再举一个和精神官能有关的例子，倘若一位心理分析师发现，患者的发病是因为情绪感情和思想观念错综复杂的相互影响，使得精神无法负荷所产生的病症，那么这位心理分析师就必须寻根探源，追溯深埋在潜意识中的病因。一旦发现病发的主要原因后，所有的问题皆得以迎刃而解，所有的病症也会逐渐消失或者转而为无害。

我所提到的教育问题，就好似例子里所譬喻的外在病症，是经由一个隐藏难见的主因所引发，这个主要原因不和人类的社会潜意识有关。蒙台梭利的教学方法，一直保持在当今教育体制的"病态程序"之外，

4

也一直朝着一条期许能够揭发教育沉疴主因的道路前行。在蒙台梭利的教学法之下，起因已被克服，问题也已消失。

如今我们察觉出所谓的教育问题，特别是那些和人的个性、性格发展和智能发展相关的问题，事实上全都源于孩子和成人之间的冲突对立。成人在孩子发展道路上所设下的难关，不但难以数计，而且极具伤害力。这个对于孩子成长发展的危险影响程度，取决于成人在铺设这些难关时，总是挟着道德理义和科学理论之名，及其想要操纵孩子的意志来遂行其意。所以说，最接近孩子的大人——母亲或是老师，反而在孩子的人格形成过程当中，成了最可能危害孩子人格发展的人。强者和弱者之间的对立冲突，不仅与教育有关，更反映在成人日后的心理状态上，也是造成心神错乱、性情异常以及情绪不稳定的主要因素。问题从大人传给孩子，又从孩子传给成人，因此成了一种普遍的循环。

因此，教育问题的根本解决，第一步绝不应该针对儿童，而应针对成人教育者。教育者必须要理清自己的观念，摒弃一切偏见，最后还必须改变其道德态度。接下来就是要准备一个有利于孩子生活的环境，一个无阻碍的学习空间。环境的设计要符合孩子的需求，让孩子能够一步一步得到必要的解放，使其得以克服一切困难，并开始显露出他的非凡性格。以上两个步骤是奠定成人和孩子新道德的基础。

自从我们专为孩子营造一个适宜的环境，以及接触到孩子在活动中自然流露出其创造力之后，我们便看到了孩子在工作中展现出前所未有的安静平和。一个与孩子精神生命基本需求相匹配的环境，能让孩子长久隐藏的态度自然浮现，因为过去和成人之间的一再抗争，让孩子不得不武装自己，表现出压抑的态度。

我们发现，孩子的内心存在着两种不同的心理状态：其一是自然而富有创造力的，显出其正常、善良的一面；其二是因为受到强者压制而产生的自卑心态。这一发现让我们对孩子的形象有了全新的感受，给我们幽暗的漫漫长路开了一道光，引领我们走向新教育的康庄大道。孩子所表现出来的纯真、勇气和自信，皆出于道德的力量，也是孩子倾向于融入社会的表征。另一方面，孩子的缺点，例如行为缺失、破坏力、说谎、害羞、惧怕以及所有那些让人意想不到的抗争方法，一下子会完全消失无踪。成人如今与之沟通的是一个完全改观的孩子，因此老师也应该以全新的态度来面对。老师不应再集威严权力于一身，应转而以谦和的态度来帮助孩子。既然我们已经察觉到孩子的心理层面呈现出两种不同的情况，因此当我们着手讨论教育方针时，就不能不先理清讨论中的基础对象。我们应该以受成人压制的孩子为主呢？还是应该以在正常生活环境下自由成长、得以发挥创造潜能的孩子为讨论对象？

若是以被压制的孩子为讨论对象的话，那么成人即是制造出许多无法解决的问题的祸首。但若是以自由成长的孩子为讨论对象的话，成人则扮演着一个对自己的错误充满自觉性，而且能和孩子平等以待的角色。所以大人能够轻松愉悦地和孩子相处，一起和孩子共享平和温馨、充满爱意的新世界。

教育科学也应该能够在和孩子平等对待的体制下施行。事实上，科学的概念即是事先假设一个真理的存在，因此才能够有一个向前发展的巩固基础，才能够发展出一套确实肯定的施行方法，进而减低错误的产生。孩子本身就是引导我们求得真理的人，孩子希望大人能够真正地给予他们有用的协助，也就是"帮助我帮助自己"。

孩子的确是经由活动而得以在环境中成长，但是除了活动本身之外，孩子还需要物质上的接触、学习上的指引以及不可或缺的了解，这些在孩子发展上的重要所需，都有赖于成人的提供。成人必须给孩子必要的，做孩子需要的，去帮助孩子自己行动。假如大人做得不够，孩子可能就没有办法顺利地发展，但是如果大人做得太多，可能就阻碍了孩子的发展，使孩子的创造力无法发挥。而这之间的平衡点，我们称之为"介入的门槛"。随着我们引导孩子的经验不断累积，我们就越能够正确的找出介入的恰当时机，而孩子和施教者对彼此的必要了解，也就能更透彻。

孩子的活动，是经由和物质的接触而产生的。因此，我们把一些经过科学印证所挑选出来的教具，放在孩子的环境四周，让孩子任意把玩使用。有关文化传承的问题，也因为这种做法而得到解决。这样的做法不但减少了大人的介入干预，也维持了较为传统的教学形式，让孩子依据其发展所需，自己摸索学习。每一个从活动获得自由的孩子，依据最深切的创造力上的需求而发展，也在学习过程中进步。因此，个体的发展便成了有助于文化传承的课题。老师保持着引导和指导者的角色，但只有在必要时才出现，孩子的个性循着自己的法则展现，演练行动的各项能力。

我们从实际的经验中，领会出许多对教学非常有助益的心得，这些经验心得在我们着手起草明确的科学教育的纲领上有很大的帮助。其中的一项纲领就是：大人的干预、教具的使用和学习环境本身，都必须有所限制。教具提供得太多或者太少，都可能对孩子的发展产生负面影响。教具的缺乏可能导致孩子学习的停顿，教具过多则容易让孩子举棋不定、精力涣散。为了更进一步理清上述概念，让我举一个和食物有关的例子，食物营养的缺乏会导致营养不良，而吃得太多则可能会造成毒害，使身体易患各种疾病。以往，人们以为吃得多有益健康，但是现在大家都知道，吃得过饱并不会让人充满活力，反而会让人觉得疲累。之前的错误观念澄清以后，医生才得以拟出维持身体健康所需的食物质量标准，营养学寻求的则是更精确的计算方式。

现今，有些人相信教具是个人教育的关键，他们以为不需经过计划、不受任何限制地提供大量教具给孩子，是比较好的做法。这些理论就与从前人认为只要吃得多，身体自然健康的想法如出一辙。两者可以相提并论，是因为同样涉及"喂养"，一个关乎身体，一个则关乎心智。而今，我们有关智能发展的方式，也就是教具的研究，也开始显示出，限制更能够激起孩子自发性的活动和全面的发展。

有些人认为，可资运用的心理因素唯有有意识的心智和语言表达能力，这样的人很明显会彻底忽视婴幼儿。因为即使是出生才几个月大的孩子，也已显现出其独特性。认为婴儿只需要身体上的照顾的论调，模糊了最重要的事实。然而当成人放下压制的身段，试着去理解孩子心理的时候，就能够清楚地体会到，孩子的内在世界远比大家认识到的丰富而成熟。事实上，曾经有研究报告详尽地指出，即使是年纪很小的婴孩，也能和环境水乳交融。孩子适应环境的能力，更胜于他大小肌肉的发展能力。孩子的内在存有一股鲜活的精神力量，即使他的肌肉动作或语言能力的发展尚未开始，他仍然需要我们的援助和精神上的呵护。由此我们得知，孩子的天性是属于二元性的，其中一元是他的内在心理发展，其二则是外在身体的成长。这和其他动物的发展不同，其他动物几乎是打从一落地开始，就靠着天生的直觉来指引它们该怎么做，而人类必须自行建构这套机制，以便展现其精神及采取行动。这让我们想到人类独特的优异之处，就是人的自我必须启动身体动作的复杂器官，这些动作最终又会显示出个体的独树一帜。人必须建设自我，拥有自我，最后更要能控制自我。所以我们眼中的孩子其实是一个持续发展变化的个体，他必须一步一步循序渐进的，在行动和精神中间求得平衡的发展。成人的行为通常是经过思考而产生，而孩子则须设法在思考和行为之间取得一致。思想和行动的臻于一致，是孩子在发展过程中的关键。

因此，妨碍孩子的行动，便是在孩子人格建构途中设立了障碍。思想是独立于行动而产生的，而行动则可以听命于他人，动作并非只对某个精神作出反应。因为如果这样，性格会变得脆弱，内心的不协调则会削弱每一个行动的效用。这对人类未来的发展来说，是极为需要重视的一件事，也是家庭教育和学校教育所必须深思的首要课题。孩子的精神比一般人所认为的更为高尚。常常让孩子觉得痛苦的，不是因为需要去做许多事情，而是得去做那些对他来说毫无意义的事。孩子感兴趣，而且愿意付出心力的，是那些能和他的智力程度及他作为一个人的尊严相符的事情。我在全世界上千个学校里，看见很多孩子做出人们以为孩子不可能做到的事。孩子的表现，证明他们能够长时间地做某一件事而不觉得疲累，证明他们能够专心到似乎完全与世隔绝，这些都是孩子人格发展过程中的一环。孩子在文化方面已显现特别的早熟，才 4 岁半的孩子已经学会如何写字，而且非常热衷于享受其中的乐趣，我们因此将孩子这一时期热衷于画写定义为"画写爆发"。

孩子很小的时候，就在轻松、有趣的气氛下学会画写，他们一点儿也不觉得写字很累人，因为这是一件自发的活动。

看着这些健康、安静、天真、感情细腻、充满爱和欢乐、随时准备帮助别人的孩子，我不禁反思，由于过去对人类的根源所施加的错误，人们实在已浪费了太多的精力。是成人让孩子变得什么都不会做，变得疑惑，变得叛逆；是成人剥夺了孩子旺盛的精力，粉碎了孩子独特的个性。成人急切地去纠正孩子的错误、平息孩子心理上的缺失、弥补孩子性格上的缺陷，殊不知孩子的这一切都是成人自己造成的。身为成人，我们发现自己正迷失在一个没有出口的迷阵当中，身陷于一个毫无希望的挫败里。成人发现自己受困于问题满布的丛林中，不知道如何是好，唯有等到成人能够勇于面对错误并加以改正，问题才会消失。孩子长大成人后，又成为同样错误的受害者，错误若不改正，便会这样代代相传下去。

学 习的意志①

〔美〕布鲁纳

人类的一个最大的特点是能学习。学习在人类历史上是如此由来已久，以致它几乎已成为一种不自觉的活动；对人类行为进行深刻研究的学者曾经推断：人之所以为人，其特点就是能学习。因为在动物界，人和兽类相比较，人的机体发育较差，我们身上具有的各种现成的反射机制并不好。可是，正如威廉·詹姆士在几十年前说过的，即使我们的本能行为只发生过一次，此后也会由经验加以改进。通过半个世纪以来对巴甫洛夫发明的实验观察，我们知道，人不但可以由他的周围环境引起条件反射，甚至可以违背他的意志来引起这种反射。

那么为什么提出"学习的意志"这个概念呢？答案可以从教育的概念引申出来。教育，这种人类的创造力，能使一个学习者远远超出"仅仅"学习的范围。对其他动物说来，每一代都要重新开始学习，而人却是一生下来就在一个有文化的世界上，这个世界有一个主要的功能，那就是保存和传递过去的学习成果。如果人类身体的一些机能特点是固定的，确实这不仅对他是浪费，而且可能还是致命的，即使他作为一个物种为在温带地区求得生存能再创造所需要的有限范围的技能和知识也不例外。这就是说，一个人不能单纯依靠某种偶然的学习安排，他务必受到"教育"。年轻人必须根据外界的需求调整他的学习和注意力。他必须避免只顾眼前看得见的东西，而看不清稍为长远的、常是不大明白的

---

① 选自《布鲁纳教育论著选》，〔美〕布鲁纳著，邵瑞珍等译，人民教育出版社，1989年12月。

东西。他必须在某种陌生的环境里，如在文字图表以及其他抽象事物突然变得很重要的环境里也能这样注意。学校需要一个有次序的和整洁的环境，这是孩子从未知道的环境；学校要求管束和稳定，这是从来没有对孩子提出过的要求；还要使孩子常常处在这样的境地：他不明白他是否能够回答，也无法马上去询问任何人来弄清他现在是否正沿着正确的道路走。也许，最重要的事情是，学校始终和家庭不同，学校的一切教育也许都使他感到焦虑或不安，或感到怀疑或宽慰。

由于上述种种原因，学习的意志的问题便变成重要的问题（这当然有点夸张）。我们不要欺骗自己吧，这是一个无法回避的问题，虽然我想这个问题是可以控制的。我们将去探索是哪种因素可以在"受教育"性的学习中令人感到满意，在学习的实践中感到愉快。学校必须具有那种由于人为的努力而造成的气氛。差不多所有的儿童都具备所谓要学习的"内在的"动机。内在的动机就是一种不依赖于外在的报偿便能促成某种行动的东西。报偿本来就存在于学习活动结束时的成功之中，或者，甚至存在于学习活动本身之中。

好奇心差不多就是一种典型的内在的动机。我们的注意力常被某种模糊不清的，尚未完成的或者不确定的东西所吸引。我们保持自己的注意力，直到我们把手头的事情搞清楚，或者弄明确以后做完它。把事情搞清楚，或者仅是这种探索就已是令人满意的东西。如果有人为了满足我们的好奇心而给我们什么名利的报偿，我们反而会觉得这是十分荒唐可笑的。不论这种外在的报偿可能是如何令人感到愉快，又不论我们对这种报酬可能是如何缺少不得；但是，这种外在的报偿总是某种外加的东西。那些能够让好奇心活跃起来并得到满足的东西，正是那些隐藏在我们用以表达好奇心的全部活动之中的东西。显然，这样的活动与生物的本能有关，因为好奇心不但主要保存在个别人的身上，而且保存在整个人类之中。有相当多的探索结果表明，甚至在一些非人类的灵长目动物中有时也会对某种新奇的事物多方设法作出反应，以表示它的好奇心。可是，很明显，漫无目的的好奇心与毫无约束的注意力的分心状态是相差无几的。对一切事物都想注意，那就只能变成不会长久地注意任何一件事情。例如，研究3岁儿童的行为，当他们看到外面有生动的吸引人的游行队伍从旁边走过时，观察他们能够控制自己的注意力到什么程度。凡是遇到鲜艳的颜色，尖锐的声音，以及鲜明的表面闪光的东西，他们就转过头来看。学习中许多要求是超出他们年龄状态的，因为只要一分心，他们便不能继续学习一门固定的课程。这只不过是，他们"过于好奇"而已。他们是按照心理学家早就称之为"第一注意法则"生活的。这个法则是：注意力受环境中生动而又变化的事物所吸引。对于好奇心的早期的和令人眼花缭乱的变化发展，以及由此产生的功能，人们曾作过大量的推测，有一位神经心理学家唐纳德·赫布（Donald Hebb）曾经提出这样一种看法：儿童陶醉在这个世界中，不大会按环境条件去构筑他的思想的"模特儿"。显而易见，儿童智力发育上的障碍是由于剥夺了他的丰富的可产生映象的精神粮食，在一般正常情况下，这些精神食粮就是向好奇心提供的额外食物。那些在一种大致相同的环境中长大的动物，在获得他们往后的生活能力中——去学习以及传递他们已经学到的本领中——会表现出多种缺陷。由于错误的教导，或由于有精神病的父母，使得那些"被关在小阁楼"中长大的孩子，也同样会表现出惊人的迟钝。那些生长在死气沉沉的育婴堂或孤儿院的儿童，深受单调和冷漠的环境所折磨，确实会表现出智力的下降；对这种智力下降，只有一种补救办法，那就是为他们提供大量的丰富多彩的能引起他们好奇心的精神食粮。可见，儿童对什么都感兴趣的能力确确实实发挥一种重要的功能，就是去寻找新的映象。他对周围的一切加以选择，积累那些经常发生的带有规律性的东西，并从中获得"知识"；他把这些东西从那个充满杂乱形象的周围世界中分离出来。

可是，如果要求注意力保持长久并集中于某一件事情，哪怕当时另出现一些诱人的事物，那么，很明显，为要做到这一点，必须规定一些加以约束的规则。对好奇心加以有意识的利用，是如此缓慢和难于掌握，好像部分地要由年幼儿童身上新发现的"自我教育"的能力来支持，具体地说就是要靠他不断地按一定的次序，自己对自己说话的能力的支持。还有一部分要靠那日益变得平稳的力量，看来是那些可见的公开行为的促进力。这些行为具有一种手段能够排除不相干的映象的干扰，使得儿童完成作业所需要的注意力能保持稳定不变。最后，随着习惯性动作和语言的发展，便会出现更多的"自我指向的"（Self-directed）注意力，有时候它被人们称为衍生的最初注意力。儿童之所以能保持注意的平稳状态，更多的是由于要求他注意的动作的习惯活动，而不是由于对生动事物的接触。如何让他能够保持注意力于一长串彼此有联系的事情上，对此我们所知甚少。虽然年幼儿童往往是糟糕地漫无目的地徘徊在他们的各种注意之中，但是，当有人对他们讲一些引人入胜的故事时，便能使他们处于一种着迷的和注意力长期集中的状态。我们从这种观察中可以学到一些东西。是什么东西使得一个故事的内在程序（情节）甚至比使人分散注意力的外界的东西更能引人入胜呢？在其他的活动中是否也存在一些类似的特点呢？这些特性能否被用来训练一个儿童保持他的注意力而不受那突然出现的强烈的事物的影响呢？

观察一个或一组儿童搭一堆积木，要求他们尽量把积木搭得高些，他们的注意力便会保持在一个引人注目的焦点上，直到他们把积木搭到最高峰，以至积木倒下的时候，他们会重新再搭得更高一些。这项工作的戏剧性效果仅仅是它的次要性方面，更重要的是通过他自己的努力去驾驭那不确定的事情而产生的不断增强的魅力。这种魅力几乎是那种由闪光而生动的东西造成的消极的吸引力的对立面。把好奇心引导到更加强烈的智力要求，必须把消极的、易于接受的、片段性的注意形式转化为持久而积极的形式。游戏，不仅有利用玩具的游戏，还有智力游戏和问答游戏（例如"二十个问题"游戏），这样的游戏可以提供上述引发好奇心的训练。由于一个人可以借助于这种重要的人类的动机——这种动机看来是那些最可靠的动机之一——很明显，我们的人为的教育实际上就可以被安排成少包含一些人为性质的活动，而从动机的观点看，一开始就把教育看做同好奇心和注意力用更加明显的形式联系起来的活动，这样便可以把好奇心锻炼成为更加微妙的积极的表达形式。说句公道话，我认为在当前的课程建设中，其成功之处，主要是依照这条道路获得的。当成功到来之时，它采用了一种人所公认的形式，即在我们所知的少数办法之外，还采用演绎推理领域的方法：当我们把二和二加在一起时，便会产生惊人的结果。但是，这样一来，便产生关于胜任力（competence）的争论问题，对此问题我们在下一章还要讨论。

好奇心仅仅是促使人学习的内在动机之一。驱使人去获得胜任力则是另一个问题。罗伯特·怀特教授对这个争论问题分析得很好。他说：

"根据韦伯斯特字典所说，胜任力意指适合或才能（fitness or a-bility），它的同义词包括能力（capability）、接受力（capacity）、有效力（efficiency）、熟练（proficiency）和技能（skill）。所以，这是一个恰当的，用来描述诸如下列事情的字：领会和探索，爬和走，注意力和感性认识，所有这些都是为了促进一种有效的——能胜任的——能够与环境发生相互影响的作用。当然，这是真的，成熟会在所有上述能力的发展中起作用，但是，这种作用和学习种种更为复杂的技能（例如演说或需要熟练技术的操作）相比就大为逊色了。我将说明有必要把胜任力看做一种与动机相联系的概念；有一种胜任的驱动力（competence motivation），正如可以把胜任从已经获得的才能这个更为人所知的意义来看，它同胜任力是一样的。举一个例子，那种能够导致有效地领会、掌握和放弃一些对象的行为，都不是随便出于精力过剩而产生的无目的的行为。这种行为是有方向、有选择性的，并且是持续的；这种行为之所以能持续下去，并非因为它能提供基本的动力（因为这种行为除非能达到差不多美满无缺的程度，实际上是不可能起到这种作用的），而是因为这种行为能够满足一种内在的需要去对付周围的环境。"①

对幼儿和其他幼小动物的研究结果表明，大量游戏都必须看做为了未来应付实际生活环境所作的预习。例如灵长目动物学家们指出，年轻的母狒狒早在它们尚未生养自己的小狒狒之前，就学着如何把幼狒狒抱在手臂中摇抚。实际上狒狒的游戏差不多都可以被了解为处理狒狒与狒狒之间的关系的本领。它们不同于人类的孩子，狒狒从来不拿什么东西当玩具来玩，人类学家们相信，正是由于这种原因，狒狒长大后就没有使用工具的能力。由此可见，为了精通早期的语言，也必须依靠早期的准备和预习。有一位语言学家最近说到，一个两岁的婴儿如何不断地学着说话，即使灯熄了也不停止，等到父母离开了，交谈停止了，他才很

———————————
① 见怀特著《对动机的重新认识：胜任力的概念》（R. W. White, Motivation Reconsidered: The Concept of Competence, *Psychological Review*, 66；297～333 1959）。

快就睡着了。①

儿童的无语言游戏，除了使他们在实践和发展新技巧（本领）中获得一种喜悦外，很难用别的东西来说明。虽然胜任力很可能不是"自然地"被引到学校学习中来的东西，但是完全可能，那种使儿童体验到"学会一种所喜欢的课程"的极大增强的活动力，是由同样的因素形成的。

我们对自己所擅长的东西感到兴趣。在一般情况下，人们很难对一种活动保持长久的兴趣，除非他在这种活动中能获得一定程度的胜任力。体育也是一种极好的活动，年轻人不用为从增长技术中获得快乐的刺激才去参加体育活动，但在体育活动中，过早地把成人的标准强加于孩子的运动队伍，让他们过早地去模仿大人，则是例外。几年前，在苏格兰的戈登斯通学校引进的一种习俗已经变成了奇闻。这所学校除了传统的田径运动项目之外，添加了一项新奇的竞赛：要求孩子们努力超过自己以前的最好成绩记录。有几所美国学校也采纳了这种观点，虽然人们对此尚未有"恰当的评价"，据说这套办法在孩子们身上产生了巨大的激励作用，收到了惊人的效果。

如要获得"有成就"的感觉，就要求一项工作有某种起点和终点。还有一种实验也许可以作为对照和参考。有一种为心理学家所熟知的、以"蔡戈尼记忆效应"（Zeigarnik Effect）这样一个令人生畏的名称来称呼的现象。简单地说，它是这样的：那些被打断的工作比之人们必须不受打断地加以完成的工作，很可能更加使人想把它们再做下去并加以完成，也更可能易于使人牢记。不过，这个理论把事情看得太简单了，它忘记考虑一个关键性的因素。这个"效应"所支持的仅仅是：实验所规定的工作，即都是有结构（有始点、有计划并且有终结）的工作。如果这些工作是一些"糊涂的"，没有什么意义的，是随意决定而又没有什么可以看得见的手段去衡量其进展程度的，那么，完成这些工作的内驱力不会因为工作被打断而受到上述那种激发的。

看来，获得胜任力的愿望也遵循同样的规律。除非我们正在做的事

---

① 见韦尔著《在幼儿床上的语言》（Ruth H. Weir, *Language in the Crib*, The Hague：Mouton, 1962）。

情和告诉我们如何做的某种方式之间存在某种有意义的统一性，我们自己是不大会力求作出新的成绩来的。毫无疑问，这还只是问题的一个小部分，因为并不是人人都想在同样的活动中要求有胜任力的，而有些胜任力甚至是具有这些能力的人常遇到困难的原因。男孩子不会对缝出一条优美的缝口的挑战感到激动（指在我们的文化社会中），女孩子也不会对在大街上有打架的本领感兴趣。对不同年龄、不同性别和不同社会阶层的孩子各有适合于他们的、使他们积极活动的不同胜任力。但是，关于有胜任力的动机却有某些超越上述差别的东西。其中之一是：一种活动（假定它是被认可了的），它本身必须具有某种有意义的结构，如果这种活动要求一定技巧，而这种技巧对现在的行为者说来又是稍微高一点的话——也就是需要经过一定努力的练习才能学会的话。也许，上述两点的结合才是最重要的。

有经验的教师在他们讲授新的科学和数学课程时会告诉人们，他们如何惊奇地发现学生们渴望知道新课程的下一步的内容是什么。有几位教师曾认为，这种渴望产生于学生对一门学科的内容的理解力之不断增长的信心。有些学生好像对某一课题获得了一定深度的首次理解的体验，体会到自己已经走进了某门学科的某个领域。这就是我所说的"有胜任力的动机"的实质，而我们的学校肯定还没有开始去开发这个充满热情的巨大宝库。

当我们还不清楚在哪些界限内，胜任的内驱力通过外界的奖励可加以塑造和引导时，我们很可能会认为这些内驱力极易受到外界的影响。可是，除了引导之外，又有什么教育方式能够使这种对胜任的内驱力生动活泼又有教益（不论它表现在耕种、踢足球还是数学的领域里）呢？人们为他们自己的缘故而去掌握某些技能或知识，这时是什么东西使他们能维持得到成就和欢乐感情呢？什么是索斯丁·维布伦（Thorstein Veblen）所指的掌握一种工艺的本领呢？增强追求胜任力的动机是否主要地依赖于进行练习而不管练习的内容？或者，它们是否也都依赖于力求取得社会地位、财富、安全或声誉的动机呢？

首先，对待胜任的内驱力所给予的鼓励，在不同文化传统的社会，以及在一个具体社会中的不同阶层，它们的态度存在着惊人的差异。例如戴维·麦克莱兰在写"正在取得成就的社会"时指出的那种事实，即在某一时间和场合，人们会发现，那种希望取得成就的动机是否强烈，在很大程度上取决于社会及其各种制度，也同样取决于流传在其间的神话①。他强调个人的责任心和主动性，作出决定和行动的独立性，力求自我完善的特殊性——所有这些东西，都是为了使得更基本的胜任力能够超越童年而永远发生作用。

但是，对于智力上的优势——作为表达胜任力的媒介物——的评价，随着不同的文化传统而有所不同。例如弗里德·贝尔斯在比较波士顿的爱尔兰人和犹太人移民社团时，认为犹太人比之爱尔兰人更加把学校的成绩和智力看做构成自己权利的美德，也把这看做是向上流动的途径②。这样说的理由，可以在历史上找到。赫佐格和兹波罗斯基在他们写的关于东欧犹太人社会的书里提出：那种防止犹太人进入其他行业而设置的障碍，有可能帮助犹太人形成极为优越的智力上的教养，如表现为一种为人们所称道的胜任力。③

一种文化不可能只是有意识地通过运用奖励和谴责这两种措施便可以"处理好"这些事情。在东欧人中，一位犹太法学博士的儿子犯了盗窃罪，如果他宁愿去当商人而不去当一位犹太的法典学者（Talmudic Scholar），他就可以不受惩罚，如果他真的要选择后一条路去当学者，他就是想通过长期的、没有外界奖赏的并经过艰苦锻炼去这样做的典型了。可见，有许多微妙的力量在起作用，人们对所有这些力量都相当熟悉，但是当讨论到教育时却往往忽视了这些。这些微妙力量之一是"同意"。一个具有专长的专家比一个干手工活的工人更受人"尊敬"。但是，这并没有完全说清楚问题。他受谁尊敬呢？近代社会学家经常谈到获得一种"咨询团体"批准的问题——人们向这种团体询问关于如何行动的指导，希望弄明白可能发生的事情，希求作出最后的决断。但是，

---

① 见戴维·麦克莱兰著《正取得成就的社会》一书（Divid Mcclelland, *The Achieving Sociaty*, Princeton, N. J.：Van Nostrand, 1961）。

② 见弗里德·贝尔斯：《嗜酒的"固定因素"》。（R. Freed Bales, "The 'Fixation Factor' in Alcohol Addiction：A Hypothesis Derived from a Comparative Study of Irish and Jewish Social Norms," unpublished doctoral dissertation, Harvard University, 1944）。

③ 见兹波罗斯基和赫佐格合著的《生活与人民：东欧犹太人的小镇》（Mark Zborowski, Elizabeth Herzog, *Life Is with People：The Jewish Little-Town of Eastern Europe*, New York：International Universities Press，1952）。

是什么东西导致这一个人去依赖那个特殊的咨询团体呢？

那种看来像是起作用的东西，是我们自豪地称之为"自居作用"①的东西。这种东西，用描述的办法比用分析阐述的办法更加容易说明。这是指人类的一种强烈倾向，就是要对其他人表白"自我"模式和抱负的意向。当我们感觉到我们已经成功地变得"很像"某一个模范人物时，我们从这种成功中得到快乐；反之，我们让这个"模范人物失望"时，便觉得痛苦。就这个模范人物而论，他也是一个"某种类型的人"——属于某一群人或某一类人——我们把自己对一个人的忠诚扩大到对一个有关团体的忠诚。因此，事实上，自居作用不仅涉及个人，而且涉及这个人所处的社会。

虽然这种解释过于简单，但却勾画出了自居作用的主要特征，一种有自我证明性质的过程。因为它所完成的是让学习者免受惩罚和报偿的进程。从我们现在所奉行的标准表明我们已经获得了某种独立性，可以不受他人给予的直接的惩罚和报偿的影响。

心理学家对上述情况的评论是：那些使人有"自居作用"的人物，最大多数是支配我们最向往的、珍贵的心理资源——例如爱情、同意、食物——的人。现在我们暂时跳过这个问题，以后再加以讨论。

自居作用一般是为保留一些强有力的属性（它们寄托着相当大的感情方面的愿望）而发生的。但是，也存在一些"较温和的"自居作用形式，它们在人们的童年和以后的年代也同样是重要的。也许我们可以把那些起到较为适度的影响的人称为"胜任力的模范"。他们是一些"胜利工作的"英雄们，是一些可靠的人，我们和他们能够在某些方面发生互相影响的关系。当然，他们拥有一些稀有的资质，其中有些是为人们所追求的胜任力，但是，重要的问题是，这种资质可以通过相互影响而获得。要举例说明这种"胜任工作的"模范，再没有比一个儿童从他向父母那里学习语言时所流露的态度更好的例子了。那种"试验——校正——修改"的过程一直持续不断，直到这个儿童发展到学习句法规则为止；他通过这些规则便可以造句并能够恰当地对句子加以修改。最后，他养成一套很有建设性的习惯，使他能够成为自己说的句子的创造

---

① 以理想中的某人自居的一种变态心理。——译注

者和修改者，这套习惯成为他的"学习语言的规则"。他的父母就是这样的模式，他们通过相互影响向孩子教授语言的技巧。

在教授一种技巧的过程中，父母或教师要担负更多的传授技巧的工作。教师还要把对某一门学科的态度授给学生，而这种态度也是对学习本身的态度。由此而导致的结果可能是不为人们所注意的，例如在我们的学校中，学生首先要学习的常常是学会记住被问过的事情，在做什么事情时要保持某种没有明确规定的整洁状态。这是一种思想训练的结果，这种思想来自外界，而非来自内心，还要重视作出正确的回答。观察力敏锐的人类学家们认为，低年级学生主要的道德价值，典型地体现出一个社会的女性的特征，是谨慎而不是大胆，这是受一种女士式的礼仪所支配的。

波林·西尔斯最近的一个研究报告特别提及这个观点[1]，他认为低年级的女孩子能较早学会控制自己的烦躁不安情绪，做得比男孩好，这是对她们"女性"的道德价值取得优胜的报偿。可是，这种报偿可以说过于成功了，以致在以后的年代很难改变女孩子早年在学校学到的那些循规蹈矩的品德。男孩子在低年级时比较不安定，就得不到这样的报偿，结果却是在后来高年级时可能表现出更多的灵活自由的学习能力。人们很有理由这样认为，关于这些孩子在生活中具有的其他条件里，还有很多东西必须弄明白，并从中总结出某种肯定的结论，但上述观点还是很有启发性的。肯定有许多方式可向孩子们扩大提供胜任力典范的范围。其中之一是聘请一位有经验的老教师，特别对低年级是如此。此外，还有电影或闭路电视，通过这些设备可以极大地展现学生能够受到其影响的众多的教师。当然，电影教学有明显的局限性，因为学生不能和电影中的人物交谈。但是，可以采用一种模拟的互相交谈方式，包括在电视教学中安排一组学生直接在广播室上课。这样，学生便可以和电视屏幕上的学生一起上一门公共课程。教师分队教学制（team teaching）还可以通过另一种方法提供这种胜任力范围的例证，如果有一位

---

① 波林·西尔斯：《影响儿童解决问题的情感和态度的因素》（Pauline Sears, "Attitudinal and Affective Factors Affecting Children's Approaches to Problem Solving," in J. S. Bruner, ed., *Learning about Learning*. Washington, D. C.：U. S. Office of Education, in Press）。

教师被专门指定担当上述繁重任务的话，则更是如此。所有上述的办法都已是经过检验的教学实践，不过教育学犹如经济学和工程学那样，常常必须使用一些方法，不仅去弄清楚它们是否起作用，还要弄清楚它们如何可以起作用。

我宁愿这样认为：教师必须是一个有效率的有胜任力的典范，一个在日常工作中的典范，可以从他那里受到影响的典范。教师的工作，主要的不是向学生提供一个让人模仿的典范，更重要的是，他能够成为学生心中的对话人之———学生需要他的关心，希望按照他的为人标准以定出自己的标准的那种人。在这种情况下，教师变成某人和另一人共同使用的语言的谈话者。这种有互相交流作用的语言会变成一个人自身的一部分，此外，为互相交流所采用的语言的风格和清晰的标准，也会变为一个人自己的标准的一部分。

最后，再讲几句关于一个与学习意志确实有非常密切关系的内在的动机问题。也许，它可以称为互易性（reciprocity）。因为它涉及人类一种迫切的需要，即需要对他人作出反应并且与他人一起为一个目标共同操作。近代动物学的一个重要见解就是认为某一物种内部的互易性对保存该物种的个别成员具有重大作用。心理学家罗杰·巴克曾经指出：他发现要预测一些孩子[①]（他曾对这些孩子的日常生活活动作了大量的研究）的行为，最好是了解他们的处境。一个孩子在棒球队里爱玩棒球，在杂货店里就爱玩杂货。处境具有一种引起需要的价值，这种价值看来和引起操作的动机没有多少关系。它肯定不单纯是一种"求得一致的动机"；这真是太伟大的一种抽象。如果一个人坐在车子尾部（和他坐在一起的还有三四个人）正在设法解决他的"受挤"的问题，试着想"松动一下"，这就并不十分符合"使他的努力适于进入一个企业"。这个问题，涉及我们所知的人类行为的最原始的一个方面。

像我们已经讨论过的其他活动一样，活动的练习看来就是它的唯一报酬。也许，它就是人类社会的基础。这是通过与同类其他成员的互相影响所产生的一种反应。凡是需要联合行动的地方，那里便需要互易性

---

① 罗杰·巴克：《论环境的性质》(Roger Borker, "On the Nature of the Environment," *Journal of Social Issues*，19.4：17-38，1963)

以便集体地达到一个目标，好像有一种程序，把个人带入学习活动之中，把他猛推到一个可以获得一种胜任力的活动之中，那种胜任力是这个集体环境所需要的。我们对进行相互交往的原始动机的确知道得很少，可是，我们确实知道，这种相互影响的活动也同样能够对学习构成一种驱动力。人类（其他动物也一样）形成一种生活范型，一种为社会集体的目的和活动所需要的生活范型。人类是在这样的社会集体中认识自己的。"模仿"不是用于这种活动的一个词，因为这种活动在大多数场合往往不能说明人们所模仿的是什么。有一种令人感到兴趣的观察方法，那是观察幼童学习正确地使用"我"和"你"这两个代名词，看这时会发生一些什么现象。当父母对孩子说："你现在睡觉去。"这个孩子说："不，你不睡觉去。"我们都乐了。我们说："不是我，是你。"经过了一段短暂时间的惊讶和迷惑之后，这个孩子终于学会了别人对他说"你"这个字，指的是他自己，而他对别人用这个字，则是和"我"倒过来的意思。这是相互学习的最早的一个例子。正是通过这种过程，孩子们在很大程度上学会了玩许多美好的复杂的游戏（成人和孩子玩的游戏是相似的），于是，他们学习在家庭和学校里所担当的角色，最后，会在更大的社会环境里担当起他们的角色。

现在正作为与知识的同义词使用的"学习"这个字，主要含有相互作用的意义。一种文化，按它最根本的性质而言，指的是一系列价值观念、技术以及生活方式，社会中哪一个成员都没有全部掌握这一整套东西的本领。在这种意义上，知识就像一根绳子，它的每一股线，在延伸了几寸之后便都互相扭结在一起，使整根绳子变得很牢固。奇怪的是我们的教育系统采取的措施，却看不见知识的这种互相依赖的性质。我们有"教师"和"学生"，"专家"和"外行"。可是，有点忽视了学习的社会性。

确实有一种非常令人鼓舞的措施——这种措施现在为一些较好的中学所采用——这是一种近似在课堂讨论上交换意见的办法，这里的讨论是教学的手段。这就是互易性。但是，它要求人们承认一个重要的关键的事情：你不能同时既要互相交流又要每个人都学习同一件事情，或者要求每个人始终按同样的方式"完满无缺"地完成相同的学习。如果那些相互起作用的小组，通过刺激每个成员为小组作出自己的贡献而来支持学习，我们就需要允许由此而培养的各种专门人员——评论家、革新家、间接的助手、顾问。因为正是通过这些彼此联络的专门人员的培养，小组参加者才会意识到在小组中的相互作用。不用担心这个学生为这学期的这次课堂讨论要完成某项相当专门的任务。这种任务是会变化的。同时，如果他能看到自己在提高小组的历史或地理或别的什么学习上如何作出贡献，他很可能会变得更加积极起来。可以肯定，上述这些角色中，将出现一种辅助教师的角色——要鼓励出现这种角色——这只会有助于减轻教室中一位专门人员站着而其余的人坐着的那种单调沉闷的气氛。

让我再说一遍上述的论点，不过可能有人会认为这是重复。上述论点就是：学习的意志是一种内在的动机，一个人将会在学习自身的实践中找到学习的源泉和它的报酬。学习的意志之成为"问题"，只是在一些特殊条件下才会发生，例如，在一所学校里，课程是一成不变的，学生是受禁闭的，学习方法是固定了的等。这个"问题"对学习本身并不见得太严重，不过在实际上，学校所强加于学生的东西，常常未能利用那些可以维持学生自觉学习的自然的能量——例如：好奇心，获得胜任力的愿望，极力去仿效一个模范人物的抱负，以及要置身于社会交往环境中的强烈意识。我们所关心的是，如何使得学生的这些能量通过在学校的学习活动培养起来。如果我们对此确实所知无几，我们至少应当知道如何开始这个工作的合理的前提。教育的实践至少要产生一个引起人们兴趣的前提。地理大发现时期之所以可能出现，毕竟是由于人们在那个时期之前已经发展了很好的测量地球经度的技术，这为地理大发现的可能出现提供了前提。

现在你们将注意到，在学校学习中被看做激发因素的"外部"奖励和惩罚，其重要性已被大大降低。在前面几页中，我是有意不理会那条所谓"效果律"（Law of Effect）的，这条规律认为一种反应大多会重复出现，如果它先前经常伴随"对事情的满意状态"出现的话。我并非不重视强化的观点。这条规律之所以使人怀疑的唯一原因是，这种"对事情的满意状态"只能可靠地从学习本身之外——如在教师的和善或刺耳的语言中，在获得职位、级别和金星奖章中（如在对中学生作荒谬的抽象的保证说如果他毕业了，他终身会多得百分之八十的收入等）才会找到。而外部的强化也确实可能起到某种特殊的作用，甚至可能导致重复出现某种行为，但是，它并不是有益的、可靠的；一个人通过长期的学习会逐步地按照他自己的方式构筑一个关于这个世界是什么样的，以及这个世界能够是什么样的有用模式。

少年期的矛盾^①

〔苏〕苏霍姆林斯基

少年会像有了一个新的发现那样，产生一种想法："我是一个像我父亲、母亲、教师以及任何一个成年人一样的人。"这种想法往往会在少年的头脑中产生大量激烈的矛盾。少年把周围的一切事物以及所有他们在生活中所遇到的人明显地划分为善的与恶的。少年还不善于深入思考一些事实和现象的本质。他对善恶的评价是直率的，首先是充满激情的——强烈、公开和生硬的。他往往会仓促地作出结论。

我在自己笔记的开头部分讲到有个少年，在教师指责他不尊重人的劳动之后，突然发起火来。为什么他竟会对教师出言不逊？（如果可以把那些语气生硬，然而从少年的观点来看是正确的一些俏皮话看做是粗暴无礼的话）他已进入到那样一种精神发展时期：对周围所发生的一切都会感到激动不安并且兴致勃勃。他似乎觉得，他所听到的和在生活中所见到的事物之间有一种相互抵触的东西，这使他感到惊讶。少年的突然发火正显示出少年期精神发展的一种矛盾，即是一方面对邪恶和说假话毫不妥协并准备与那种稍微偏离真理的现象作斗争，而另一方面却又不善于理解生活中的一些复杂现象。

对少年精神发展的这一矛盾必须注意。在少年期的这一矛盾中有好的一面，也有坏的一面。好的一面是对邪恶的不妥协。这是对邪恶的一

---

① 选自《苏霍姆林斯基选集》（5卷本）第3卷，〔苏〕苏霍姆林斯基著，蔡汀、王义高、祖晶主编，科学教育出版社，2001年。

种非常强烈的情绪——对一切贬低少年关于真善美概念的一切现象表示仇视与厌恶。要像珍惜无价之宝那样珍惜少年心中这种对邪恶不妥协的火花。不要去扑灭少年不妥协的冲动，也不要要求少年做到在生活的一切场合，凡事都要首先进行周密思考与权衡，然后再决定他自己应该做什么？爱或恨、喜或怒，进行干预或袖手旁观。记得卡·乌申斯基说过这样一句话：一个人的性格是在青春烈火之中铸成的。千万不要去压制少年对他见到和知道的丑恶现象的那种急躁的和充满强烈感情的反应。当您看见少年冲动的时候，当少年对我们生活中的不良现象说出自己看法的时候（当然，在他的话里也会有错误），不应当忘记，我们遇到的正是人的性格的形成过程。心灵之火，假如不去刺伤它的话，是不会熄灭的。只要心灵之火在燃烧，就是莫大的幸运。请支持少年，帮助他理解他自己的各种想法和疑难问题，这是最重要的。如果真理是在少年一边，教育者自己也会充满一种崇高的激情。他就会成为少年的同伴、朋友和同志；而这在教育工作中是一种多么巨大的力量啊！当然，事先规定的感情是没有的，教育者不可能预见到自己内心的冲动，然而他的感受应该是他真正的精神世界的反映。

如果教师力图扑灭那种希望战胜邪恶而点燃的情感的火花，就会使少年养成冷漠和伪善的性格。一个孩子或一个少年，当他看到邪恶与欺诈行为后，无动于衷地瞧上一眼，然后走来向您请教，他该做什么？如果这样的话，那么，但愿您不要以为，您在教育的田地里培育出了好庄稼。这可不是小麦，而是飞廉。冷静地审慎和预见只能培养出胆小鬼和对周围所发生的一切漠不关心的庸人。

只有当狂热的激情使少年人的心灵激动不安的时候，教育才能成为一种塑造人的工作。虽然少年们还缺乏经验，他们难以找到一种抒发自己心灵之火的途径，应该使少年在接受周围一切事物时，在他们的心田不留下一个平静的角落。少年教育工作中的最大危险是感情上的沉睡状态。如果一个少年的心处于沉睡状态，任何崇高美丽的话语对他来说只是一种空话。而如果一个人的心处于睡眠状态，则真理可以为其理解，然而却不能成为他的信念。在认识事物的过程中，如果没有情感的参与，少年是不会把教育者对他所揭示的真理运用于自身的；这样，教育就不能成为一种自我教育，因而也就不能算是真正的教育。

　　如果您想要使自己的话始终为少年所理解的话，那么请您点燃对周围世界进行情感评价的火花。请仔细倾听那些使少年感到激动和不安的东西。不偏不倚是个无能的教育者。但愿偏袒会使教师所说的话充满生气和有血有肉的思想性。

　　少年期的第二种矛盾：少年想要成为一个好人，追求理想，而同时他却不喜欢别人对他进行教育，不能容忍赤裸裸的思想和倾向。这种赤裸裸的思想和倾向有时会成为学校教育的真正灾难。弗·恩格斯说过：倾向应当从场面和情节中自然而然地流露出来。这种思想对教育工作来说是十分重要的。假如一个人像发现真理那样为认识真理而竭尽自己的努力，那么这个真理对他来说就会是十分珍贵和亲切的，尤其是在少年时代。您应该找到一条通向少年心灵的途径，使少年的心对真正的道德美的榜样倾羡不已，并产生一种惊叹和景仰的感情。如果少年有了这种感情，那么概括道德原则的思想就会成为一种个人思想上的收获与个人所获得的精神力量。

　　在谈到我们心中最珍贵的东西——对祖国的爱和准备为祖国的荣誉、光荣与强大而献身时，教育中那种赤裸裸的偏见尤其不能容忍。崇高的言辞只有当它们埋藏在心灵深处不受侵犯的时候，只有当个人的思想渗透到自己最珍惜的领域中去进行自我反省并提出问题："我为什么活在世上？我应该为祖国做些什么？"的时候才会激动人心。

　　我对少年们讲述有关谢尔盖·拉佐的故事，我的主要目的是要使我的学生，人人都能作自我反省，把自己的力量，自己的命运和自己想做好事与建立功勋的意愿看做是祖国的一个小小的组成部分。我坚信，集体的教育作用是以自我反省和自己想对祖国的宏大事业有所贡献的想法作为起点的，更确切地说，一个少年在对自己的生活目的问题作了考虑之后，就会产生另外一种想法："人们对自己是怎么想的，是怎么看的？"只有当刚刚被您引上艰难的生活道路的那个人把他自己与他所向往的和受到鼓舞的道德理想进行比较的时候，教育才会产生预期的结果。

　　当一个集体里的成员都能进行这种内心比较时，这个集体就能成为一种强大的教育力量，因为集体的每个成员都向自己本身提出较高的要求，因而对同志们也提出同样高的要求。教育者仅仅在我们社会的基层组织中把一个集体划分为"纯的"与"不纯的"两类人，把好学生与坏学生加以比较，这样的教育是极为简单和软弱无力的。集体对个人施加影响是一种非常细致的教育方法。可以毫不夸大地说，这是一种存在于人们相互精神关系中的最为娇嫩与脆弱的东西。只有当一个精神最脆弱的人从自己绝大多数同伴的眼神里看到了一种对道德理想的向往，看到了他们一定要攀登道德美的顶峰的强烈愿望时，集体才能成为一种真正使人上进的力量。要建立一个作为教育力量的集体，就必须从形成思想观点与思想信念着手做起。

在许多学校的集体中，我们常常会看到一种不能不令人感到担忧的现象：一个被叫来参加整个集体"讨论"的学生往往会感到，别人对自己施加影响的目的与其说是为了他好，倒不如说是为了教育别人。对精神生活的各种复杂现象在那样一些场合进行集体讨论不可能是富有同情心的和诚恳的；少年往往要经受一种"掏心"的痛苦，而他之所以变得"桀骜不驯"，拒不回答或者对那些"忏悔"和"保证"之类千篇一律公式化的东西嗤之以鼻，这一切并不能说明他道德败坏，恰恰相反，而是证明他的精神冲动是纯洁而高尚的，他对虚伪是毫不妥协的。

对少年和孩子的教育，像对成年人的教育一样，只有在自我教育的基础上才能进行。而自我教育是人的尊严的具体体现，是推动人类尊严的车轮前进的强大潮流。教育少年的真正艺术就在于给少年提供一种机会，让他自己去思考，如何教育自己，如何变好，如何在克服困难和感受胜利喜悦的过程中进行自我奋斗。如果想"迫使"他作出改正错误的许诺，强迫他说出"坚决改正"的话，那么他至多不过感到，这是一种骗人行为，因为他并没有想过，应如何改正错误以及在这件事情上对他有些什么要求？如果谁也不想去深入了解一下产生不道德行为的那些个人的原因，小孩子往往会感到自己只不过是一个无话可说的教育对象而已，而当着整个集体的面是很难让他说出自己心里话的。在学校工作30年中，我得以分析100例几乎完全相同的过错：青年对家长隐瞒了教师打的不及格分数。然而每次都有着不同的原因，不同的道德和感情动机，而主要的是：假如教师不是在学校——家庭联系册上打上不及格分数（这是专门给家长看的），而是和这个少年谈一谈，给他布置个别作业，约定好个别谈话的时间（当然，不是考试，而是谈话），这个少年

27

就会有较多的自信心和自尊感，而这对教育工作来说就算是取得了一半的成绩。

令人十分痛心的是我们看到的不是一种对人的精神世界深入地研究与探索，而是一种刻板的、公式化的决定：有过错或没有过错。可是在生活中往往会有成千上万各种各样迥然不同的情况，在这种时候是根本不能从这样一种角度来作出判断的。应该从发展的观点来看少年的思想成长，最主要的是应该看到，少年在确立公民的尊严感与自尊心。

一个人在少年时期比一生中任何其他时期更需要别人的帮助与建议。聪明而敏锐的教育家往往就能成为这种年龄少年的精神导师。那么为什么在实际生活中还会遇到这样一种少年期的矛盾：一方面非常强烈地需要别人的帮助和建议，但同时又似乎不愿意向长者请教？在这样一个初看起来令人奇怪的矛盾中隐藏着一种少年想要独立行动和表现自己的愿望。

怎样才能克服这一矛盾呢？教育者要成为真正的精神导师，一个重要的条件是教育者与被教育者思想上的一致。教育的不幸就是因为缺少这种一致性。一个少年做出了不体面的行为，教师就会严厉批评道："难道你在家里看到过这样的事吗？"然而，不幸的是少年有时候会感到孤独，虽然他处于人群之中。处于人群之中而感到孤独，那是很危险的。因为不管是谁——教师还是家长——都不知道少年的精神寄托是什么？特别不能允许的是不了解少年有哪些精神需要，不了解脑力劳动、书籍和艺术在他的生活中占有什么样的地位。如果一个少年感兴趣的只是电影、电视、晶体管收音机和磁带录音，如果这个少年不知道，他费劲地攻读的那本书并不能激发他去对自身命运作什么思考的话，那么不管你为他操多少心，他仍然会感到孤独。

教师应当是一个能够懂得和觉察少年思想和情感脉搏的人。当然，如果教师走到少年身旁询问："喂，你在想些什么，请谈谈吧？"——这样做是会把学生给推开的。只有那种能与学生思想感情一致，共同关心社会利益并与其休戚相关、苦乐与共的人才能成为少年的导师。只有当我和学生感受同样的思想和感情的时候，当我能够把自己心灵的一部分灌注到学生心灵中去的时候，我的心和学生的心达到了彼此了解。精神上的一致就表现在从自己的学生身上看到自己，看到自己的愿望与理想。如果我能够把自己心灵中的东西倾注到学生的心灵中去，那么学生就会来向我讨教并要求帮助，就会来向我倾吐衷肠。

一方面是数不尽的期望，另一方面是实现这些期望在能力、经验与条件上的限制，这两者之间的矛盾也是少年期的一个复杂的自我肯定过程。少年时代的认识特征可以这样来确定，即他们以关切的眼光注视着人们。少年对那些建立了功勋以及在劳动、科学和艺术方面作出成就的人颇感兴趣。无论是能工巧匠的作品、无论是演员的创造性劳动，或者是运动员的成绩都能使他们感到激动。因此，少年的爱好是多方面的，其兴趣是经常在变化的。他昨天迷恋技术创造，而今天却醉心于绘画了；昨天他感兴趣的是少年自然科研组的工作，今天却是摄影，而明天他想的却只是足球了。而当长者对他们说："别贪多嚼不烂，考虑考虑学习吧，"——他就会觉得成年人的要求过于苛刻。这就是产生"违拗症"的原因之一，即总是竭力违背别人对他提出的合理的要求与劝告。

用禁止的办法是不能在少年的愿望、兴趣、志向与其力量、能力、爱好之间建立起协调一致关系的。少年有各种各样的愿望，在这些大量的愿望中他们表现出一种自己也感到莫名其妙的想试探自己的力量、条件与能力的渴望。他们的爱好经常在变化，这本身就是一种探索。应当帮助少年进行这种探索。然而应当注意，少年对别人对其活动进行过多的干预是持怀疑态度的。如果教育者不了解少年的精神世界，那么即使是善意的劝告也会被理解为禁止做这件事或者命令去做那件事。少年在感到迫切需要明智的劝告时以及在选择活动方面感到犹豫不决时，他甚至自己本人也害怕承认这一点。他害怕自己会给别人留下一种不全面的印象。他不能容忍带有倨傲语气的劝告而往往反其道而行之，以达到用故作姿态的信心来对抗对自己活动的干预以及想用坚定果敢的表现来掩饰自己的束手无策。教育者的任务是要使少年的许多爱好中有一个比较坚定的爱好并使这种爱好成为他自觉的志向。在少年时代，尤其是到年岁较大的时候，合乎规律的一般情况是他们不再沉湎于抽象的对未来的憧憬，而是有意识估量自己的力量与能力以及考虑自己将成为怎样的人和自己能够做些什么？我们教育工作者必须保护这种爱好并使那种更加符合少年力量与天赋的活动成为他们长时期从事的活动。重要的是不要有那种将来一事无成的轻率的爱好。爱好劳动与创造——这是做人的根本。

不热爱事业，在事业中没有取得出色的成就，没有自尊感，也就失去了做人的意义。如果一个人在少年时代不能在劳动中找到自己的位置，那他长大后就可能会一事无成。教育不应该归结为只是寻求一种手段来防止懒散以及为使少年不入"坏伙"等而随便用一些什么东西去填补他的心灵。愿望与爱好的培养是教育过程中最细致的一部分工作。在这方面只注意表面上的平安无事是十分有害的。所有少年都已有所爱好了，但愿这不会使教育者感到高枕无忧。主要的是要注意每个人爱好什么？应当看到每个少年的愿望与兴趣是在发展变化的。最后，应当把少年所必需的东西变成他的愿望。不要把一些任性的念头当做愿望。假如教育者允许少年们每天在体育室玩几小时的话，那他当然会使少年们感到满意的。乌申斯基写道：如果教育希望一个人获得幸福，那它就应该不是为幸福，而是为劳动而对他进行教育。幸福不可能是无忧无虑和无所用心的。

少年鄙视利己主义、个人主义，同时具有敏感的自尊心，这种少年时代的矛盾要求教师掌握严格的分寸和尊重学生的个性。对少年的教育工作应当着重于发展健康的进取心，即自重与严于律己。多情善感、禀性聪颖以及对语言与美的敏感——这是影响人的心灵的最细腻的手段。所有这一切都取决于教师如何巧妙地和恰如其分地肯定少年心灵中那种他们应当感到自豪的以及被社会看做是美德的东西。同时，十分重要的是要做到，社会对个人的优点的好评不是在奖金、奖励等方面反映出来，也不是通过用一个人的优点与另一个人的缺点相比较的方法反映出来。因为这样的评价方法只能培养儿童的个人名利主义，而不是集体主义，这种做法的危害性在于它会使少年把精神的炸药一辈子隐藏在自己的心中：从一个小小的功利主义者成长为一个大坏蛋。

这种建立在比较基础上的美德教育，比如说教育孩子要做像瓦尼亚那样的好人，而不要做像彼契卡那样的坏蛋，这样的教育会把年岁还很小的孩子就给引入了歧途，它对少年来说是一种精神毒药。要让小孩子为自己的长处感到自豪，而且并不因为自己有这些长处而期待任何奖励、好处和奖品。我了解这样一件事：在六年级曾经有个很有数学才能的学生。每次测验总是只有他得5分。可是有一次测验的结果却使大家感到惊奇：得5分的不仅仅是那位天才的数学家，而且还有4个学生也得了 5 分，不及格的一个也没有，绝大多数学生得 4 分。那位天才的数学家就不高兴了，并且还大声地哭了起来……教师对此感到奇怪，他不明白究竟是怎么一回事。可是孩子们却是明白的。有个小女孩就说："他之所以哭是因为得 5 分的不只是他一个人，而且还因为不及格的一个也没有。"

这种建立在对比基础上的教育往往造成这样一个结果：教师总是把优秀生的才能与平庸的常得 3 分的学生作比较。于是这样一种思想就在少年的头脑里深深地扎下了根：我之所以是个好学生是因为有差学生。要使每个人都能有引以自豪的东西。如果一个教师不轻易责骂学生，能够经常发现学生工作中的好的方面，那么教师偶尔对学生的夸奖就会被看做是一件难能可贵的事。自尊感是一种高尚无私的感情。它表现出人们之间细致的、美的和崇高的相互关系。当一个人仿佛在镜子里在另外一个人身上看到了自己的时候，也就是当他把那种存在于他本身的善良的东西灌注到另一个人身上去并在另一个人身上体现的时候，就特别感到有一种纯洁而高尚的自豪感。我总是力求让少年把自己点点滴滴的精神财富赠送给别人，以便使友谊、同志情分和兄弟关系建立在紧密地相互交织在一起的人的精神交流上。

精神财富的交流，把这些精神财富从一个人的脑海转移到另一个人的脑海中，从一个人的心中转移到另一个人的心中（这也是个人生活中很细腻的一个方面），构成了集体关系的一部分。防止孤僻和个人精神世界的隔绝乃是一种避免利己主义和自高自大的方法之一。要达到这样一个教育目的并不像原先想象得那么轻而易举。教学过程的内在规律本身就包含产生孤僻与隔绝的危险性，因为在学校里总是不断强调（别无他法）："要用自己的努力去获得成功，别指望别人，因为对脑力劳动的评价总是个体地进行的。"为使学校生活充满集体主义精神，就不应该只局限于课堂教学。丰富多彩的课外智力活动是交流精神财富的重要条件。

浪漫主义的热情洋溢与……粗野的举动，道德上的无知；对美的赞赏与……对美的嘲讽——少年期的这些矛盾往往会给教师们与家长们招来许多不愉快的事情。娜·克鲁普斯卡娅曾经写道："常常会有这样的

教育心理学基础

情况：一个文静的孩子突然像脱缰之马那样出言不逊和恣意破坏等。"①有些家长和教师认为，似乎那种想折断、毁坏东西和想要打人，一般是少年天性所固有的特征。这是非常错误的：残暴行为从来就不是人类天性所固有的特征。

少年时期智力与感情领域的相互关系发生了质的变化，而这些矛盾就是隐伏在这一变化之中，但这种变化往往不被教师和家长所注意。对这一变化研究得还很不够，而教师们由于对此缺乏准确的科学认识，在自己的工作实践中往往根据猜测和少年对一切涉及其个人的事物反应总是异常强烈的一般推论行事。

智力与感情领域相互关系的变化是以解剖生理过程为基础的。这种过程使少年的思维产生质的变化。他一边进行抽象、概括和好奇地仔细观察周围世界和自己本身，一边思索着人的精神世界的复杂现象——思想坚定、刚毅、勇敢、忠于信念、大胆无畏、渴望认识和洞察大自然的奥秘以及决心为崇高的理想而斗争。追求浪漫主义的东西就是认识过程的一个新的质变阶段的结果。

对人的精神世界的认识为浪漫主义精神添了双翼，也是少年进行道德上自我肯定所必不可少的动力。做少年的导师就首先要让他们用好奇的眼光看到人类思想、爱好与理想的世界。这就是说，要在少年的意识中树立起关于生活的崇高目的和人民理想永垂不朽的思想。浪漫主义的热情奔放和对人的伟大精神的赞叹能使少年的感情变得高尚，培养细腻的感情。没有浪漫主义精神就不会有感情素养。

可是，少年的浪漫主义的热情奔放似乎与其智力活动开始发生矛盾。浪漫主义精神受到了思维的剖析。少年力图在理解周围世界的种种现象的同时，也要了解自己的感情。他为自己的感情感到羞愧，怕别人把自己看做是个过于多情善感的人。他觉得那些细腻、善良和仁慈的感情是儿童所特有的，而他希望尽快地与儿童时代的一切东西一刀两断。他不善于在人们的精神现象中发现细腻的感情，这些现象只能使他感到惊奇并为之神往。少年感到精力旺盛，他靠了自己体格上的健壮有力，能够吃苦耐劳，希望通过有关的活动来表现自己的能耐。如果教育者对

---

① 《克鲁普斯卡娅教育文集》（11卷本）第3卷，莫斯科，1959年版，第343页。

少年的感情素养的教育有片刻的忘怀，那么少年就会很快丧失在儿童时代所获得的那些东西。

我想起这样一件事。我曾经与一些七年级学生在第聂伯河沿岸旅游，在一个夏季温暖的傍晚，我们不知不觉地走到了一个荒僻的，仿佛是与世隔绝的地方：一座古老的公墓，它的一边与一个不大的沟壑接壤。在悬崖的顶端长着一棵不高、但相当挺拔、枝叶茂盛的杨树。我们就在离它不远的地方停下来休息。当我在朦胧之中听到我的学生纵声大笑的时候，夜幕已经降临。我站起身来，看见男孩子们站在小杨树的周围，而维加正在拼命地想把这棵小杨树连根拔起。杨树已经弯倒在沟壑上，眼看就要折断了。我走到孩子们跟前，他们感到很窘，都回到帐篷里去了。而维加则低头站着。我找他谈了话，我们谈了生活与理想，一直谈到深夜。我发现了少年精神世界的新的境界。维加钦佩一些大胆、勇敢的人物，他只看到他们力量的外部表现。他读了很多关于斯巴达克的书籍，留在他记忆中的斯巴达克是一个力大无比的人，而斯巴达克的高尚而细腻的情感和内心活动却没有引起这位少年的注意。

如果要培养一种可以称做没有旁人在场的个人诚实，就需要对自己的行动实行感性与理性的统一的监督。这种监督是自律的一个重要方面。

这些就是少年期的矛盾。这些矛盾并不是不可避免的，然而要绕过它们或者完全把它们给推开是不可能的。高水平的教育工作可以使这些矛盾得到缓和与减轻，而笨拙低能的教育工作则会使这些矛盾更加深化、激化并导致冲突。在希望和努力达到自我肯定与实现这种愿望的能力之间不相适应是这些矛盾的共同特征。为了使少年时期这一矛盾不导致冲突与破坏，应该把年轻的公民培养成具有成熟的思想、刚毅顽强和思想上坚定不移的人。

人本主义教育的目标与内涵①

〔美〕马斯洛

　　我们说自我同一性的发现，这是什么意思？意思是找出你的真实愿望和特征是什么，并生活在一种方式中使它们能表现出来。你经过学习成为真诚的、忠实的，也就是让你的行为和言谈成为你内在感受真实而自发的表现。我们大多数人已学会避免真诚。你可能正处于一场战斗中，你的内脏正因恼怒在激荡，但假如电话铃响了，你仍会拿起话筒，亲切地应一声"喂"。真诚是虚伪向零点的下降。

　　有许多教导真诚的方法。训练组是一项尝试，使你意识到你真正是怎样的人，你对他人怎样反应，办法是给你一个变得诚实的机会，说出你的内部真正在进行什么活动，而不是掩饰真相或斯文回避。

　　我们描绘为健康、坚强和鲜明的人，似乎是在谛听他们内在感受声音方面比多数人更清晰的人。他们知道他们需要的是什么，也同样清楚他们不需要的是什么。他们内在的爱好告诉他们，某种颜色和另一种不协调，他们不需要毛衣，因为它使身上发痒，或他们不喜欢肤浅的性关系。另一些人，恰恰相反，似乎很空虚，失去和他们自身内在信号的接触。他们吃、喝、拉、撒、睡，都按钟点安排，而不是接受他们自己身躯的暗示。他们做一切事都以外部标准为根据，从选择食物（它对你有益）和服装（它正时兴）到价值和伦理判断（我爸爸说的）都是如此。

　　我们非常善于使我们的孩子弄不清他们自己的内在呼声。某个孩子

---

① 选自《人性能达的境界》，〔美〕马斯洛著，林方译，云南人民出版社，1987年。

34

可能说，"我不想喝牛奶"，而他的妈妈却回答，"为什么，你知道你需要喝点牛奶。"或者孩子说，"我不喜欢菠菜，"而她告诉他，"我们爱吃菠菜。"自知的一个重要部分是有能力谛听来自内部的这些信号，但做妈妈的弄得这些信号混淆不清，这对她的孩子不会有什么好处。她也能很容易地说，"我知道你不喜欢菠菜，但因为如此这般的理由，你无论如何得吃一点。"

有审美能力的人对于色调、外貌的协调、式样的适宜等似乎比多数人有更清晰的冲动声音。智商高的人对于理解真理、看出这种关系为真、那种关系非真似乎有同样强有力的冲动声音，正如有审美能力的人似乎能看出这个领带适合这件夹衫而不适合那件一样。最近在儿童中进行了大量关于创造性和高智商之间有何关系的调查研究。有创造性的儿童似乎是那些有较强冲动声音告诉他们什么是对什么是错的儿童。非创造性的高智商儿童似乎已经丧失了他们的冲动声音，变得循顺常规，总是期待父母或老师给予指导或启发。

健康人对于伦理和价值问题似乎也有清晰的冲动声音。自我实现的人在很大程度上已经超越了他们文化的价值。他们与其说仅仅是美国人不如说是世界公民，首先而且重要的是人类的成员。他们能客观地看他们自己的社会，喜欢它的某些方面，不喜欢另一些方面。假如教育的一个终极的目标是自我实现，教育就应该帮助人超越他们自己的文化强加于他们的条件作用而成为世界公民。这里便有了一个如何才能克服他们的文化适应的问题。你如何才能在一个年幼孩子的心灵中唤醒对全人类的同胞意识使他长大成人以后能仇视战争并尽一切努力避免战争呢？教堂和主日学校已经审慎地回避开这项任务，并以向孩子们讲授多姿多彩的圣经故事作为替代。

我们的学校和教师应该追求的另一个目标是使命的发现，一个人的命运和归宿的发现。一部分要理解你是什么人，一部分要能够谛听你内在的声音，这就是发现你要用你的生命做什么。发现一个人的自我同一性和发现一个人的事业，揭示一个人将为之献身的圣坛，几乎是同义词。发现一个人的终生事业有点像发现一个人的配偶。在婚姻方面，有一个风俗要年轻人"进行实战"，和许多人接触，进入一两次恋爱，在结婚前或许还要进行一次严肃的试婚。这样，他们才能发现他们在另一性别的成员中喜欢什么和不喜欢什么。当他们变得越来越意识到他们自己的需要和愿望时，那些非常了解自己的人最终也恰恰能彼此发现并结识。在你寻找你的事业、你的终生事业时，有时也有非常相似的事情发生。你感觉它很合适，忽然你发现，一天 24 小时似乎不够长了，于是你开始抱怨人生的短促。在我们的学校中，却有许多职业顾问根本不懂得人的存在的可能目的，或甚至不懂得什么是对于基本的幸福所必需的。所有这一类型的顾问所考虑的只是社会对航空工程师或牙科医生的需要。没有一个人提及，假如你对于你的工作不满意，你就丧失了自我完成的最重要的手段之一。

总的来说，学校应该帮助孩子们观察他们自身的内部，并从这种自知中得到一系列价值观念。但在我们今天的学校中并不讲授价值。这可能是从宗教战争时代传递下来的惯例，那时教会和国家被分割开了，统治者断定价值的讨论是教会的事，非教会的学校应该关心其他问题。我们的学校，在严重缺乏真正的哲学和训练有素的教师的情况下，不讲授价值也许还是一件好事，正如它们由于同样的理由不讲性教育也是好事一样。

人本主义教育哲学所产生的许多结果之一是对自己的不同看法。这是一个非常复杂的概念，几句话很难说清楚，因为几个世纪以来它第一次谈到一种本质，一种内在的性质，谈到种族性（Specieshood），谈到动物性。这和欧洲存在主义者，特别是萨特的看法显然不同。萨特认为人完全是他自己的设计，完全是而且仅仅是他自己专断的、没有辅助的意愿的产物。在萨特和一切受他影响的人看来，一个人的自我变成了一种专断的选择，一种命令式的意志，要成为什么样的人或做什么事而没有任何关于什么是好、什么是坏，什么是善、什么是恶的准则。萨特基本上否认生物学的存在，完全放弃了任何绝对的或至少是任何遍及全人种的价值。这非常接近于使强迫性神经症成为一种生活哲学，其中你能发现我曾称之为"经验空虚"的特征，即不存在从内部发出的冲动声音。

美国人本主义心理学家和存在主义精神病学家大都更接近心理动力学家而不是萨特。他们的临床经验使他们设想人有一种本质，一种生物的性质，一个物种的成员性质。我们很容易就能说明"揭示"疗法能帮助人发现他的自我同一性，他的真实自我，一句话，他自己的主体生物学，于是，他能进而实现它，"造成他自己"，进行"选择"。

难题在于人种是唯一的一种物种，它发现自己很难成为统一的物种。一只猫就是一只猫，似乎没有什么问题。这是容易理解的，猫似乎没有什么复杂性或矛盾或冲突，没有迹象渴望成为狗。它们的本能是非常明显的。但我们没有这种明确的动物本能。我们的生物本质，我们的本能残余，是微弱而难以捉摸的，它们很难把握。那些外在的学习比我们深蕴的冲动更有力量。人种中的这些最深部的冲动，处在本能几乎已经完全丧失的场所，它们在那里是非常微弱的，极端纤细娇嫩的，你必须深挖才能发现它们，这就是我说到的内省生物学的所在，生物现象学的所在，意思是说，寻求自我同一性、寻求自我、寻求自发和自然的必要方法之一，是闭上你的眼睛，隔断噪音，摒除杂念，放下一些事务，完全以一种道家的和承受的方式使自己放松（很像你在精神分析卧具上的所为）。这里的技术就在于等着瞧会发生什么事，会想到什么。这也是弗洛伊德称之为自由联想、随意浮游而不是有什么固定任务的活动，而如果你这样做取得成功，并懂得怎样去做，你将会忘记外部世界及其嘈杂声音，并开始听到这些微小的纤细的来自内部的冲动声音，来自你的动物本性的暗示，不仅来自你的普通的种族本性，而且来自你自己的独特本性。

这似乎是一种非常有趣的矛盾现象。一方面，我谈到揭示或发现你的特质，在全世界你和每一他人不同之处。另一方面，我又谈到发现你的种族性，你的人性。正如卡尔·罗杰斯所说，"当我们寻求我们自己个人的同一性进入作为特殊而独特的自我越深时，我们也越能发现整个人的种族，这种情况是怎么发生的呢？"那不会使你想到 R. W. 爱默生和新英格兰的先验论者吗？发现你的种族性到足够的深度，将会和发现你的自我性结合起来。变成（懂得如何成为）丰满的人意味着两种活动同时进行。你在了解（在主观上体验）什么是你所特有的，你何以是你，你的潜能是什么，你的风格是什么，你的步调是什么，你的爱好是什么，你的价值是什么，你的身体的趋向如何，你个人的生物因素引你到何处，即你和他人有何不同。而同时它又是了解一个人成为像其他人一样的人意味着什么，即了解你和他人有何相似之处。

教育的目标之一应该教人懂得生活是可贵的。假如生活中没有欢乐，就不值得生活。不幸许多人从未体验过欢乐，体验过那些我们称之为高峰体验的全面肯定生活的极少的时刻。弗洛姆谈到能经常体验欢乐的乐生者，也谈到似乎从未体验过欢乐时刻的欲死者，他们对生活的理解是微乎其微的。后一种人会追逐他们生活中的各式各样愚蠢的机会，好像他们希望能有一个意外事件来拯救他们脱离自杀的痛苦念头。在逆境下，如在集中营中，觉得生活每时每刻都很珍贵的人曾为求生而斗争，而另一些人却任自己毫无抵抗地走向死亡。我们开始发现，那些正在进行局部自杀的吸毒上瘾者会很容易放弃吸毒，只要你能给他们的生活提供某种意义作为替代。心理学家曾把酗酒者描绘为极度沮丧、厌烦生活的人。他们形容这些人的生存为一种无尽头的平板经历，没有任何起和伏。柯林·威尔逊在他的著作《新存在主义导论》中指出，生活必须有意义，必须充满高度紧张的时刻才能肯定生活使它有价值。不然，死的愿望就可以理解的了，因为谁甘愿忍受无尽无休的痛苦或烦恼？

我们知道儿童能有高峰体验，在童年期，这是常有的。我们也知道，现在的学校制度是一种压碎高峰体验、禁止它们出现的极端有效的工具。不怕看到儿童欢娱景象的天然尊重儿童的老师在教室中是罕见的。自然，一间教室坐满 35 个孩子又要在一定时间内教完一节课，这种传统的模式会强迫教师比她教学生学习体验一种欢乐感时更注意秩序和安静。但我们的官方教育哲学和师范学院似乎由此得出一个不言自明的想法，认为一个孩子过得快活是危险的。要知道，甚至学习阅读、减法和乘法这样的困难任务（在工业化社会中是必须的）也能弄得很有吸引力并成为一种乐趣。

幼儿园教育能做些什么来对抗死的愿望，小学一年级能做些什么来增强生的愿望呢？也许它们能做的最重要的事是让孩子得到一种成就感。儿童在帮助某一比他们自己幼弱的孩子完成某件事时能得到很大的满足。不加管辖和约束能使儿童的创造性受到鼓励。由于儿童模仿老师的态度，老师能受到鼓励变成一个欢乐的、自我实现的人。父母把他们自己歪曲的行为模式传递给孩子，但假如教师的行为较健康、较坚强，孩子将转而模仿教师。

首先，不像作为讲课者、条件者、强化者和老板的教师的流行模式，道家的辅导者或教师是承受型的而非干扰的。我有一次曾听说，在拳击界有一个年轻人，他自己觉得很不错并想当一名拳击手，到体育馆找到一位负责人说，"我愿当一名职业运动员，愿列入您的门下。我愿受您管教。"在拳击界，那时要做的事是试试他。好的经理会挑选出一位职业拳击手并说，"领他去拳击场。把他打翻在地上，训练训练他。让我们看看他的能耐如何。让他把他的本领全使出来。练练他。"假如证明这位拳击手有希望，是一个"天生的"材料，好的经理要做的则是接收他并训练他，看他是否能成为一位拳击家，一位更好的拳击家。那就是说，他认为他的风格是一种天赋，是给定的，他只能在给定的风格上建造他的未来。他不是一切都从头来过，说，"忘掉你已经懂得的，完全按这样的新方式来做"，那等于说，"忘掉你的身体类型"，或"忘掉你的所长"。他承认他的现状并依据他自己的才能把他培育成一位他有可能成为的最佳拳击家。

我深深感觉这是能够使很多教育界起作用的方式。假如我们要成为辅助者、顾问、教师、引导者或心理治疗家，我们就必须接受有关的人并帮助他理解他已经成为何种类型的人。他的风格是什么，他的能力倾向如何，他适于干什么，不适于干什么，我们建造的基础是什么，他的有价值的原材料是什么，有价值的潜能是什么，我们不要使他受到压力而要造成一种接受他的本性的气氛，使畏惧、焦虑和防御降到最低的程度。最重要的，我们要关心他，即欣赏他和他的成长和自我实现。所有这些听起来都很像罗杰斯派的医师，他的"无条件的积极关怀，"他的和谐一致论，他的开放和他的照顾。的确，现在已有证据表明这能"使他显露出来"，使他有所表现，有所动作，有所尝试，甚至出错；让他自己为人所见。在这一点上的适当反馈，如在训练小组或基本的交朋友小组或非指示咨询中常见的那样，能帮助他发现他是怎样的人。我们必须懂得珍视儿童在学校中的"闹剧"，他的狂想、入迷，他瞠目结舌的惊讶，他酒神般如醉如痴的热情。至少，我们能欣赏他冲淡的狂喜，他的"兴趣"，他的业余癖好，等等。这些能有助于很大的发展。特别是能引向艰苦作业，坚持不懈的，全神贯注的，富有成果的，有教育意义的作业。

反过来，我想也可以设想高峰体验、敬畏、神秘、惊奇、或完美成就的体验都是学习的目标和奖赏，既是它的开端也是它的终局。假如这对于伟大的历史学家、数学家、科学家、音乐家、哲学家等是真实的，我们为什么不应该试着把这些研究也扩大为儿童的高峰体验的来源？

我应该说明，我所得到的支持这些提示的有限知识和经验大都来自聪明的有创造力的儿童而不是迟钝的或被剥夺基本权利的或病态的儿童。但我也应该说明，我在辛那侬社区中①、训练组中、Y理论企业中，伊萨冷型教育中心中、格罗夫型幻觉剂研究中、且不说莱因型精神病患者研究中，所得到的有关这些被认为前途无望的成年人的经验和其他这一类经验，已经告诉我绝不要事先就把任何人一笔勾销。

内在教育的另一个重要目的是要看到儿童的基本心理需要得到满足。险非他的安全、归属、爱和尊重等需要能得到满足，儿童是不能达到自我实现的。用心理学的话说，儿童这时没有焦虑，因为他觉得自己是可爱的，知道他属于这个世界，有人尊重他，需要他。大多数到辛那侬来的吸毒者提到，他们都曾经历过一种几乎缺乏任何需要满足的生活。辛那侬中能创造一种气氛使他们觉得似乎自己是四岁的孩子，然后让他们慢慢地在一种气氛中长大，在那里他们的基本需要能够一一得到满足。

教育的另一个目的是使意识保持清新，使我们能不断地觉察到生活的美妙无穷。我们在这个文化中常常变得失去敏感，以致对许多事情视而不见，听而不闻。劳拉·赫胥黎有一个小巧的立方形放大镜，你能插入一朵小花，观看立方镜各边的光线在花朵上的变化。注视片刻以后，观察者会变得忘怀一切并由此引起幻觉体验，好像在观看一件东西的绝对具体的方面和它的美妙存在。保持日常体验清新的极佳方法是想象你就要死去——或和你朝夕相处的别的什么人就要死去。假如你真地受到死亡威胁，你会以不同的方式观察事物，比你平常更密切地注意一切。假如你知道某人就要死了，你会更集中注意而又更亲切地看他，而不带我们经验中常有的那种漫不经心的专断性质。你必须向定型倾向作战，绝不要让你自己以惯例态度对待任何事情。从根本上说，最好的教导方法，不论是历史、数学、或哲学课，都在于让学生意识到其中的美。我

---

① 收容和教育吸毒者的地方。——译注

们有必要教我们的孩子领会统一与和谐，领会禅宗的体验，能够同时看到短暂和永恒，能够在同一个对象中看到圣洁和亵渎。

我们必须再一次学会控制我们的冲动。弗洛伊德治疗过分压抑者的日子早已过去，今天我们面临的问题恰好相反，是每一种冲动都迫不及待地表现出来。要告诉人控制并不是非成为压抑不可。达到自我实现的人有一套阿波罗式的控制系统，使控制和满足在一起发生作用，使满足带来更大的愉快。例如，他们知道，假如你坐在一张摆满美食的整洁桌前吃东西那将更为惬意，尽管准备烹调和收拾桌子要有更多的控制。就性关系说，也有类似的问题。

真实教育的任务之一是超越虚假问题并力求解决严肃的存在生活问题。一切神经症问题都是虚假问题。但邪恶和痛苦的问题是真实的，每一个人或迟或早都必须正视。是否有可能通过受苦达到高峰体验呢？我们曾发现，高峰体验含有两种成分，一种是感情的欢乐，一种是理智的启示。两者并不一定要同时出现。例如，性乐高潮在情感上可以是极为满意的，但不会以任何方式给人以启发。面临痛苦和死亡时，一种非欢乐的启示可以发生，如玛加尼塔·拉斯基的著作《欢乐》中所指出的那样。我们现在有讨论死亡心理的大量文献，可以使我们明显看出有些人临近死亡时确能体验到启示，得到哲学的卓识。赫胥黎在他的著作《岛》中，举例阐明一个人如何带着和解和承受的心情死去而不是以一种不庄严的方式被拖离人世。

内在教育的另一侧面是学习如何能成为一个好的选择者。你能教你自己进行选择。你面前放着两杯葡萄酒，一杯廉价的，一杯昂贵的，看你喜欢哪一杯。试一试你是否能闭上眼睛分辨两种牌子的香烟有何不同。假如你不能分辨，也就没有什么不同。我曾发现我能分辨好坏葡萄酒，因此我现在宁愿多花钱买好酒。另一方面，我分不出松子酒的优劣，因此我总是爱买便宜的松子酒。既然我分不出优劣，还挑什么呢？

什么是我们所说的自我实现呢？我们希望我们理想的教育制度能造就的心理特征是什么呢？达到自我实现的人有良好的心理健康状态；他的基本需要已经得到满足，那么，是什么动机驱使他变成如此忙碌而胜任的人呢？一个原因是，所有自我实现者都有一个他们信仰的事业，一个他们为之献身的使命。当他们说"我的工作"时，指的就是他们生活中的使命。假如你问一位自我实现的律师他为什么进入法律界，什么东西能补偿那许多烦琐事务的劳累，他最终会像这样向你诉说，"是的，我一看见有什么人捉弄另一个人，气就不打一处来。那是不公平的。"公平对于他是终极价值。他说不出为什么他重视公平，正像一位艺术家说不出他为什么珍贵美一样。换句话说，自我实现的人所以会做他们所做的事，似乎是为了终极价值的缘故才那样做，这些终极价值似乎又是为了捍卫一些具有内在价值的原则。他们保护并热爱这价值，假如这些价值受到威胁，会惹得他们恼怒，激发他们行动，并往往作出自我牺牲。这些价值对于自我实现的人不是抽象的；它们是他们的一部分正如他们的骨骼和血管一样。自我实现的人是由永恒的真实、存在价值，由纯真和完美激励着的。他们越过了两极，力图看到潜伏的浑一；他们力图整合一切，使它内容更丰富。

再一个问题：这些价值是类似本能的吗？是生命体中固有的吗？就像对爱的需要或对维生素 D 的需要是生命体中固有的那样？假如你从你的食谱中排除所有的维生素 D，你将生病。我们能依据同理说爱也是一种需要。假如你剥夺了你的孩子们的所有的爱，那会杀死他们。医护人员已经懂得，得不到爱的婴儿会由于感冒而夭折。我们对真理的需要也是如此吗？我发现假如我被剥夺了真理，我会得一种古怪病——我好似患妄想狂一样，不相信任何人，怀疑每一件事，寻求每一事件的暗含意义。这种顽固的不信任肯定是一种心理疾病。因此，我要说，真理的剥夺会导致一种病态——一种超越性病态。超越性病态是由于一种存在价值被剥夺而引起的疾病。

美的剥夺也能引起疾病。审美方面非常敏感的人在丑的环境中会变得抑郁不安。那很可能影响她们的月经，或使他们头痛，等等。

我做过一系列实验证明美的和丑的环境对人的影响。当被试者在一间丑陋的屋子里判断所看到的人面照片时，他们会认为这些人是精神病、妄想狂患者或危险人物，这表明在丑的环境中人的面孔并由此推及人本身看起来也不好。丑对你的影响有多大，依赖于你的敏感和你能不能较容易地使注意力从令人不快的刺激物转移开。进一步看，生活在一种不合意的环境中和龌龊的人在一起是一种致病的因素。假如你与美的和正派的人相处，你会发现你的感受较好，自己也随着提高。

公正是另一种存在价值，历史曾提出大量事例说明，当人们长期被剥夺了公正时会发生什么事。在海地，人们弄得对每一件事都不相信，对所有人都怀疑，认为一切的背后都隐匿着霉烂和腐朽。

关于虚无的超越性病态是我非常感兴趣的问题。我曾遇见过许多年轻人，他们有一切条件能达到自我实现；他们的基本需要已经得到满足，他们正在有效地运用他们的能力而没有任何明显的心理病兆。

但他们受到了破坏和干扰。他们不相信任何存在价值，包括人过30都会拥护的一切价值，并认为真理、善良、热爱等一类字眼完全是空洞的陈词滥调。他们甚至对于自己是否有能力建造一个较好的世界丧失了信念，于是，他们能够做的一切仅限于以一种毫无意义和破坏的方式表示抗议而已。假如你没有价值生命，你可能不致成为神经症患者，但你会受到认识病和心灵病的侵袭，因为你和实在的关系在一定程度上受到歪曲和扰乱。

假如存在价值像维生素和爱一样不可缺少，又假如它们的缺失能使你生病，那么，人们谈论了几千年的宗教的或柏拉图式的或理性的生活似乎便成为人性的非常重要的一部分。人是由许多层次的需要构成的，层次系统的基部是生物性需要，顶部是精神性需要。和生物性需要不同，存在价值本身以及它们彼此之间是没有高低层次的。一种存在价值和另一种是同样重要的，每一种都能依据其他各种予以说明。例如，真必须是完善的、美的、内容丰富的，而且十分奇特，在奥林匹斯山神传说的意义上，它还必须是爱开玩笑的。美必须是真的、善的、内容丰富的，等等。假如存在价值都能依据彼此的概念互相说明，我们将能依据因素分析原理得知，有某种一般因素在所有这些存在价值的背后——用统计术语说，有一个 G 因素。存在价值不是一堆互相分离的枝条，而是一块宝石的不同侧面。献身于真理的科学家和献身于公正的律师两者都是献身于同一使命。他们每一位都已经发现，一般价值中最适合他的那一侧面就是在他的终身事业中所利用的那一面。

存在价值的一个有趣的现象是能超越许多二歧式，如自私和不自私，灵与肉，宗教和世俗，等等。假如你在做你所热爱的工作，献身于你最崇尚的价值，你会成为尽可能"自私的"而同时又成为不自私和利他的。假如你已经把真理作为你内心最珍贵的价值，就像它是你的血液一样成为你的一部分，那么，假如你听到世界上任何地方有一种谎言流传，你就会如芒刺在背非要弄个水落石出不可。在那样的意义上，你自身的边界这时将远远超出你个人私利的范围而包容整个世界。

让我们再看看"宗教"和"世俗"的二歧式。我在童年接受的宗教仪式似乎非常可笑，它使我对宗教完全失去兴趣并毫无"寻找上帝"的念头。但我的宗教界朋友，至少那些已经超越类似老农把上帝看成又有皮肤又有胡须那种认识水平的人，却像我谈论存在价值那样谈论上帝。神学家今天认为头等重要的问题已经成为这样的问题——如宇宙的意义，宇宙是否有一个发展的方向，等等。对完善的追求，对价值信奉的揭示，是宗教传统的本质。许多宗教团体开始公开宣称，宗教的外部装饰和标志，如礼拜五不吃肉，等等，是不重要的，甚至有害，因为这会混淆视听，使人忽略宗教的真谛，这些团体现在又一次在理论和实践上献身于存在价值。

享受并献身于存在价值的人也更能享受他们基本需要的满足，因为他们使这种满足成为神圣的。对于那些能从存在价值的角度也如从需要满足的角度一样彼此相待的爱侣，性交也能变成一种神圣的仪式。要体验精神生活，无须在柱顶上打坐10年。只要能在一定程度上体验存在价值，就能使肉体和它的一切欲望成为神圣的。

假如我们承认存在价值的唤醒和实现（那也是自我实现的一个方面）是教育的一大目的，我们将会有一种新型文明的巨大繁荣。人会变得更坚强、更健康，并在很大程度上掌握他们自己的命运。对自己的生活承担更大的责任，有一套合理的价值指导自己的选择，人会主动地改造他们在其中生活的社会。趋向心理健康的运动也是趋向精神安宁和社会和谐的运动。

数 目、形状、语言[①]

〔瑞士〕裴斯泰洛齐

我长期探寻一切教学艺术的共同心理根源，因为我确信只有通过这个共同的心理根源，才可能发现一种形式，在这个形式中，人类的教养是经由大自然自身的绝对规律来决定的。很明显，这种形式是建立在心智的一般结构的基础上的，依靠这种心智结构，我们的理解力把感官从大自然接受来的感觉印象在想象中结合成一个整体，即形成一个概念，然后，逐渐地使这种概念清晰起来。

我对自己说："每一条线，每一个量，每一个词，都是由成熟的感觉印象产生的理解的结果，必须看做是使我们的概念一步步走向清晰的手段。"其次，一切教学基本上就是这么回事。所以，教学的原则必须从人类心智发展的永恒的第一个形式中引申出来。

一切都依靠对这个原型的确切的认知，所以我一再开始关注这些起点，从这些起点中肯定会推导出这个原型。

"这个世界"，我一边沉思一边说，"呈现在我们面前犹如一个混乱的感觉印象的大海，其感觉印象相互交融。假如我们仅仅通过大自然而进行的发展不够迅速和顺利的话，那么教学所做的事情就是消除这些感觉印象的混乱；把对象互相分离开来；在想象中把那些相似的或相互联系的对象结合起来；用这种方法使所有对象都清晰地呈现在我们的面

---

① 选自《裴斯泰洛齐教育论著选》，〔瑞士〕裴斯泰洛齐著，夏之莲等译，人民教育出版社，2001年5月。

前，同时借助对这些对象清晰地了解，产生正确无误的概念。教学首先把混乱、模糊的感觉印象一个一个地呈现到我们的面前，然后把这些孤立的感觉印象以变化的姿势放到我们眼前，最后把它们跟我们早先已有的整个系统组合起来，清晰概念就是这样形成的。"

这样一来，我们的学习就是从混乱走向确定；从确定走向明白；从明白走向完全清晰。

但是，大自然在大发展过程中总是坚持这样一条伟大的规律，就是要让我们的知识清晰，依赖于客观对象接触我们感官的远近。接触你感官的周围的一切之所以会混乱不清和难以弄清，在其他条件相等情况下，是与它远离你的感官成比例的；相反地，接触你感官的每一件事物之所以确定和容易弄清晰和弄明白，是与它靠近你的五官成比例的。

你作为一个活生生的自然体没有别的，只有五个感官，因而你的概念是清晰还是含混，毫无疑问，肯定取决于所有外部对象接触五官的近远。你自身就是中心，因为在你身上汇集着你的概念。

你，你自身，就是你所有的感觉印象的中心；你自身也是你感觉印象的一个对象。你对自己内在的一切比对身外的一切更容易弄清晰，弄明白。你对自身内在的一切的感觉是一种确定的感觉印象；只有那些外在于你的东西才可能对你来说是混乱的感觉印象。由此可知，在涉及你自身范围内，你的自我认识的过程是比对来自你身外的东西的认识过程要短一步的。

你对自身的一切知道得很清晰，你自己知道的一切都是你的东西，并且是通过你自身而清晰起来的。因此，这条获得清晰概念之路在这一方向上比其他任何道路上更容易、更可靠；在所有的原理中没有比这个原理更清楚的了，即人对真理的认知，来自他关于自身的认知。

朋友！关于教学要素的活生生而又不明确的思想，就这样在我脑海里盘旋了很长的时间，所以我在《报告》中描绘它们时，还没有发现它们跟自然机制规律之间牢不可破的联系，并且未能肯定地定义我们关于教学艺术的系统见解的出发点，或者确切地说，那时尚未肯定这种形式，借助它，人类通过自身本性能够决定自身的改善。最后，突然地，像机器之神一样产生了这种思想——使一切通过感觉印象而获得的认识得以清晰的手段，来自数、形和词。突然间，我试验着做的事情似乎得到了新的启迪。

在我长期奋斗之后，或确切地说在我胡乱幻想之后，我一心一意地要探明，一个有教养的人当他希望把呈现在眼前的含混不清的任何对象——区别开来，并且逐渐使自己获得清晰的概念时，他是怎么做的而且如何肯定会做的。

在这种情况下，他将注意三件事情：

（1）在他面前的对象有多少？有哪几种？

（2）它们的外貌、形式或轮廓。

（3）它们的名称；他如何用一种声音或词来称呼它们。

这种人进行这样的观察活动而获得结果，显然意味着他已经形成了下面的能力：

（1）按照外貌而认识出不同的对象的能力和能讲出外貌所包含的内容的能力；

（2）说出这些对象的数目并对自己说出它们的多或少来的能力；

（3）用语言称呼出这些对象数目和形状并且不会遗忘的能力。

我还认为，数目、形状和词一起，就是教学的基本手段，因为任何对象的外部特征的总和，就是由它的轮廓和它的数目组成的，并通过语言为我们的意识所掌握。

那么，从这种三重原则出发，并遵循它进行工作，肯定就是教学艺术的一条永恒不变的规律：

（1）教儿童把眼前任何物体看做一个单位，就是说，看做是从那些互相联系的东西中分离出来的单位；

（2）教他们认识每一物体的形状，就是说，它的大小和比例；

（3）尽可能快地使他们熟悉一切用以描述他们所知道的物体的词和名称。

由于儿童的教学应该从这三个基点上着手进行，那么十分明显，教学艺术首先要用来培养基本的计算能力、测量能力和说话能力，这些能力是一切精确认识物体意义的基础。我们应当用最严格的心理学的艺术来培养它们，努力强化它们，使之强而有力，并且作为发展和教养的手段，使它们达到最简单、最牢固、最和谐的程度。

在认识这些基本点时，我遇到的唯一困难是：为什么经过我们五官认识到的对象的一切特性，并非恰好跟知识的基本点如数目、形状和名称完全一致呢？但是我马上发现，所有可能的对象绝对地都有数、形、名；但是通过五官而认知的其他特点则不是所有对象都共有的。后来我又发现了事物的数、形、名跟其他特点之间基本的和确定的区别。我认为其他特性不是人类知识的基本点。其次，我发现其他特点能够包括在这些基本点之中。因此，教儿童时，所有其他特点必须跟形、数、名联系起来。我现在看到，通过认知任何对象的统一性、形和名，我的知识就是准确的了；逐渐学习了它的其他特点，我的知识就变得清晰了；通过对它的一切特性的认知，我的知识就变得确定无误了。

我进而发现，我们的知识来自三种基本能力：

（1）来自发音能力，语言的本源；

（2）来自形成映象的不确定的简单的感觉能力，一切对形状的意识都是从这种能力中产生的；

（3）来自确定的、不再仅仅是形成映象的感觉能力，统一性的意识以及跟它一起的计算和数学能力，肯定从这种确定的感觉能力引发出来。

我接着想，教导我们人类的教学艺术一定要跟这三种基本能力——声音、形状、数目的最基本和最简单的成果——联系起来；我还想到，这三种基本能力的最简单的成果，假如不被看做是大自然自身所决定的一切教学的共同出发点的话，那么，各个部分的教学就不能在我们本性的整体上得到什么满意的效果。从这种认识得出的结论就是，一切教学的出发点必须符合于这样一些形式，即普遍地、和谐地从这三种基本能力的成果出发，同时这些形式从根本上肯定会促使所有教学稳定地、不间断地发展这三种基本能力，把三者结合起来运用并看做是同等重要的。唯有这种途径才有可能引导我们在所有这三个分科中，从模糊的感觉印象达到精确的感觉印象，从精确的感觉印象达到清晰的表象，从清晰的表象达到确定无误的概念。

最后，在这里，我发现了教学艺术跟大自然之间普遍的和根本的和谐；或者确切地说，发现了教学艺术跟它的原型的一致。大自然通过这种原型使我们清晰地认识世界万物的本质及其极度的简明性。这样一个难题解决了：如何发现所有教学方法和艺术的共同根源以及相应的形式，凭借这种形式，通过我们自身固有本性的实质来决定我们人类的发展。把机械学的规律运用到教学形式的困难排除了，我把机械学的规律看做是所有人类教学的基础，而所谓的教学形式，由于多少世纪的经验已经为人类所掌握，并用来促进我们人类的发展。所谓运用机械学的规律，就是把它们运用到读、写、算等的教学活动中去。

教育心理学基础

把握教育工作的出发点[①]
——掌握学生心理发展的规律

林崇德

任何工作，要想取得成功，就要按照客观规律办事。教育工作也不例外。要做好教育工作，就必须按照教育的客观规律办事，不能搞主观主义。教育工作有不少客观规律，其中有两个方面很重要：一个是社会规律。今天，我们就是要按照我国的"四化"建设要求，按照我国教育方针政策办教育。倡导素质教育，正是来自社会规律的要求。另一个是学生的心理规律。因为教育的对象是人，人都有心理活动，有心理活动的规律。在教育的方针政策确定之后，如何对学生进行教，例如，如何编排教材，采取什么教育方法，怎样培养学生的品德、智力与体力等，就不能不考查学生的心理规律，盲目行事是不行的。掌握学生心理发展的基本规律，应等该作为我们教育工作的出发点。

中小学生的心理是如何发展的呢？中小学生心理的发展，有其内部固有的一种本质的必然联系，这就是学生心理发展的基本规律。我的恩师朱智贤教授早在20世纪60年代初，就根据国内外儿童青少年心理学的研究成果，把学生心理发展的基本规律概括成四个问题：一是先天与后天的关系；二是内因与外因的关系；三是教育与发展的关系；四是年龄特征与个别特点的关系[②]。这四个问题系统地揭示了学生心理发展的基本规律。这四条规律自始至终制约着学生发展的全部过程，并为我国

---

① 选自《教育的智慧——写给中小学教师》，林崇德著，北京师范大学出版社，2005年10月。
② 朱智贤：《儿童心理学》，人民教育出版社，1962年版。

心理发展的研究和教育工作提供了理论基础。

一、先天与后天的关系

学生的心理发展是由先天遗传决定的，还是由后天环境、教育决定的？这在心理学界争论已久，在教育界及人们心目中也有不同的看法。

遗传是一种生物现象，通过遗传，传递着祖先的许多生物特征。遗传的生物特征主要是指与生俱来的解剖生理特征，如机体的构造、形态、感官和神经系统的特征等。

良好的遗传因素无疑是心理正常发展的物质基础和自然前提。没有这个条件是不行的，所以遗传是心理发展的生物前提。从我们自己的研究中可以看到，遗传在学生发展上的作用主要表现为两个方面：

第一，遗传通过天赋影响智力的发展。天赋是一种生理因素，它是人先天的解剖生理特点，主要是感觉器官和神经系统的特点，它是智力发展的生物前提。例如，生来聋哑的人不可能成为歌唱家，生来就是全色盲的人无法成为画家。我在实验中看到，遗传因素相同的同卵双生子，比起遗传因素不尽相同的异卵双生子，在思维能力、记忆能力、语言发展和智力品质的敏捷程度、灵活程度与抽象程度上，具有更相似或接近的水平。而我们了解这些，对于搞好学校教育工作是有益的。我们的中、小学教育是基础教育，从小注意选拔人才、培养人才是十分重要的。例如，一些学生有音乐方面的生理因素或天资，他们的手指长些，手指动作灵活些，如果有条件，培养他们弹琴不是很好吗？有的学生嗓音好，声音清脆，培养他们成为歌唱家岂不是很有利吗？某些学生具有一定体育运动项目发展的生理因素，不妨有意识地在体育上多下点工夫培养他们。

第二，遗传通过气质类型的因素影响个性心理特征的发展，特别是通过气质影响人的情绪和性格。所谓气质，是人的神经类型表现，它有强与弱之分，有灵活与不灵活之分，有平衡与不平衡之分。气质类型表现出个性的特点，且影响人的性格乃至品德的发展。我们从事中小学教育工作的人，要了解这些规律及其表现。例如，学生的气质类型，有平衡而灵活的多血质，强而不易抑制的胆汁质，迟缓又自制的黏液质及弱

教育心理学基础

型的抑郁质等类型，虽然不是他们情绪情感和性格发展的决定条件，却是教师和家长必须注意的，对情绪情感和性格起一定的影响作用。我们曾接触过一个中学生，上课管不住自己，一挨批评就发火顶撞。经调查，这个学生从小易兴奋、激动，上小学二年级时，有次他在家点火生炉子，遇到刮风吹灭了两根火柴，他当即火了，发誓第三根火柴再点不着就将炉子劈了，果然第三根火柴又被风吹灭了，他一怒之下，拿起斧子将炉子砸了。类似这样的学生，如果他管不住自己，靠"压服"定然无济于事。可见在我们日常的"个别生"中，有的往往"特殊"或"个别"在他的气质上，要顾及学生的气质类型；同时，又要根据他们不同的气质特点，发展其良好的情绪和性格，这也是"因材施教"的一个方面。这个砸炉子的学生，在中学阶段遇到了一位善于说服教育的班主任，她晓之以理，循循善诱；动之以情，正面教育，经过几年的训练和塑造，使这个学生逐步能控制自己的情感，品德上表现良好，顺利地完成了中学的学业。

因此，我们应当恰如其分地估计遗传在心理发展上的作用。不承认遗传的作用，不是正确的态度，但过分夸大遗传的作用，同样是错误的。教师要正确对待遗传因素造成的学生心理发展上的差异，采取一些特殊的、适合于他们特点的办法，及时做好工作。

学生心理发展是由他们所处的环境条件和教育条件决定的，其中教育条件起着主导作用。如果说遗传是心理发展的生物前提，遗传提供中小学生心理发展的可能性，而环境和教育则把这种可能性变成心理发展的现实性。智力发展如此，性格发展也是这样。例如，气质本身并无好坏之分，它总是在人的社会活动中表现出来并获得一定的社会意义，成为人的积极的或者是消极的性格。胆汁质的人性急，可以发展为勇敢的性格，也可能表现为冒失；多血质的人灵活，可以发展为活泼机智的性格，也可能表现为动摇，有冷热病；黏液质的人迟缓，可以发展为镇定、刚毅的性格，也可能表现为顽固、呆板；抑郁质的人敏感，可以发展为爱好思索的性格，也可能表现为疑心重重。因此，教师要掌握自己学生气质类型的表现，积极引导，使之表现在适当的场合，对社会有良好的影响，从而成为优良的性格特征。

教育条件在心理发展上起着主导作用。社会生活条件在人心理发展中的决定作用，常常是通过教育来实现的。教育是由一定的教育者按照一定的教育目的来对环境影响加以选择，组织成一定的教育内容，并且采取一定的教育方法，来对受教育者心理实施的有系统的影响。教育的主导作用，与教师的能动作用是分不开的，在一定意义上说，教育的主导作用，主要是体现在教师的主导作用上。我们做过调查，发现中小学生的智力发展水平，在很大程度上取决于教师的教学。例如，我们在实验点的数学教学中突出了思维的智力品质的培养，不仅缩短了教学时间，而且学生的智力发展也很突出。智力如此，品德发展也是这样，我们曾调查研究了五十个中学的先进班集体，看到先进班集体形成的根本原因，在于班主任所作出的主观努力和辛勤劳动，主要是班主任善于通过集体力量形成正确的集体舆论、信念、情感、意志和行为习惯。这整个的集体力量，促使大部分正常学生形成良好的品德；改造品德不良的学生；调动广大的学生学习积极性，提高学习成绩，促进德、智、体、美诸方面的发展。由此可见教师的主导作用是明显的。

我们了解先天与后天的关系，目的是为了适当顾及先天的因素，创造有利于学生身心发展的环境，促使他们更好地健康地成长。

二、内因与外因的关系

环境和教育是心理发展的外因或外部条件，它要通过主体的活动，通过心理发展的内因来实现，这就是心理发展的动力问题。

什么是心理发展的内因或内部矛盾呢？一般认为，在学生积极活动的过程中，社会和教育向他们提出的要求所引起的新的需要和他们的原有心理水平或心理结构之间的矛盾，是心理发展的内因，或称为发展的动力。

学生心理的内部矛盾，是通过他们的实践活动而实现的。例如，实践活动越广泛、越深入，主客体的接触就越频繁，人的心理生活越丰富，越富于现实性；反之，那些脱离现实，深居简出的人，必然孤陋寡闻，不可能形成丰富的心理生活，且容易形成怪僻的性格。

在心理发展的这对矛盾中，新需要是心理发展较活跃的因素，是动机系统。需要是人对客观需求或要求的反映，是一种特殊的心理现象。

教育心理学基础

它常常反映在一个人的动机、目的、兴趣、欲望、理想、信念等表现形态方面。需要的表现形态，是引起心理活动的原动力，因此是动机系统。在学生心理活动中，需要经常代表着新的、比较活跃的一面；加上事物总是在不断发展着，主客体的关系也在不断发展着，所以需要的内容和各种形态的表现总是不断改变着、斗争着和发展着。为了促使学生的心理更好地发展，教师必须注意中小学阶段学生的各种需要及动机、目的、兴趣、爱好、理想、信念的特点和倾向，使他们的动机正确、健康。

原有的心理水平，即原有心理结构，是过去反映的结果，它包括：旧有的认识过程，特别是智力的水平，旧有的情感和意志过程的水平，旧有的个性特点；原有的知识经验的水平；所处的年龄特征与个性差异；当时的心理状态，例如，注意状态和精神状态等。原有心理水平或原有心理结构，是心理发展中稳定的一面，它是心理的旧有的基础。有了新的需要才会与原有的心理水平发生矛盾，矛盾解决了，心理水平也就提高了。是否所有正确的要求都能引起学生心理发展的内部矛盾呢？那也不一定。例如，我们的德育要求，往往与社会风气有差距，往往与少数学生在不良社会风气影响下而形成的其原有的品德水平的差距太大，于是我们的正确要求便与之产生了矛盾，由于原有的品德水平否定了新的需要，于是学生的心理暂时停滞不前。这是造成少数学生进步不大的原因之一。所以我们要考虑到他们原有的基础，以便有的放矢地搞好教育，也就是说，要求要适宜。

什么是合适的要求呢？过易的或过难的都不适宜。如教学中老师讲得太浅，教材内容低于或只是接近学生心理发展的原有水平，这样就激发不起他们对这门学科或这一部分教材的兴趣，也就激发不起他们对学习知识或接受新的教育要求的热望。而他们不能产生新的需要，心理也就难以得到发展。如果教育的要求过难，或是较远地超过学生的原有水平，这样会造成学生对要学习的知识或教育要求"望而生畏"，同样也激发不起新的要求。所以，任何教育或教学都必须有一定的难度，这种难度必须高于他们心理发展的原有水平，经过他们的主观努力又能达到这个难度。这样的教育要求，才是最适宜的要求，这就是"跳一跳才能摘下果子"的道理。也就是说，为了促进学生的心理发展，我们要不断地向他们提出有一定难度但又合适的要求，以适合于他们原有心理的要求，使他们有努力的方向，能促使他们新需要的产生，从而推动他们心理发展、内部矛盾的产生和发展。因此，我们一切教育工作，必须从学生的实际出发，即从原有心理的水平或结构水平出发，从而更好地选用教材、内容和方法等。这一点是不可忽视的。

三、教育与发展的关系

我们的教育任务之一，最终是促进受教育者的心理发展。从教育措施到心理发展是怎样实现的呢？这里面是以他们对教育内容的领会或掌握为中间环节的，是要经过一定量变和质变的过程。

经过教育和教学，使学生逐步领会知识，掌握经验，这是十分重要的。领会的知识和掌握的经验，从内容上说，有思想道德方面的，有学科知识方面的，等等；从形式上说，有基本知识（包括基本概念），有基本技能（进而有的为技巧）。领会和掌握知识经验，是从教育到心理发展（如智力的发展和品德的发展等）的中间环节，这对心理发展来说，是一个"量变"的过程，这是心理发展这个"质变"的基础。简言之，可以用下图表示：

从中看出，心理发展决不能停留在知识经验的领会和掌握上。例如，品德的发展，不光是指道德知识的增多和道德认识的提高，尽管道德发展要以一定的道德认识为基础，但品德的发展，是指道德认识、情感、意志和行为全面发展，这里，更重要的是提高道德信念，形成道德习惯。又如，智力的发展，尽管离不开知识经验，但它不光是指基本知识和基本技能的提高，更重要的是发展观察、记忆、思维、想象、语言能力和操作技能，特别是思维品质等。因此，教育和教学的目的，不仅仅使学生领会和掌握知识经验，更重要的应该发展品德和智力，即发展心理，当心理上引起变化，才是从教育到心理发展的质变过程。

知识经验的领会和掌握与心理发展的关系是一个从量变到质变的关

系，两者之间是有密切联系的。例如，道德认识不完全是品德，道德认识的高低，并不一定意味着道德行为习惯的高低。学生的说和做，即言和行的脱节是常见的，尽管言行脱节很复杂，原因也很多，但说总比做要容易些，因为做的过程中要克服种种困难，要有意志的努力，所以比说起来显得难得多。然而，道德认识是品德的一个组成部分，道德认识、道德情感和道德意志、行为习惯之间是相辅相成的。认识的提高常常是品德发展的一个开端，道德认识往往是形成道德行为的动机；道德行为的形成又促进道德认识的进一步提高。又如，知识技能和智力的关系是目前教育界、心理学界讨论的课题之一。知识、技能不等于智力，知识、技能的高低，并不一定意味着一个学生智力的高低，但知识、技能与智力也是相辅相成的。智力的发展是在掌握和运用知识、技能的过程中完成的，试想，一个不学习、不训练，什么事情都不做的人，他的智力怎么能得到发展呢？知识和技能是智力发展的基础，也就是说，智力的水平取决于学生所领会的知识和掌握的技能。同时，智力在一定程度上又制约着知识、技能可能取得的成就，发展学生的智力能促进"双基"的提高。

四、年龄特征与个别特点的关系

年龄特征，它包括着生理年龄特征和心理年龄特征。这两者是密切联系，并相互影响的。所谓心理的年龄特征，是儿童和青少年在一定社会和教育条件下，在心理发展的各个不同的年龄阶段中所形成的质的心理特征。

首先，心理的年龄特征，是针对心理发展的阶段性而言。从儿童出生到成熟，大致经历了六个重大时期：乳儿期（0～1岁，或叫婴儿早期）、婴儿期（1～3岁，或称婴儿晚期）、幼儿期（3～7岁）、学龄初期（相当于小学阶段，又称童年期）、少年期（大约为初中阶段）、青年初期（大约为高中阶段）。这些阶段是相继连续的，同时又是相互区别的，一个时期接着一个时期，新的阶段代替着旧的阶段，不能超越，也不能倒退。从发展趋势看，各种心理现象，在各年龄时期或阶段的次序以及时距大体上是恒等的。

其次，心理发展的年龄特征，是儿童和青少年心理发展在一定年龄阶段中的那些一般的、典型的、本质的特征。所谓"一般"，就是指"非个别"；"典型"，就是指有代表性；"本质"，不是指"现象"。

再次，心理发展的年龄特征还表现在每个年龄阶段会出现"关键年龄"。心理发展有一个从量变到质变的过程，有一个由许多小的质变构成一个大的质变和飞跃的过程。每一个心理过程或个性特点都要经过几次飞跃或质变，并表现出一定的年龄特征，这种年龄特征的形式，叫做关键年龄。我们自己一些研究表明：小学阶段，四年级是学生思维（智力）发展的关键年龄，也就是说，四年级是具体形象思维向抽象逻辑思维发展的一个转折点；三年级是小学生个性和品德发展的关键年龄，小学生的主动性明显提高，他们中间的男女界限出现、个别"乱班"的发生往往于三年级开始。中学阶段，关键年龄在初中二年级。初中二年级既是中学生思维发展过程中的转折点，也是品德发展过程中的转折点。初二学生在思维发展过程中是个重要时期，初中一年级与小学高年级的思维类型还相差不多，而初中二年级则是逻辑抽象思维新的起点，从这个时期开始，逻辑抽象思维开始从经验型逐步向理论型发展。因此，初中二年级是中学生的逻辑抽象思维处于质的"飞跃"时期。初中二年级在学生的品德发展过程中也是个重要时期。中学阶段的"乱班"往往产生于初中二年级，学习成绩的"分化"产生于初中二年级，中学生品德进步或走下坡路，也常常发生在初中二年级。思维的质变既与生理有关，又与学习有关；而品德发展的"飞跃"却更多地与教育的地位和作用密切相联系。当然，也不能将关键年龄绝对化了，关键年龄往往来自于教育，所以，认为"过了这个村就没有那个店"，夸大关键年龄的作用是没有必要的。

此外，在中小学生心理发展的过程中，有一个成熟期。这个成熟期一般地在高一末期、高二初期，到了成熟期，每个人的心理过程和个性特点等就基本定型了，并保持相对的稳定性。北京市有几所中学做过追踪调查，发现初三毕业报考高中的"尖子"，一年后智力、学习能力和学习成绩变化很大；但是高一末到高中毕业，却在品学两方面都保持相

教育心理学基础

对的稳定性，而且升入大学后，高二时品学兼优的学生，在大学里绝大部分仍然如此。调查的结果说明，心理发展成熟前与成熟后的心理现象，明显的差异在于其可塑性上。成熟前学生的可塑性大，应抓紧训练、培养；成熟后并非不能再发展，但可塑性小，较难训练、培养。因此，抓紧成熟前的塑造，是十分必要的。

最后，在心理发展中，既然存在着年龄特征，那么不同时代、不同地区和不同个体的同一年龄的学生，他们心理发展的年龄特征是不是一模一样的呢？不是，这里就有一个年龄特征的稳定性与可变性的问题。在一定的社会和教育条件下，心理发展的年龄特征既表现出一定的稳定性，又表现出一定的可变性。一方面，心理发展的一些因素，如阶段的顺序性和系统性，每一阶段的变化过程、范围、幅度和速度，大体上都是稳定的、共同的；但另一方面，由于社会和教育条件在每个学生身上起作用的情况不尽相同，因而在心理发展的过程和速度上，彼此之间可以有一定的差距，这也是所谓的可变性，这个可变性不仅表现出学生之间的个别差异，而且也表现在不同社会生活条件或教育条件下，使学生某些心理发展的程度和速度产生一定的变化。这稳定性和可变性是相辅相成的，它们的存在都是相对的，它们的关系是一般性与个别性的统一，典型性与多样性的统一。在教育和教学中，顾及这个关系，可以使我们更好地处理一般教育与"因材施教"的问题，更好地体现"一把钥匙开一把锁"。

（节选）

关于青少年学生时间透视的特点[①]

黄希庭　郑　涌

一、青少年学生过去时间透视的特点

过去时间透视是指人们对过去的意识、态度和相对注意，具体体现为对过去时间长短的觉知，对过去时间考虑的次数和频率，对过去的思考及思考的清晰程度。

个体时间观念的发展随着个体年龄的增长，在教育及社会、家庭的影响下逐渐确立、巩固，并趋于稳定。高中阶段，是各种个性品质趋于成熟和稳定的时期，到了大学阶段（也称为成人后期），个体的个性品质已经定型和稳定。青少年学生（高中生和大学生）接受了多年有组织、有目的、系统且时间周期性很强的教育，这种循环的、周期性（如学期、星期等）的时间阶段在他们的意识中沉积下来，可能导致他们在对过去时间透视的长度作判断时表现出相当一致的趋势。有研究（吕厚超等，2000）表明，一些重大事件（闪光灯事件）对个体的时间长度判断起着重要的影响。众所周知，青少年学生比较关心国际、国内大事，诸如香港、澳门回归，50周年国庆，1998年世界杯等，这些重大事件可能对他们进行长度判断时提供重要的参照，表现在长度上呈现一种相当一致的趋势。

态度是个体对人、对事、对周围世界所持的持久一致的心理反应倾

① 选自《个性品质的形成：理论与探索》，黄希庭、郑涌等著，新华出版社，2004年7月。

教育心理学基础

向，是后天获得的，在社会生活中形成，并由社会生活事件引起。个体在高中以前的各个发展阶段中，婴幼儿期懵懂无知，这一时期儿童更多地依靠成人的照顾和保护，他们的独立性和自觉性都比较低。儿童期（或称童年期）相当于小学阶段，处于该阶段的儿童的认知水平和个性发展都处于较低的水平，虽然逐渐形成对人、对己、对事的一定的态度和看法，但主观性仍占相当的比重，因此这一阶段的儿童在做事或与人交往中仍表现出一些幼稚的行为。少年期相当于初中阶段，是一个从儿童期向青少年期的过渡时期，是一个半幼稚、半成熟的时期，是独立性和依赖性，自觉性和幼稚性错综矛盾的时期。这一阶段的一个重要特征是个体具有一种半儿童半成人的心理。而到了青少年期（高中和大学阶段），个体的自觉性和独立性达到了前所未有的水平，心理逐渐成熟，看待问题逐渐趋于客观、全面，他们都能够独立自觉地按照一定的目标和准则来评价自己，能够进一步从自己的个性特点、态度和信念等方面来看待自我，当然也包括自己的过去。这一时期的个体可以客观地认识到自己过去的行为和做法是由于自己所处阶段的心理水平决定的，因此对自己过去的人或物的态度是抱着理解的眼光来看待的，这就表现为青少年学生对过去的态度不存在年级差异。

过去时间透视的清晰度是个体思考过去事件的清晰程度，指向性是个体对过去的思考或倾向性。在这两个因素上，过去时间透视表现出高一、高二和高三，大一、大二、大三、大四的年级差异。总体上呈现出由高一、高二到高三至大四逐渐下降的趋势。可能的原因是，由于从初中升入高中之后，他们的生活环境和学习环境发生了很大的变化，个体一时不能较快地适应新的环境，这会使他们留恋自己的童年和少年时光，又加上高一、高二暂时没有升学的压力，他们可以抽出较多的时间思考自己的过去，因此他们对过去的印象就比较清晰。高一和高二虽然在这两个因素上不存在差异，但从平均数上可以看出已有下降的趋势，这可能是高二学生已经逐渐认识到自己的学习任务相当繁重，用于思考过去的时间相对减少，因此高二学生较高一学生清晰度稍低，对过去的指向性也略有下降，但没有显示出年级差异。高二升入高三之后，学习任务空前繁重，他们已无暇顾他，但是大学生并没有表现出与高三学生的差异，这可能是因为现在社会竞争日益增大，求职对于本科生而言相当不容易，因此大学生活并非人们想象中那样轻松。这些思想可能早已经灌输到刚刚考入大学的学生头脑中，他们不敢怠慢；更重要的是随着年龄的增长，他们身心越发成熟，开始关注婚恋、就业等人生中重大的问题，这使大学生更无暇顾及自己的过去，从而表现为从高三到大四清晰度和指向性有一个下降趋势，但不存在年级差异。

至于长度、密度和态度上的性别差异，可能源于男女生之间在心理、生理及社会角色上的差异。

二、青少年学生现在时间透视的特点

现在时间透视是个体对现在的意识、态度和相对注意，具体体现为对现在时间长短的觉知，对现在时间考虑的次数或频率，以及思考现在的清晰程度。在现在时间透视维度上，与过去和未来时间透视相比，缺少指向性因素。

青少年处在"心理的延缓偿付期"，可以利用这一时期触及各种人生观，思想价值观，尝试从中选取一些，再检验一下是否符于自己的东西。在现代社会，大学时代的青年应该说正处于"延缓偿付期"。因为高中时代，被紧张的学习、考试追逐着，几乎没有什么余暇去充分思考自己现实的问题。只有进入大学之后，才进入能够真正地专心考虑自我、探索自我的时期。这也许就导致了高中学生在密度上低于大学生，其中高三对现在思考的密度最低，可能与高三学生紧张的复习有关，而大一、大二密度达到最高，可能是因为高三升入大学后多少有些放松的机会，但到了大三、大四，密度又略有下降，考研、择业等实际问题可能是主要的影响原因。

现在时间透视的态度因素也表现出由高中向大学逐渐上升的趋势，表明大学生较高中生以更积极的态度关注自己的现实情况。高中阶段是在各个阶段进行探索，尝试并面临走向独立生活道路的时候，而且高中生的智力和个性都获得了高度的发展，因此产生了独立自主的需求。高中生自治的要求体现在行为、情感及道德评价等方面，其中对现实社会产生不满情绪可归因于两个方面。其一是由于高中阶段仍处于理想主义的阶段，他们对于社会和人生的期望都带有强烈的理想主义色彩，因此对现实中存在的弊端极为敏感和反感，有时甚至产生强烈愤怒或绝望的情绪，从而影响其对社会及人生的看法和态度；另一方面，是由于他们对问题的观察和分析还带有一定的片面性及表面性，所以思想认识易出现偏颇，导致对现实社会的看法只顾一点而不顾其余。这也许就是高中学生态度较大学生较为消极的原因。高中阶段，学生对现实的态度逐渐积极，表现为高三学生比高二学生更为积极，而大一学生较高三学生的积极性又前进一步，在整个大学阶段，态度呈现一种平衡态势。

现在时间透视在性别上表现在密度和清晰度上，女生较男生更多地关注现在，但清晰度不如男生。如前文所述，由于社会角色对男女生的要求有所不同，在社会期望的影响下，男生表现为刚强、独立、主动，倾向于开放、外向；而女生柔顺、依赖、顺从，倾向于闭锁、内向。这些方面的差异有可能使女生更多地关注现在，使透视密度高于男生。但是，由于女生在这一阶段正处于青春发育期，使她们产生焦虑感、不安感，导致情绪上的不稳定，她们关注现在的频率虽然高于男生，但在清晰度上却低于男生。

在现在时间透视的长度和态度因素上，男女生差异不显著。原因可能是受到了现代社会文化的影响。高中和大学阶段，学生要接受正规系统的文化知识教育，使其社会阅历拓宽，视野更加广阔，对现实的态度更加积极，尤其是女生，她们摒弃了腼腆、胆怯、安于现状的女性特点，更多地表现出开朗、活泼、乐于进取、勇于竞争等男性特点。Lewhngs（1992）的研究证明，在青少年男女时间透视方面几乎没有差异，他们在现在时间的估计上出现了相当明显的集中趋势，对于一些具体事件，男女生的看法是相当相似的，这与本研究结果相似，说明男女生在对现在时间透视长度的估计和对现在的态度上是相当一致的。

三、青少年学生未来时间透视的特点

未来时间透视是个体对其未来时间的长度、密度、清晰度的预期和对未来的倾向性及态度。由于个体的生命历程随着年龄的增长而放慢，因而人们在不同的年龄阶段，其未来时间透视就会显示出不同的特点。即使在同一年龄阶段，由于人们的自身情况不同，未来时间透视的特点也可能不尽相同。

本研究结果表明，高中生和大学生的未来时间透视在长度、密度和态度上呈现出年级差异，长度和密度随着年龄的增长有逐渐下降的趋势，态度只有高一和高三之间存在显著差异。未来时间透视的长度在高一、高二、大一和高三之间存在显著差异，高三处于最高峰，大一急剧下降，整个大学阶段呈现一种下降的趋势。这是因为在步入高三之后，学生至少要在两种社会定向上作出选择，一是继续上学，接受高等教育，二是参加工作，直接就业。不论是选取哪一条道路，他们都对自己的未来充满憧憬，并对自己的未来作出计划，有可能表现出高三学生的长度远远大于高一、高二的学生。对未来的积极憧憬和计划，也导致他们在思考未来的密度上高于高一和高二的学生，表现出高一到高三密度越来越大。步入大学之后，大一的新生一无升学压力，二无就业选择，因此在长度和密度上都有所下降。对于态度，也出现类似的情况，高一和高三有显著差异。高一刚入学，环境的不适应及学业的进一步加重，以及日益丰富的兴趣和交往范围的扩大，使学生在不断丰富的校内外活动与学习时间一定之间产生了新的矛盾，但是此时他们又不能马上对原有的学习安排和利用进行较快地调整，就可能产生较消极的态度。到了高三之后，他们已经完全适应了高中生活，并且面临升学或就业的选择，他们对未来的憧憬又使得他们的态度积极起来。大学生与高二学生之间虽然存在显著差异，但在总体上其态度较高中生更为积极，呈现出一种上升的趋势。

未来时间透视在清晰度和指向性上年级差异不显著，这可能是因为高中、大学阶段的学生的自我意识已趋于成熟或已经成熟，对自己的活动能够有计划地控制和调节，在从事一项活动中能把大目标分成细小的目标，有步骤按计划地进行，对自己的目标是相当清楚的，在朝向目标的过程中又能不断地对自己的行为加以调节，使之始终指向未来的目标，因此在清晰度和指向性上没有表现出年级差异。

Lens（1975）的研究揭示出，由于对男女的不同社会角色要求，使得在对待未来的问题上女性显得较为被动。女生一般比男生更注重现实，这可能是造成男女在密度和指向性上差异的主要原因，使得男生在这两个因素上的得分普遍高于女生。本研究发现，在未来时间透视的长度、态度和清晰度上不存在显著的性别差异。已有的不少研究均发现，在未来时间透视上男性比女性具有更大的范围和长度，这一点与本研究结果不一致。原因可能是在被试选取上的差异造成的。社会的进步、思想的解放使男女在社会感觉上逐渐趋于一致。在招生、分配等青少年学生较为关心的问题上，虽然仍有性别的要求，但已不如以前那样突出，再加上近些年女性在一些领域中的异常突出的成就，如体育，使得女性对自己的未来充满信心，在计划未来时，她们在长度、态度和清晰度上也不逊色于男性。

第 二 篇

尊重与呵护

　　儿童的心灵是美丽纯洁的，却也是敏感脆弱的。著名教育家苏霍姆林斯基曾说过："要像对待荷叶上的露珠一样，小心翼翼地保护学生幼小的心灵。"尊重与呵护，不仅要有"保护露珠"一般的爱心，还要平等、真诚地倾听学生的心声，了解、认同学生的心理世界。只有在理解的基础上，才能为爱心找到明确的方向和路径，才能把尊重与呵护落实到每一个教育细节中。尊重学生独立的人格和个体差异性；用欣赏与赞美的眼光看待每一位学生；学会宽容和等待，把学生当做成长中的持续发展的人来看待。

　　在大师对孩童的研究中，我们或许会找到一些共同的教育观点，或许会发现大师对教育研究的深刻和卓见。那就让我们听听苏霍姆林斯基的告诫——"儿童从来不会故意干坏事"，安奈尔·L布鲁肖如何"让学生安心"，张文质的教诲——"今天，我们应该怎么当小学教师？"

儿童从来不会故意干坏事[①]

〔苏〕苏霍姆林斯基

儿童时代的世界，是一种特殊的世界。儿童有自己的幼稚的善恶观、好坏观，有自己幼稚的审美标准，甚至有自己衡量时间的尺度。在童年时代，一天好比一年，而一年则长似一辈子。当你断定这是一些幼稚的东西时，绝不能忘记，你的学生明天就不再是儿童了。因此这些幼稚的观念、标准和观点并非像你的学生将要脱落的乳牙那种暂时存在的东西。儿童心目中需要树立起一些幼稚的但却是永久性的东西。幼稚的观念、标准、观点和信念，应当成为将来能长成大树的幼小而苗壮的树苗。

但是我们的学生毕竟是儿童，我们的集体毕竟是儿童集体。为了取得进入名为童年的这座奇异宫殿的通行证，我们应该使自己在某种程度上成为儿童，再现儿童的本色。只有在这种情况下，我们才能享有对儿童的合理权力。只有在这种情况下，儿童才不会把我们看做为偶然进入他们宫殿的生物，不会把我们看做为只看守儿童世界的大门，而对奇异的儿童宫殿中发生的一切却漠不关心的守门人。

陀思妥耶夫斯基有这样一句名言："让我们带着自己也是有罪的心情走进法院的审判庭吧！"让我们怀着一颗炽热的心走进跳动着儿童生活脉搏的奇异的儿童世界吧。

---

① 选自《苏霍姆林斯基选集》（5卷本）第1卷，〔苏〕苏霍姆林斯基著，蔡汀、王义高、祖晶主编，教育科学出版社，2001年。

尊敬的读者们，请不要以为我把儿童世界理想化了。我十分明白，儿童世界是由我们成年人留给自己孩子们的那些东西建立起来的。但是，正因为儿童是娇嫩的幼芽，是未来大树的弱小树苗，所以他们要求我们给予特殊的照料，要求我们特别细心、谨慎地对待他们。

教师的权利的合理性，首先表现为洞察一切的能力。如果你想进入儿童世界这座奇异的宫殿，摸清宫殿里种种独特的规矩，那你就得首先掌握儿童从来不会故意干坏事这条真理。娜·康·克鲁普斯卡娅曾写道："最大的犯罪是把儿童的行为强加上种种不良的动机。"① 教育上的无知还表现在教师硬说儿童喜欢干坏事，在集体面前把儿童说成是蓄意干坏事的人，并强迫集体接受自己的错误想法。凡是把错误的想法强加给孩子们的地方，永远不可能产生对教师的信任和集体的意志，实质上也就没有集体本身，这也是一条人所共知的真理。如果忽视这条真理，教师就会遭到无情的报应。无中生有地指责儿童故意干坏事，会使儿童感到不公正，从而与教师疏远。儿童失去对教师的信任之后，再也不会到教师那里去寻求保护。这可实在是很危险的事。如果一个班级出现了三四个被教师疏远的"蓄意做坏事的孩子"，那么在这个集体中就不会有统一的信念、统一的思想和整个集体对教师的信任。

不要轻率地把儿童的淘气行为宣布为蓄意破坏秩序的行为，不要把儿童的马虎大意称之为懒惰，不要把儿童的健忘称之为玩忽职守。要懂得儿童的淘气行为、马虎大意、健忘——这些情况过去有，现在有，以后永远都会有。对于这一切要谅解，不要急于求成，要不厌其烦地巧妙地加以纠正和引导。企图骤然改变儿童身上的某种缺点，而且还要借助集体的力量去强行改变，这就会改变儿童对你的信任。你对儿子疏远之后，儿童便开始为了自卫而变得倔犟，故意（而不是恶意！）不听话，任性，故意去做违背你的意见和要求的事。所有这一切均发生在儿童对你的信任出现裂缝的时候。

必须十分明智和谨慎地对待儿童各种并非故意作恶，而是一时淘气而犯下的错误。如果儿童正在努力向教师寻求保护，他本人便能尖锐地感觉到这种错误，或者正在为此感到内疚（如果儿童尚未具备这种能

---

① 《克鲁普斯卡娅教育文集》俄文版第3卷，第343页。

力，那就一定要培养他具有这种能力）。在这种情况下，不要轻率地把儿童的淘气行为交由集体谴责。一般说来，除非万不得已，不要滥用集体的谴责。而这种万不得已的情况（但愿你有幸工作 10 年也碰不上一次这样的情况）也许永远不会被你遇上。

往往有这样的情况：儿童的某种不体面的行为只需你一人知道就行了。几十年的学校工作使我坚信，通过集体进行教育并非唯一的、万能的教育手段。集体的教育力量正表现在并非每走一步都要求助于这种力量。教师对每个学生心灵的直接影响，如同集体的教育力量一样，也是必须的、重要的教育因素。尤其在日常各种难以预料的事件中，如果教师不能对每个学生直接施加影响，那么他也就不可能拥有对集体的支配权力。如果每位教师都能完美地掌握《平行教育学》，① 即掌握对学生个人施加影响的艺术和技能，那么就可以认为这所学校已取得了巨大的成就。

以下的事发生在战后的第一年。我们要谈及的这个人现在已成了家，是 3 个孩子的爸爸。这 3 个孩子现在都是我们学校的学生。而那时，他——萨沙是个五年级学生。他的一个同班同学有几支彩色铅笔（是这个同学的父亲买的），这在当时是全村的贵重物品。这位同学把自己的彩色铅笔放在教室的柜子里，以便课余时每个想画画的同学都能在教室里画一下取乐。萨沙打开画笔盒时心情多么激动啊……他忘乎所以地画着，在他面前展现的不是一张用铅笔涂满彩色的纸，而是栩栩如生的绿色草坪、蔚蓝色的天空、神秘的树林。我至今还记得萨沙全神贯注地在以晚霞为背景的画面上画一只白鹤时的情景。

突然，彩色铅笔不见了。大家为此十分难过。除了本班同学外，谁也不可能拿走铅笔，这是毫无疑问的。我产生一种连我自己也害怕承认的想法，拿走彩色铅笔的正是全班最喜欢画画的萨沙。

"谁也没有偷走彩色铅笔，"我竭力使孩子们相信，"只是出了个差错。有人忘了把铅笔放回柜子，他把笔带回家去了，这是差错。现在铅笔正在他家的桌子上，明天就会放回原处，出差错的人明天会把铅笔带回来的。这件事你们不要多讲了，笔会被送回来的。"

---

① 即通常所讲的"平行影响原则"。——译注

萨沙一听我讲起彩色铅笔便低下了头，他的脸红一阵、白一阵，眼里露出惊慌的神情。没错，铅笔就是他拿的，这没什么可怕，他会带来放回原处的。

清晨，我来到校园读书，突然听到有人翻篱笆过来了。原来是萨沙。我望了一下孩子的眼睛，心里觉得很难受；孩子以极其苦恼的眼神向我哀求着，于是我不由自主地从长凳上站起来向他迎去。

"发生什么事啦，萨沙?"

"铅笔……"

"那就好，放回柜里去吧。"

"教室门关着，该怎么办呢?"孩子绝望地问道。

"给我吧。不要和任何人谈起这件事……也不要对别人讲你犯了错误。我把铅笔拿回家搁一天，使用一下。"

萨沙松了一口气，紧张的心情缓和下来了。我们进入教室时，孩子们几乎已全部到齐。从孩子们的眼神中，我看到了期待与不安。

"铅笔在我家里。"我愉快地对孩子们说，"我自己也弄不清怎么会把这些铅笔放进我的皮包的。我要画一棵长在池塘旁的小白桦。明天我就把笔带回来。"

不安转变为欢乐。我感到此时此刻每个学生的内心似乎都在起变化，他们高兴地消除了有人偷窃这个惹人厌烦的不愉快的念头，因为他们习惯于接受这只不过是出了点差错的想法。我和萨沙两人的目光相遇了，他那闪闪发光的眼神流露着对我的感激。我感觉到这孩子此时很想立即走到我的跟前说些什么。这个愿望使他坐立不安。课间休息时，我留在教室里批阅作业。萨沙已经在向我的讲台走来，但这时有人喊他，于是他便走出教室。

放学时，我们两人一路回家。那时我多么害怕萨沙会把对我的感激说出口啊! 幸好他没有这样做。萨沙沉默不语。而这种沉默比任何激动人心的话语都更富有表现力。他那温和、信任的眼神使我感到高兴。我觉得很幸福，因为我使这孩子从精神沮丧的状态中解脱出来；这种沮丧的心情会在儿童的心灵里留下伤痕，这伤痕会保留很久，甚至可能终身难愈。我觉得很幸福，因为我保住了儿童对教师的信任，并且满足了儿童想从教师那里寻求保护的真诚愿望。

这件事时刻都在提醒我，不能把成人世界中的观念、原则和各种合乎情理的关系机械地搬到儿童世界中去。指责儿童的偷窃、懒惰、欺骗等行为时要特别慎重。儿童从来不会蓄意做坏事，但是他们会犯错误。如果我们帮助他们正确地理解和承认自己所犯的错误，那么他们就会真正认识到自己错误行为的道德意义，并将努力避免重犯类似的错误，尽管他们并非经常能够做到这点。儿童对待指责，甚至尚未说出口的恶意怀疑十分敏感。成人的心经历过生活的锤炼，已具备自卫能力；但儿童心房的感触神经是赤裸裸、无遮掩的，因而童心特别柔弱、敏感，并缺乏自卫能力。不能容许这颗敏感而柔弱的心，承受来自四面八方的触摸和好奇目光的打量。一个人在童年和少年时代越是经常扮演受审者的角色，到成年时，他对成人法庭所持的态度就会越发冷漠。在绝大多数情况下，儿童的错误没有必要作为集体讨论的内容，只需你本人知道就行了，这将比大家都知道要好得多。

如果让集体知道萨沙所犯的错误，如果像通常那样有组织地动用社会舆论来处置这件事，那么会出现什么情况呢？在这种情况下，一般说来，会产生什么后果呢？那就不仅是犯错误本人，而且连整个集体都会在道德上受到毒化。让过分好奇的同学去触动犯错误儿童的敏感的心，要求犯错误的儿童向集体暴露自己的心灵，这样做极不公平；须知，儿童犯错误一般并非出自恶意，况且本人已经真诚地后悔了。过早地把一个儿童置于受集体指责的地位，这会使他变得麻木不仁。这是极大的创伤，这种创伤往往终身都难以愈合。不能把一个儿童置于对坏事和不轨行为表示惊讶的同学们的目光之下。当儿童集体对某个成员的恶意行为（须知，实际上并非恶意行为）表示惊讶时，就会使犯错误的儿童产生痛苦和委屈的感觉。对儿童所犯的错误采取集体措施，通常是不会产生教育者所预期的效果的。由于感到不公正而产生的委屈心情会使犯错误的儿童铭记心头，同学们和教师指责他的每一句话都会使他多年难忘。如果一个孩子感觉到被人看做是蓄意作恶的坏蛋，那他就会变得孤僻，就会竭力回避集体。一个孩子心怀对他人的抱怨情绪，这是教育工作中最不能容忍的现象。怨恨就是出自这种委屈的心情。如果这个孩子反复犯错误，大家没完没了地"狠狠训他"；如果一个人在童年时代没有体验过因意识到人们赞叹自己的道德美、善良、心地纯洁和行为规范而感

尊重与呵护

71

到的喜悦，这种怨恨就可能发展为残酷，发展为对人们，包括对教师的不信任，这个人就会对一切善良、真诚的愿望和意愿都失去信心。

学校里有什么现象比出现冷酷儿童更令人不能容忍和不可思议呢？儿童只应是心地善良、热情、胸怀坦白。只有这样，儿童才能具备疾恶如仇的高尚情操。深藏心底的冷酷，这是每分钟都可能爆炸的炸弹。也许你们在学校中曾经遇到过这样的情况：似乎没有任何明显的理由足以造成一件看来是恶意的行为，而儿童的举动却好像是故意要让人们不愉快。这是怎么一回事？为什么儿童做出来的事要违背健全的理智、违背本人的利益？这就是深藏在心底的冷酷感情的爆炸。在触及儿童心灵时，如不小心不谨慎，看来虽然只是轻微一触，却能引起剧痛，这一切都足以引起爆炸。这种爆炸往往并非发生于刚把"炸弹"放进儿童心房之后，而是要经历一段相当长的时间。面对这种情况，教师只是困惑不解地耸耸肩说：发生了什么事？

当教师组织班集体"谴责"儿童的错误时，集体中会出现什么情况呢？孩子们会因此而滋长对他人的轻率态度和冷酷无情。比如，孩子们对萨沙的错误行为会说些什么呢？无非是从成人嘴里搬来一些现成的句子。要知道，孩子们尚未获得生活的智慧，他们不能深刻理解所发生的事情。他们可以把萨沙的错误称之为偷窃行为，但心里并不认为这是真正的偷窃，因此他们的批判用语将是虚假的。萨沙可能也会感觉到同学们批判他的话并非出自内心，但是他不可能把这种感觉讲出口。因为对孩子来说，远非一切内心已经领悟的东西都能够用语言表达出来。这就是为什么每当集体批判某种不体面的行为时，挨批者大多沉默不语，教师只得从他嘴巴里硬掏出对错误的"承认"和表示悔过的话。这对集体是一种腐蚀，它会培养出一批信口开河、不负责任地乱作保证的伪君子和饶舌者。

幼小的孩子们还不善于用自己的理智去推究错误行为的动机，他们还缺乏在道德上的共同感受和同情他人的经验，因此他们很容易去指责自己的同学，说得更确切些，他们很容易同意教师所说的谴责他人的话语。不能把集体的信念建立在一致对待孩子们尚未理解的事物的表面现象上。

教 育即自然发展[①]

〔美〕杜 威

"我们对于儿童毫无所知，只用我们错误的见解去办教育，愈办愈错了。那些最聪明的著作家，竭尽心力，去讨论一个人所应知道的是什么，却不问一个儿童所能学习的是什么。"这几句话在卢梭所著《爱弥儿》一书中是有代表性的。卢梭以为当时教育的败坏，都因父母和教师只想着成年人的造诣，而一切改革的成败，则全看大家能否集中注意于儿童的能力和弱点。卢梭一生所说的话，所做的事，有许多是愚蠢的。但他认定教育应当根据受教育者的天赋能力，根据研究儿童以发现这些天赋的能力，这种主张却是现代一切发展教育事业的努力的基调。他的意思是说，教育不是把外面的东西强迫儿童或青年去吸收，而是要使人类与生俱来的能力得以生长。从这个观念出发，就产生卢梭以后许多教育改革家所竭力强调的种种主张。

首先，他使人注意到从事教育的人常常忘记的一个事实，就是：学校内所学的东西至多不过是教育的一小部分，还是比较粗浅的一部分；然而在学校所学的东西却在社会中造成种种人为的区别，使人们彼此划分界限。结果我们就轻视日常生活所得的经验而把学校中的学习夸大了。但是，我们要纠正这种夸大，办法不在于轻视学校中的学习，而在于注意考察我们从日常生活中得来的极多极有用的训练，从这中间寻出教训来，使我们知道学校的教学工作应怎样进行才是最好。未进学校以

---

① 选自《杜威教育论著选》，〔美〕杜威著，赵祥麟、王承绪编译，华东师范大学出版社，1981年。

73

前的几年，儿童的学习进行得快而且稳，因为这时的学习是和他们自身能力所提供的各种动机以及自身处境所促成的各项需要密切关联着的。卢梭差不多是第一个认为学习是一种必需；它是自我保存和生长过程的一部分。如果我们要明白教育怎样才能最有成效地进行，让我们求助于儿童的经验，在这里，学习是一种必需；而不是求助于学校里的实际做法，因为学校教育大部分是一种装饰品，一种多余的东西，甚至竟是一种不受欢迎的强迫接受。

但一般学校进行的方向总是与这个原理相反。他们不去研究儿童在生长中所需要的究竟是什么，只是拿了许多成人所积聚的学问，和生长的需求毫不相关的东西，想把它强加给儿童。卢梭说："一个成年人确实必须知道许多对儿童似乎无用的东西。可是，成年人所应当知道的一切，难道儿童都该学、都能学吗？把做儿童时用得着的东西教给儿童，你可以见到那已是很够他忙的了。为什么要叫他去求那也许终身用不着的学问，而忽略了那些足以满足他现时需要的学问呢？但是，你要问：等到要用的时候再去学那应当知道的东西，不嫌太晚吗？这个我不能说。但我知道，教的太早是不行的，因为我们的真正教师是经验和感情，即使是成人，要不是适合他本身的情况，也决不会去学他那应该学的东西。儿童知道他一定要成人；他可能有的关于成人的种种思想，都是使他受教育的机会，但对于他所不能领会的那些思想，却不应该使他知道。我的全书，只是反复阐明这个教育上的根本原理。"

我们大家最常犯的最大错误，恐怕就是忘记学习是应付种种现实情况的一种不可缺少的事。我们竟武断人心自然厌恶学习——这个正同断定人的消化器官厌恶食物，必须哄骗或威吓使他不得不吃一样。看了现在的教育方法，我们可以知道确有人相信人心是反对学习的，是不愿操心的。殊不知这种嫌恶的发生，实际上就是对于我们所用方法的一种谴责；正因此证明我们现在所提供的教材，是人心在当前的生长状态中所不需要的，要不然就是提供不得其法，把真实的需要蒙住了。我们再进一步讨论。我们说只有成年人才能真正学习成年人所需要的东西。成年人如果继续保持着他学习的欲望，要比没有到成年时期就给以成年人的学问知识，因而丧失了他的求知欲念，一定更加愿意学习他所应学的东西。我们缺乏信心，而又不轻易相信。我们不断地对我们成年人所知道的东西感到不安，深恐儿童永不会去学它，除非儿童在智力上或实际上运用到这些东西之前，就用训练的方法把它灌进去。如果我们能够真正相信，注意当前生长的需要，就可以使儿童和教师都有事做，并且对将来需要的学习能够给予最好的可能的保证，那么，教育理想的革新也许早就成功，而我们所渴望的别种改革，也大都自然而然地跟着来了。

这样看来，怪不得卢梭劝我们必须情愿失去时间。他说："那最大最重要而又最有用的教育法则就是：不要爱惜时间，要失去时间。假如一个婴儿能从母怀一跳就到达了通达理性的时期，那么现在的教育就是很适当的了；但是他自然的生长，要求一种完全不同的训练。"他又说："我们现在所用的方法全是残酷的，因为它是为了遥远而不可捉摸的将来而牺牲现在。我从远处听见那老是拖住我们的假聪明大声喊叫，认为现在不值什么，气也透不过来地去追逐那赶不上的将来；这种假聪明，把我们引离唯一的立足地，却又永远不能引导我们到达别的什么地方。"

简言之，如果教育就是人类天性能力的正常生长，那么，注意他在生长过程中每天所具有的特殊形式，是使成年时期的种种成就牢固可靠的唯一方法。人的成长是各种能力慢慢生长的结果。成熟要经过一定的时间，"揠苗助长"没有不反致伤害的。儿童时期的意义实际就是生长和发展的时期。所以，为了成人生活的造诣，而不管儿童的能力和需要，是一种自杀的政策。因此卢梭说："应当尊重儿童时期，不要急于断定他是好是坏。没有到你接替自然的职务时，你要让自然有时间去做它的工作，以免干扰它的措施。你以为你知道时间的价值，唯恐荒废它。你没有认识到误用时间比虚掷光阴浪费更大，教育不当的儿童离开美德比毫没受过教育的儿童离开得更远。你怕他虚度童年，未做一事。什么叫虚度！难道快乐不算什么吗？终日跑跳不算什么吗？他一生永不会再有这样忙碌的了。……假使有人唯恐荒废他一部分时间而不愿睡眠，你以为这个人怎么样？"尊重儿童时期，就是尊重生长的需要和时机。我们可悲的一种错误，就是急于要得到生长的结果，以致忽视了生长的过程。他又说："自然要求儿童在成年以前保存儿童的本色。如果我们想要颠倒这个程序，就会产生一种不自然的果子，没有成熟，没有果味；这种果子，不到成熟早就烂了。……儿童自有儿童的思想、见解和感情。"

尊重与呵护

指导自然生长的教育和强行注入成年人造诣的教育，二者之间还有一层不同之处应当注意。后者很重视积累许多符号式的知识，强调知识的量而不是知识的质；所要求的只是表现作业的成绩，而不是个人的态度和使用的方法。至于启发式的教育方法，则其所注重之点是要真切而广泛地亲自熟悉少数典型性的情境，以求掌握处理经验中各项问题的方法，而不是要积聚许多现成知识。照卢梭说，儿童容易屈从我们那些错误方法，这是我们经常受骗的根源。我们懂得——或自以为懂得——某些词句是什么意思，因而当儿童用词适当时，我们就说他也有同样的了解。他说："儿童学习东西表面上容易，实是他们的不幸。我们没有看到那样容易就会了，适足以证明他们没有好好学习。他们那光洁的头脑仅仅如镜子一样把我们所指示的事物反映了出来而已。"当时的教学方法，不使儿童自己去领会事物的关系，只从事物的表面指示一下。卢梭有一句简短的话描写了这种方法的缺点。他说："你以为你在那儿教他世界是什么样子，其实他只是在学地图。"从这个学地理的例子类推到整个广泛的知识领域，你就可以明白，从初等小学到专门学校我们的教学工作多半是什么一回事了。

在卢梭的心中，有与这个相反的方法。他说："在学习各种科学的许多捷径中间，我们非常需要一条捷径使我们能够使用困而后知的方法。"他这意思当然不是为了学习困难故意把学习的东西弄得很艰深，不过要避去那种重述现成公式的假学习，而用慢而稳的自行发现的方法去代替它。课本和课堂讲授的是别人发现的成果，似乎可以作为获得知识的捷径；但其结果正像镜子里毫无意义地反映出来的许多符号一样，对于事物本身一点也没有了解。再进一步，就弄得学生思想混乱；使他把内心本来所有的一点把握失去了；他的辨别真伪的能力被伤害了。卢梭说："第一句叫学生记忆的意义不明的话，或者第一件叫他盲从而不让他自己了解其意义的事物，就是使学生判断力毁灭的开始。"又说："你把思考的事情全都替他做完了，你还要他去想什么呢？"（我们不要忘记，课本中组织好了的教材和预先排定的功课，都是代表他人的思想。）"此外，他所有的一点推理能力，你再叫他用于对他似乎极少用处的东西上去，这一来，你叫他不相信他自己心中所有理智的工作就做完了。"

以知识本身作为目的，"浩如烟海，深不可测"。如果在卢梭时代是这样，那么，卢梭以后科学日益发展，就更可确信把单纯积累知识和教育等同起来乃是荒唐的。对于现行教育常有的批评，说教育不过是替大量杂乱的科目留下一种肤浅的印象，这个批评是公正的。但要补救这种弊病，却不是回到那种机械贫乏的读、写、算的教学上去所能奏效，而是要放弃我们想把全部知识都列入课程以期"包括一切"的狂热愿望。我们必须除去这种有害无益的奢望，而代之以较好的理想：把少量典型性的经验加以充分地运用，使学生掌握学习的工具，同时提供种种环境，使学生渴求更多的知识。照传统的教学法来教，学生学习的是几张地图而不是学习世界——学的是符号而不是事实。学生所真正需要的，并不是关于地形学的精密知识，而是要晓得自己去寻求知识的方法。卢梭说："你的学生学习地图；我的学生制作地图。这就是你的学生有知识和我的学生无知识的区别。"所以学校中求知识的真正目的，不在知识本身，而在学得制造知识以应需求的方法。

走进孩子的内心世界①

〔美〕 斯托夫人

在孩子出生之前，父母就像等待自己亲手塑造的作品一样，带着忐忑甚至有些焦急的心情企盼着即将出世的孩子。将要成为母亲的女人，在怀孕的过程中经历了焦虑、怀疑、肯定、欣喜、放松等不同的心理历程，等到孩子终于用小手叩开人世间的门扉来到这个世界后，又看着孩子一天一天长大。这也许就是每一个母亲一生中最幸福的感受了。有了孩子之后，年轻的父母也逐渐成熟起来。从此，帮助孩子、抚养孩子长大成人就成了他们义不容辞的责任。

父母通过每天的观察、体验和摸索，逐步了解了自己的孩子，一点一点地熟悉着他的一切，片刻也不曾放松，直到他长大成人。可是，等到孩子长大懂事，父母是否就真正地了解他了呢？

要想真正地了解孩子，并不是件容易的事。每个孩子的性格都各不相同，有的生性内向，有的则活泼开朗；有的胆小，有的则生来就无所畏惧；有的孩子喜欢运动，成天不知疲倦地跑跑跳跳，有的则像一只温顺的猫，总是静静地呆着。我认为，年轻的父母除了给予孩子各方面的关心和照顾，还应该注意从细小的方面观察自己的孩子，探索孩子的内心世界，然后用不同的方法加以引导，以便更好地培养孩子。

在不同的家庭环境中，孩子受到的教育也各不相同。尽管每个父母都尽力教育自己的孩子要从小明白事理、热爱学习，但采取的方法不

---

① 选自《斯托夫人自然教子书》，〔美〕斯托夫人著，亚北译，中国妇女出版社，2004年5月。

同，结果也就有所不同。有的孩子很少得到父母的肯定，那么他的自信心很可能会逐渐萎缩；有的孩子受到了父母过份的呵护，结果总是生活在大人的庇护之下，能力得不到有效的发展。这种过份的照顾，使孩子从小就得不到必要的锻炼，往往变得既保守又软弱。

孩子的性格不同，对他们采取的教育方式也应该有所不同。父母不应该只听别人怎么说，而应该对自己的孩子有充分的了解，以便进行恰当的教育。有些父母对孩子的了解有偏差，就会造成孩子不能默契地领会父母的教导。这样会产生很多不必要的矛盾。尤其是在孩子犯了错误的时候，应该怎样教育孩子，这也是父母们时常遇到的难题。合理地运用各种教育方法，及时纠正孩子的错误固然重要，但如果对孩子没有一个正确的认识，不了解他们的内心世界，那么这种教育也就无从谈起。

许多自以为了解孩子的父母并不真正地了解孩子，因为他们不肯在这方面多花时间和精力，只是想当然地去判断孩子的行为。他们宁愿花时间去向朋友诉苦，控诉孩子不听话、不诚实，却不愿耐心地和孩子谈一谈。我认为这样的父母是没有责任心的人，他们的做法是很不明智的。

维尼芙雷特 4 岁时，有一段时间非常顽皮。她似乎每天都故意把房间里的各种东西扔到地上，并动不动就发脾气。有一天，我见她又开始"犯病"了，就走过去问她："维尼芙雷特，你在干什么？为什么老是把房间弄得这么乱？"

女儿听了我的话，并没有马上停下来，反而当着我的面把桌上的一本书扫到了地上。

"你这是干什么？快捡起来。"我指着地上的书说。

"偏不捡。"

"你怎么这么不听话。"

"我就是不听话。"

我听女儿这样说，当时没有再多说什么，扭头就走了。我走后，维尼芙雷特更加肆无忌惮，我听见她在房间里尖叫，还不时乱扔东西。房间里传来东西落地的"砰砰"声。

我极力按捺住自己的愤怒，告诉自己不要发火。过了一会儿，维尼芙雷特的吵闹声突然停了下来，随之而来的是女儿伤心的哭泣。

这时，我再次走进女儿的房间，温柔地对她说："怎么啦，维尼芙雷特，有什么不高兴的事吗？"

女儿没有回答，只顾伤心地哭着。看到她那伤心的样子，我忍不住心生怜爱，把她从地上抱了起来。

"我一直认为你是个乖孩子，所以你乱扔东西时我没有骂你，我想你一定遇到了什么不顺心的事，告诉妈妈好吗？也许我还能帮你呢。"

我说了这些话，维尼芙雷特的心情似乎好了不少，但仍然在哭泣。

"好了，别哭了。有什么事不能解决呢？你一直是个聪明的孩子，再加上妈妈帮你，我想什么问题都能解决。"

女儿突然扑到我的怀里，放声大哭起来，一边说："妈妈，我觉得自己好孤独啊？"

"怎么会呢？妈妈不是天天和你在一起吗？"

"可是，你总不搭理我，整天就知道在书房里写字，你一点不在乎我……"

原来如此。由于那段时间我工作比较忙，有很多稿子要写，所以没有像平时那样陪她。没想到竟然会让她感到那么痛苦。我当时突然意识到孩子的心是多么的敏感，她的内心世界是那么复杂。这是我以前从来没有想到过的。于是，我对女儿讲了我的工作是做什么，为什么工作，并让她理解我。

"维尼芙雷特，你可不要那么想。妈妈最在乎、最爱的就是你。等妈妈忙完这一段，一定要好好陪你玩，不过，你也要理解妈妈呀！我相信你是一个懂事的孩子，妈妈必须要工作，你一定会理解妈妈的。对吗？"

我让女儿知道我仍然爱她之后，她就再也没有故意捣乱过了。有时候，我在工作间隙去她的房间看一看。她会对我说："妈妈，你去忙你的吧。没关系，我自己知道怎么玩。"

孤立的独立性^①

〔苏〕 山·A. 阿莫纳什维利

  然而，坦率地说，我不喜欢这样的独立性：这种个性表现有时往往被限定在某种形式主义的框框里，把独立完成学习任务与学生孤立地完成学习任务等同起来。

  什么是被误作为独立性的孤立的学习劳动呢？

  试问，这是什么："别交头接耳，别依靠任何人，别偷看别人的本子，不许抄袭，不许利用教科书，不许提示，不许夹带纸条，别问别人！你自己也有脑袋，应该掌握一切必要的知识！"

  教师在给孩子们布置各种独立作业时，经常注意的不就是这些吗？这样一来，在 10～11 年的学校生活中，孩子们就养成了只靠自己，不依靠任何别人的习惯。

  为什么我们要在学校里培植这种孤立的独立性呢？也许，只有这样我们才能培养儿童走向生活，而且还能使他们对付生活中可能发生的特殊事件？比如说，他们乘上一艘帆船，突然遇上了飓风，帆船被飓风席卷而去，掉在了一个无人知晓的大洋里，帆船被粉碎了，因此，所有这些我们从前的学生都孤身一人处在一个个荒岛上。要知道，有多少个鲁滨孙必须独立地生活下去！知识——在他的脑子里，他养成了在纸上笔述这些知识的习惯，还能口若悬河、一字不漏地复述它们。亲爱的鲁滨

---

  ① 选自《孩子们，你们生活得怎样》，〔苏〕山·A. 阿莫纳什维利著，朱佩荣、高文译，教育科学出版社，2002 年。

孙们，在你们每一个人各自未发现偶然驶近荒岛的帆船和未回到文明世界之前，你们就这样独立地生活吧！

因为，为了把我们的儿童培养成优秀的鲁滨孙，应该把教室当做未被任何人发现的大洋，把课桌当做这个大洋中的荒岛，应该把坐在座位上的每一个儿童看做是未来的鲁滨孙：严密关注他们，使他们在解答习题、完成作业、背诵诗歌时只能依靠自己的记忆，不能指望得到别人的帮助，更不能指望得到正式的和非正式的资料。当他处在鲁滨孙的那种境地时，谁也不能给他提示、出主意。只有他自己的脑袋才能救他的命。

但结果会是怎样的呢？实际上，"须知他不是什么鲁滨孙，无论他从事哪种职业，他必须生活在人们中间"[1]。娜·康·克鲁普斯卡娅的这一警句是值得我们很好地深思的。我们竭力反对呆读死记，这很好。我们为反对抄袭他人作业，为反对夹带而斗争，这也很好。但怎样才能杜绝这种现象呢？知识、技能、技巧只能是个人的获得物，每一个人都应该在这样的水平上去掌握它们：这种水平，一方面是我——教师——所组织和控制的教学教育过程所容许的，另一方面是在这一过程中他的发展中的才能和潜力使他有可能达到的。互相借用知识、技能、技巧，在使用过以后再归还给其占有者，衷心感谢对方的帮助，这是不可能的事。不，知识既不能借贷，也不能分送。

> 科学家走遍四面八方，
> 他都能通行无阻。
> 他拥有无数的瑰宝，
> 既看不到，又摸不着。
>
> 知识不能被小偷偷走，
> 也不能被强盗抢去。
> 蠢人与它无缘，
> 对聪明人是无价之宝。

---

[1] 《克鲁普斯卡娅教育文集》，俄文版，第一卷，第138页，莫斯科，1960年版。

我的孩子们熟知达维德·古拉米什维利①的这首诗。诗意极其明白易懂。因此，可以在某种程度上证明孤立的独立性的实践是正确的，尤其是在做测验作业时，儿童哪怕有偷看他人作业本、问同座同学、抄袭等最微小的尝试都使教师有权降低他的分数，或根本不承认他的作业。

　　过去，在我从事教育工作的初期，我不反对惩罚试图"欺骗"我的儿童。我还清楚地记得一个瘦瘦的男孩子的眼神：由于他偷看同学的作业本，试图把自己解答算术题的答数与同桌同学的正确答数相对照，我没收了他的作业本。他偷看时，那个经常被我夸奖为模范学生的孩子用吸墨纸再加上自己的手掌掩住了自己的作业本，不让他偷看一眼。这就是说，这个瘦瘦的男孩妨碍了模范学生的学习，也就是说，他想欺骗我，想抄袭别人的答数。于是我就赶忙给了他应有的教训："我已给你讲过多少遍啦，要独立解答习题！"我没收了他的作业本，命令他安安静静地坐着。他瞧了我一眼，双眼充满着愤怒和憎恨的神色，接着就号啕大哭起来，他那抑制不住的哭声使我们的测验课再也无法继续进行下去。

　　教育信念有时就这样地转变了：这一事件使我领悟，是的，使我理解了自己的错误的实质。这一错误不仅是一时冲动的错误，而且，总的说来，也是教学法的错误。男孩子的眼神和号啕大哭似乎是在用明白易懂、令人信服和动人情感的语言对我说："老师，您不能这样做，我不是什么鲁滨孙，我是一个社会的人！让我永远做这样的人！您还要让跟我同桌的同学养成团结友爱的感情，有同情心和关切感，善于帮助同学！"现在，孤立的独立性的观点对我已失去了任何意义，它是违反教育原则的。

　　如果某个学生偷看别人的作业本，这不就意味着他学习有困难，需要得到帮助吗？如果某个学生指望有人偷偷地给他提示，这岂不就是他忘记了什么，或者根本不懂吗？所有这一切我都能及时发现，我看得出来，谁有什么不顺手，谁需要得到某种帮助！究竟怎样做更好些：当场揭穿儿童违反形式主义的独立性原则的行为，还是注意组织对他进行必

---

① 达维德·古拉米什维利（1705—1792），格鲁吉亚诗人。——译注

83

要的帮助？

对于这一问题我早已没有疑义。不过，令人遗憾的是，关于独立作业这一关键性的概念在教育学和教学法教科书中没有得到现代心理学和教学论的应有阐述。给小学生做的数学和语文分发作业花样繁多，它们是专门为进行测验而设计出来的，具有一切形式主义的特征（儿童是狡猾的，他们会互相抄袭，但我们也不乏狡猾手段）。这就是同一内容四种不同变体的作业题：让坐在第一排的学生做第一和第二种变体的作业，让坐在第二排的学生做第三和第四种变体的作业。这样，他们谁也别想偷看别人的作业！教师都了如指掌！

我为儿童感到难受，我们不相信他们，我们不是向他们伸出援助的手来，而是在设置骗局愚弄他们。我也为很多教师感到难受，他们的教育嗅觉、教育技巧和创造往往摆脱不了陈腐的教学法指南的束缚：应该对儿童掌握的知识、技能、技巧进行严格的测验、提问和检查。我不需要这样的分发作业，需要的是能够组织二、三名儿童协同工作的分发作业，还需要这样的分发作业：它们能教导我的孩子们怎样互相帮助，怎样交流自己的知识和经验，怎样表现出对他人的同情和善意，最后，怎样真正成为有独立性的人，不是像鲁滨孙那样的孤家寡人，而是在人们中间的人。

今天，在数学课上我向孩子们建议：

"正如你们所看到的，这些作业很难。也许，有人需要帮助！在遇到困难时，你们可以向迈娅、维克多、伊利科、纳托、沃瓦、吉娅、尼柯、埃卡等同学请求帮助，当然也可以前来问我。但要留神，别妨碍别人……"

我安排捷恩戈、尼娅、达托、伊拉克利、格奥尔吉分别与邦多、叶莲娜、瓦赫坦、埃拉、玛里卡同坐，并交给他们一项任务：帮助同桌的同学，耐心地给他们讲解，给予忠告，在自己解答习题给他们作示范时轻声地边说边运算，以便使他们能仔细地观察，怎样判断，怎样进行运算。

这不像独立作业，更不像测验作业吗？

在语文课上，纳托手持一张纸条，上面写有她没有记住的瓦扎·普沙韦拉①的一首诗中的某些词语。在背诵时，她不时地用一只眼睛瞥视一下自己的"夹带"，但谁也没有注意到这一点，因此我们大家都屏息静听她的朗诵。她朗诵得热情洋溢、富有表情和情感，博得了我们的掌声。

可见，这也违反了独立性的要求吧？

但为什么呢？

在前一场合，我防止了偷看别人作业本的可能性。偷看的目的无非是盲目抄袭，剽窃他人的劳动成果。在后一场合，我排除了偷偷提示，使儿童摆脱难堪的处境：当忘记了某个词和有这个词的整段诗时，只要有人轻声地偷偷提示一下，就足以使他想起，于是一切都很顺利。否则，他就会像一个最笨的笨人一样地呆立着，而教师会用自己的话把他的记忆和联想的门户关得严严实实："背下去！……你怎么啦！……背不出来？本来就该好好地背熟这首诗，现在背不出，多丢人……你们别给他偷偷提示，让他自己背！……记不起来啦！……有什么办法，让我们来帮助他！……"

但难道这是帮助吗？"我们来帮助他！"教师以表示"我很可怜你！"的语气说。于是，又一个想"帮助"他的同班同学从座位上站了起来。

实际上，这个同学与帮助毫不相干，对他来说，更重要的是要向教师显示，他自己什么都懂。支配他起来"帮助"的愿望不是为了搭救同学（在这种场合他最好采取偷偷提示的办法来帮助同学！当然这要冒招致教师迁怒于自己的风险。），而是为了在全班同学中突出自己。

这就是在允许儿童互相帮助，利用辅助性字条（不，这不是夹带！）时，我要使他们摆脱的那种偶然性错误。但我这样做的原因，还在于要使儿童因之而能在合作和共同活动中学会独立性，道德原则和一般发展原则是这种独立性的支柱。

尊重与呵护

---

① 瓦扎·普沙韦拉（1861—1915），格鲁吉亚诗人，原名鲁卡·帕夫洛维奇·拉济卡什维利。——译注

85

让 学生安心[①]

〔美〕安奈尔·L.布鲁肖

> 我们必须有这么一个地方——在这里，有孩子们可以信赖的一群大人。
>
> ——玛格丽特·米德，美国人类学家

研究已经反复证明，感到焦虑或紧张的时候，人的大脑就会专注于如何来消除这种焦虑和紧张感。研究还表明，大脑处理否定言论所需的时间比处理肯定言论花费的时间多得多。知道这是为什么吗？其实，我们自己就可以找到答案。想想看，你伤心的时候，总是会一心想着怎样开心起来，这很容易理解。再想想，有人赞美你的时候，你是不是说声"谢谢"就任其过去了呢？被人赞美当然是一种美好的感受，但你却不会因此而忘记其他事情。可是，有人侮辱你，说你不好讲你坏话的时候，你就会不高兴，然后绞尽脑汁地去想这个人为什么要这样说，你还可能有些气愤，甚至可能想着去报复。不过，最终的事实是，不管你心里多么使劲地想要忘记它，大脑一时半会却不能摆脱它的影响。别人说你好的时候，你很容易就会忘记；别人说你不好的时候，要想忘记，恐怕就难上加难了。

同样的事放在教室里又会怎样呢？也无须花费太多的脑筋——在消

---

① 选自《给教师的101条建议》，〔美〕安奈尔·L.布鲁肖著，方雅捷译，中国青年出版社，2007年。

极的环境中，比如令学生们感到害怕，不舒服或者焦虑的地方，学习效率非常低下，因为此时学生们的精力完全集中在如何令自己感到舒服一些，自在一些，不再焦虑害怕。所以，作为老师，一定要防患于未然。开学第一天的第一件事就是让学生感到舒服、自在和安心。给他们一个你相当镇定、泰然的印象和感觉。先跟他们讲："欢迎大家！很高兴见到你们！"然后，持之以恒地做下面这件事情：向他们承诺。开始做自我介绍的时候，不要说你希望他们做到什么，而告诉他们你能为他们做些什么，告诉他们你的课堂将非常生动有趣。你需要向他们做出如下的承诺：

（1）我一定不会在课堂上大着嗓门说话，不会朝你们大喊大叫。当然，这并不等于我会放任你们的错误行为，不，你们依然必须对自己的所作所为负责。但是，我保证，我会在课下再处理问题，给你们足够的尊重。（对了，你无须再补充，"我希望你们也尊重我"。因为，如果学生们得到了尊重，自然也会尊重你。）

（2）我一定不会当面给你们难堪，当着同学们的面让你们尴尬。放心吧，这里很安全。我相信，在这里，你们一定会学到很多！

做完承诺，你已经实现了两个目的：

（1）学生们知道你是勇于承担责任的，可靠的。谁来监督你完成自己的责任？学生，他们会督促你始终信守自己的承诺。违背诺言的后果就是失去他们的信任。所以，基本上，你已经摆脱了在课堂上"乱发脾气"的风险。

（2）你已经让学生们安下心来。安心，放松，他们就会全力以赴，勇于接受挑战，而且遵规守纪。他们会因此而获得成功，更重要的是他们将从此永远把你记在心间！

尊重与呵护

今天，我们应该怎么当小学教师①

——在新疆巴州师范学校的演讲实录

张文质

这也是我所要讲的，今天我们怎么当教师，其中最重要的，教师在课堂上，在学校里关注的有三个层次，但最核心的是"人"。我们原来关注最多的是知识的传承，以学科为媒介的知识的关系，以及与这个学科相关的更丰富的知识世界。但对人——尤其是儿童，更深刻的影响的是情感态度，人格倾向。我曾有一次到一所师范学校给学生讲课。那一次，我讲的是教育中的人文精神，讲要珍爱生命，关注生命，要把人当目的而不是手段。有一个实习刚回来的学生告诉我她所遇到的一件很尴尬的事。实习第一天她对学生说："从今天开始，我们就是朋友啦，让我们在互爱互助的环境中成长吧。"没想到一个五年级的孩子说："老师，我不同意你的观点。我们是吃硬不吃软，你还是给我们来硬的。"当时，这位实习教师一下子懵了，茫然不知所措。但是教育中这种用强硬的方法对待孩子已经是司空见惯的事情。就是那一天我去讲课，主持人见学生迟到，就非常生气地说："你们给我站在门口，张老师请一个学期才请到，多么不容易。你们却不懂得珍惜。"我当时就明白了，真是"有其师必有其徒"。一种强硬、粗暴、侵害、负面的师道尊严，使得孩子一开始就接受了一种反教育的方式，他对和蔼、从容、温润、鼓励反而不适应了。他要强硬的，要粗暴的才感觉到更舒服，更适应，这是教育的最大失败。

---

① 选自《教育是慢的艺术》，张文质著，华东师范大学出版社，2008年。

到底我们要培养什么样的人？我相信在座的同学，不少是初中教育的失败者，内心都有一丝隐隐约约的自卑，这种自卑会伴随我们的一生，要超越是极其不易的。我也曾是一个特别自卑的人，上大学第一个假期，和两位女同学从上海回福州，在火车上 24 小时我没和她们说一句话。（笑声）后来，我经常想，要是有机会我真愿意再和她们同乘一辆车，让她们明白我不再那么自卑了。（笑声不断）这种自卑，是在我们受教育过程中不断地经历失败，经受屈辱，不断地被边缘化，不断地被贬低，慢慢积攒，增长起来的。后来我们要克服这种自卑，真是非常困难。实际上，这种自卑、不从容在很多老师身上也存在。我们在厦门有一所课题实验学校，原来它是一所农村小学。名字很好，叫曾厝垵小学。在做生命化教育课题前，他们都不好意思说自己是曾厝垵小学的。因为这所学校在厦门大学附近，他们私下里称它为"厦大附小"，也就是"厦门大学附近的小学"。（大笑）我到福州的一所很边缘化的学校听课，那位教师是我在中学任教那一年的一个学生。她说："今天，老师的老师来听课，你们过后可以问一些问题。"结果，这些初三的，和在座的你们个头差不多的学生一下课就围着我，问了一个让我感觉到可能是一生中最伤心的问题，他们说："老师，我们是不是真的很笨？"为什么孩子有这种想法？就是从幼儿园开始，甚至从出生开始，就有人不断打击你、贬低你，说你没有希望，你不可能成功，这种打击已经成为心理上的巨大阴影和障碍。这一切使我们对自己的未来没有期待。人与人关系中教师对学生的影响是最直接、最全面、最持久、最深远的，甚至是一个眼神、一句话很可能就决定了你一生的命运。老师最需要思考的是，我到底给学生带来了什么，我是不是不经意地带给了学生伤害？我们首先要反思的就是这些问题，我们的工作直接关系到一个人心灵的健康与纯洁，应该如履薄冰，慎之又慎才对。

我在一所学校听过这么一个故事：一个六年级的女孩子，她长得胖，老师经常形容她满面红光。在那个时代过来的人说一个人"满面红光"，就让人联想到毛主席。（笑声）有一天，孩子迟到，她跑得满脸通红。老师说："大家起立，毛主席来了，鼓掌欢迎。"就这么一句话，她那天下午就没来上课了。一个礼拜之后，她转学了。我想，即使她转学了，她已经把胖变成一种自卑，变成一种人生的痛苦、失败。还有什么比老师当着全班同学的面用这样的方式羞辱她更可怕？所以，在对课堂的观察和与老师的交往中，我最看重的就是我们是否从内心深处发出对人的真挚的同情，真挚的尊重，这是教育的最重要的价值，尤其是我们今后要从事小学阶段教育，这点更重要。哪怕我们知识有缺陷，哪怕我们专业的起点不高，但首先应该作为一个健康的有生命意识的人从事教育，这是师生关系中最核心的一层。

教师很重要的工作就是以学科为中心，进行相关知识的传承。任何一个学科对教师都有相应的专业要求。相对而言，在座大部分同学起点可能是比较低的，但前进的速度比较慢不等于我们到达终点的速度就慢。有一个社会学的"火车理论"：一个跑得慢的人搭上一辆快车和一个跑得快的人搭上一辆慢车，最后，先到达终点的是那个跑得慢但搭上快车的人。人生是需要规划的，更需要有耐心能坚持，虽然我们起点比较低，但仍然可以有所作为，当然要学有所得才能大器晚成。我们要去经历，去尝试，甚至去挣扎。生命就是一种自我的旅程，在体验中我们发现着自己，发展着自己，改善着自己。比如说你不到大漠，你真的体会不到什么叫辽阔。去了新疆，到了呼伦贝尔草原，你才知道什么叫一望无际。我想，我们南方人是体会不到"大漠孤烟直，长河落日圆"的景象和意境的。我们那边甚至一年四季都分不清楚，福州就只有两季，一季是非常炎热的，另一季是相对炎热的，看不到春天的迹象。所以，我们还要做生活的有心人。你对春天有细腻的观察，你才能真正教给学生活生生的体验。有位西部地区的教师到东部进修，早上醒来听到麻雀的叫声，他特别激动。一个年纪五十好几的教师从来没听过鸟的叫声，（笑声）他就生活在这么闭塞、荒凉的环境中，你说知识怎么传承？

有一次，国家课程中心的专家去一个偏远的地方听课，听老师上《刻舟求剑》这堂课。上课时，孩子提出："老师，剑从那里掉下去，当然可从那里捞上来。"这位老师说："是啊，我也这样想，可是教材里怎么不这样讲呢？"下课后，专家问他："你们这里有多大的河呢？"那位老师说，只有小池塘，剑从哪里掉下去就能从哪里捞上来。（笑声）我们的经验世界约束了我们的认识。所以，前天谈建设一所优质学校时，我强调要培养视野开阔的人，要倾听窗外的声音，要不断挣脱自己生存环境和知识的限制，努力学会"睁眼看世界"，也努力为自己创造这样的机会。多一种经历，多读一本书，能增强一份生命的强度，对自己从事的工作也可以多一点从容与自信。今天你们很幸运，能听到黄克剑老师意味深长的学术课。哪怕听不懂印象也深刻，会带来长久的思想的冲击。我觉得这即使从知识的角度上看，也是一种特殊的教育。以上我绕着圈子谈的是教师的知识素养要让学生折服，教师的学识水平要远远高于所要教学的内容。我们对自己职业发展要有更强的方向感，学校里所学的一切是远远不够的，我们要用每一天的努力去造就更多一点的"优异"。同时，我们还要明白，很多新的教育理念并不可能通过立法的形式就能变成现实，它们必须由那些担负着实践理念的职责的人去理解，去珍视，去追求。我们应该努力成为既有能力又有勇气去实践新理念的人。

第二点说的是"道德的肯定"。我觉得今天的教师处境极为不利，处在各种各样的约束中，教师要作为一个"真人"也是极不容易的事情。那么，在我看来，学生对你"道德的肯定"就意义重大。这点真像黄老师说的，"教师要成为学生的范本"。要说真话，做真事，善待每一个学生。我们福建省有一位年轻的小学教师，有一次在座谈会上，她感慨几乎每一次借班上课都上得很生动，她觉得很奇怪，本来应该是学生越熟悉，课堂越活跃，越生动，为什么会变成是陌生的学生的课堂更活跃呢？她后来反省自己，在班级上课总是带着某一种特定的目光去看待学生，把某些学生当成"优等生"，把某一些当成是"差生"；某一些是课堂上活跃的学生，某一些是不愿参与的学生。有这种意识后，教师的目光就会传达出相应的信息。有了这种意识后，多数学生没办法活跃起来，因为他们已经"派定"自己作为沉默的大多数而存在。曾有一个孩子告诉我，在课堂上她基本不举手。有一次举手了，老师走过来把她的手打了一下，说："你凑什么热闹呢！"（大笑）教师这种行为不仅是对孩子的精神上的，甚至对他的求知欲，对知识的向往，对学科的热爱，以及对未来生活的期待都会造成很大的伤害，这是教师工作之大忌。我想"道德的肯定"意味着你要善待每一个学生，要把目光平等地投向所有的人，特别是投向那些学习有困难的学生，那些更需要你帮助的人。我从小个子矮，经常被欺负。有一次我对老师说某某同学又欺负我，结果，老师脱口而出："你要是好的话，人家怎么会欺负你。"（笑声）我当场就当着全班同学的面号啕大哭。这位老师的名字我记不住了，但这细节我却记忆深刻。教师的公正、诚恳、率真是最重要的。现在应试教育使我们很多行为值得反思。昨天有位老师说，我们现在收进来的很多都是"差生"，我听了很难过，什么叫"差生"？当我们用这个词时实际上它就是我们的思维方式，就是我们看待人的眼光。当我们把孩子分等的时候，其实我们自己也被分等了。我们对自己也缺乏信心。

美国著名心理学家加德纳 1983 年提出多元智能理论，他说每个人都有自己的长处，有的人是语言方面，有人是数理逻辑方面，有的是音乐方面，有的是空间智慧，有的是自然观察方面，有的是自我反省能力，有的是人际关系。每个人都有特异之处、闪光点和相对的长项。所以，我的观点是：勤未必能补拙。像我这样的人去跑 110 米栏，再勤奋也不可能成为刘翔。上大学时，第一次上体育课，有一个同学一跑步就是同手同脚，（笑声）他改不过来，哪怕后来他成为了陆军大校。所以，扬长远胜于补短，把自己的长处挖掘出来才是最重要的。斯滕伯格曾讲过一个案例，说有位美国女歌唱家到一所著名的音乐学院深造，听了她试唱之后，那位被誉为美国最好的声乐教授说："就你的天分而言，你已经达到歌唱的极致，你不用学了。"这是行家的观察与判断。不过，天分对人固然重要，但更重要的是对儿童你往往还难以知道他的天分在哪里时，教师的期待、公正，以及敏锐的观察力，对每一位学生诚恳的帮助就更具有不可替代的价值。善待每一位学生是教师职业道德的最内在准则。

第三是情感的依恋。师生关系可以描述成人际关系中亲情之外的最美好的关系。在马克斯·范梅南看来，对教师最好的描述是：成为学生心目中能够替代父母角色的人。大家都看过魏巍的《我的老师》，文中说蔡老师脸上有榆钱大小的痣，这相当于现在一元的硬币那么大。你们说这人会美吗？（笑声）但在魏巍心目中，蔡老师是世界上最美的人。自己喜爱的老师，我们往往会深受他的影响。好教师在课堂上一定会比平时更漂亮。反过来，在课堂上粗暴对待学生，冷漠、程式化教学的老师，毫无教学热情，怎么可以美起来？我们说人不可貌相，一种是大智若愚的人，我们看不出他的智慧。孔夫子是很丑的，苏格拉底也是，苏轼脸很长，一滴眼泪要流很久才能流到下巴，（全场大笑）可见长得极

92

其丑陋。所以，大智若愚的人我们往往看不出来他的智慧所在。另一种是大奸大恶之人，我们也不大能看出来。

第三种看不出来的是成长过程中的儿童。谁能根据一个儿童现在的相貌就能看出这个人将来是否大富大贵，能成大器？像鲁迅写的，有人到别人家里祝贺孩子出生，大家都说孩子会长命百岁，大富大贵，只有他笔下的傻子说这孩子将来会死的，结果被人家乱棍打出来。当然，从某种意义上说，人的精神格调、生命情调是可以透视出来的，像罗丹就曾说过人是可以貌相的，因为他是雕塑家，能抓住人内在的深层的东西。有一次林肯只看了一眼就拒绝了一个应聘的人，他说："四十来岁的人是要为自己的相貌负责的。"这话什么意思？人40岁前的相貌是父母给的，以后是自己塑造的。事实上不一定40岁前，甚至20岁开始就是这样。人的精神面貌、气质之类，确实是自我塑造的，也就是培根说的：所学皆成性格，所学皆成习惯，所学所思会从你的眼神、举手投足中透露出来。我曾读过一本法国社会学家写的书，里面讲巴黎一个以杀人砍头为职业的人，有事没事总喜欢摸人的脖子，被摸的人会毛骨悚然，因为对方就是做这活的。（笑声）我说我们教师要有一种更高尚的精神引领，我们要养成良好的习惯，良好的阅读、倾听、讨论以至学习的习惯，这就构成我们生命的基本面貌。我说的其实就是，学生对教师的情感，首先来自于教师对学生的态度，你是怎么注视孩子的，你眼中透出的是不是善意、慈祥、期待和肯定，你评价孩子的方式是否妥当，能为他们愉悦地接受，你的教育素养是否能够引领孩子们前进的方向，甚至你的生活方式、人生态度是否也都具有可贵的"教育价值"？学生们对你的"依恋"绝非空穴来风，在教育之中也确实没有"无缘无故的爱"。这种"互动着的爱"深深润泽着彼此的生命，构成了教育中最动人的"人性美"。人的生命的奇迹往往都与美好的教育有关系，一个孩子能够遇上一位让他长久甚至终身依恋的老师，真是一个福分。

说着，说着，我已经进入我要讲的第四个层面：一个好教师甚至能让学生对他产生强烈的精神的敬仰，他愿意成为你的追随者、仿效者。好教师不但是所教学科的代言人，知识的代言人，也可以是美好信念、价值的代言人。我觉得所谓的"好教师"，他一定要有自己的独立的价值判断，在今天这样的教育格局中，他能够"有所为有所不为"，始终要有站在人类正义和正道一边的意识，好教师"应该比热爱自己的党派和教会更热爱自己的学生"，能克制自己，不做不义和羞耻之事，要尽量去减轻教育的痛苦，能坚定地站在孩子身后，做他们生命的保护人和精神的范本。"好教师"也不是天生的，当我们有生命的投入，有辽阔的方向，有自己所认定的使命，我们努力"向前奔突"，不怕挫折，不轻易屈服，我们就走在成为"好教师"的路上。最终我们仍有可能自己造就了自己。

以上就是我讲的教师成功的标志，就是要让学生对你产生知识的折服，道德的肯定，情感的依恋，精神的景仰。

最后我再说说一个教师提升、改善的途径在哪里的问题。简单地说，我们首先要有学习的倾向、学习的意识、学习的习惯。福建一个县的教育局长，对教师进行过调查，结果是：60％的教师家里没有书桌，而且常年无阅读。我们中国年人均读书 0.7 册，这样的数字是很难堪的。文化的落后是一个严峻的问题。我每到一个地方讲课总会问听课的老师：在座的谁家里有藏书 1000 册以上的，我要向他表示敬意，要长期无偿地把我编的刊物送给他。很遗憾，这样的教师非常少。应试教育不需要教师有更多的阅读，甚至不鼓励孩子阅读。我们的课题实验学校厦门同安第一实验小学正在做建设"书香校园"的事情，每学期对孩子搞阅读排行榜，这对教师也有很大冲击。今天黄老师讲到的哲学家，我们很多人觉得陌生。我们古文看不懂，外文可能也看不懂，我们甚至看不懂孩子写的时文，那么用什么来教学？怎么可能抵达孩子的心灵世界？作为教师，有时候是比较盲目的。我的女儿很有写作天赋，六年级就出了一本书。现在读到了初中，有一天她对我们感慨："不论我的作文怎么写，老师总要这也改改那也改改。"我说："你自己怎么看这件事？"她说了一句让我很吃惊的、听上去有点狂妄的话，她说："我相信老师写不出来。"（全场大笑）她很早就读《安娜·卡列尼娜》《复活》《小妇人》《傲慢与偏见》，现在小说已读了数百本。一个人的阅读量往往就决定理解问题的深刻度，没有阅读的广泛性，我们怎么和孩子交流？我听了那么多课，也时常感慨：我们的教师在课堂能不能有更多新奇的词汇？教师往往缺乏语言方面的改造、提升、调整的意识。实际上孩子不需要没有生命力的"公共语言"。我们需要的语言，我称为"雅语"，雅，就是优雅的，规范的，生动的，独特的书面语。黄老师讲的课，记下来就是非常流畅、变幻、生动、准确的书面语。教师在课堂上的语言不应该是平面的、粗糙的。不断地再学习很重要。

第二就是沟通能力。教师要提高和学生、和同事、和周围的人的沟通能力。我特别强调要学会倾听。我们现在普遍说得多，听得少，甚至没养成听的习惯，缺乏耐心。我们首先要让课堂生动起来，在这个过程中让孩子学会倾听、交流。表达与交流能力的提高应该作为一生没有止境的追求。

第三就是责任意识。孩子未来就掌握在我们手上。新加坡政府在给校长的任命状上写到：你要时时刻刻意识到有无数的孩子的未来就掌握在你的手中。你的言行举止，你的一切不仅决定民族的未来，甚至决定着每一个家庭的幸福，要是我们的校长在被任命时也有这样的提醒就好了。我们说的责任特别要点到这点上。

最后还有一点是要有创新、发展意识。要让我们的职业令人信服，能得到孩子的广泛认同，得到社会的充分肯定，教师需要有这种创新意识。因为时间关系，不知不觉已经是下午两点了，两点在我们福建是上班时间，在我们新疆是下班时间。（笑声）

我再和大家说几个努力的目标，就是10个"学会"。

（1）学会宽容，学会善待学生。我们的孩子每一个都有着自己独特的生命密码，带着独特的禀赋，带着不同家庭的影响来到学校，宽容、尊重差异，就是培植文化与人的多样性。

（2）学会等待。因为每个人都会有智慧的觉醒，有一个精神力量增长的过程，自我意识的形成过程，所以教师要有等待之心。苏霍姆林斯基说，作为教师，你不能轻易说你对学生已经用尽所有办法。

（3）学会倾听。更多倾听孩子的心声。

（4）学会欣赏。哪怕孩子只有点滴进步，我们也要用欣赏的眼光来看待。

（5）学会赞美。教师应大声说出对孩子的肯定和表扬。爱是需要表达并付诸实践的，不少教师表扬学生的词汇过于贫乏单调。

（6）学会参与。参与到学生生活中去，真正和学生在一起。

（7）学会合作。任何课堂的成功都有赖于师生的对话、互动、合作，而合作能力的培养，只能在合作过程中实现。

（8）学会表现。教师要有很好的"舞台感"和课堂表现能力。新疆人能歌善舞，性格率真。就像你们校长，人长得漂亮，能歌善舞，令人羡慕。（全场大笑）

（9）学会反省。不仅思考教育方法、策略、技术，更要检讨在成全人的方式、价值取向上的对与错。

（10）学会创造。通过成就学生的方式来成就自己。我们的成就感、满足感离不开课堂和学生。要成为有魅力、有感召力的人，成为引领孩子人生方向的人。我们往往知道正道在哪，只是容易产生职业的倦怠和自卑，没能坚持走正道。我们要努力成为一个有价值的有人生满足感、丰富感的人。

今天就讲到这里。谢谢大家！

我们怎样看待学生①

程红兵

素质教育以培养创新精神和实践能力为重点，已经成为大家的共识。那么课程教学如何培养学生的创新精神呢？创新精神的土壤是个性，没有个性根本谈不上创新；个性的基础是人性。因此，对人的尊重，对人的理解，对人的宽容，是我们培养学生创新精神的必备条件；创造宽松的环境，营造和谐的氛围，培育健康的心态，是我们课程教学工作的一个重点。

科学正确的学生观必须正确地看待学生，要把学生当"人"看。学生是主体的人，有他自己的独立人格，有他自己的主体意识，要相信他们，尊重他们。有一个学生写了一篇题为《偶像》的文章，文中提到，她一直崇拜足球健将范志毅，欣赏他在绿茵场上的英姿，但是一次偶然的相遇，却改变了她的看法。一次在麦当劳的邂逅，她为范志毅的傲慢无礼而震惊，他场上的英雄气概被他场下的粗鲁表现粉碎了，偶像在她心中坍塌了。写到这里，文章本可以结束，但作者进一步地思考：偶像也是人，既然是人，就有人身上的弱点，不能奢求明星该怎样，人无完人。这个思考已经比较深入了，文章还没有完，作者由人及己，认识到"平凡的我们亦有自己的闪光点"。非常深刻，独立的自主意识非常强烈。教师应该尊重并充分肯定他们这种思想认识。在学习课文《项链》的时候，同学们对主人公玛蒂尔德也有自己的看法，有同学认为小人物

---

① 选自《做一个书生校长》，程红兵著，华东师范大学出版社，2006年。

也应该有所追求，为什么一定要人家安于现状？对主体意识已经觉醒的学生在给予肯定的同时，还应该予以指导、予以培养。事实上，由于我们长期以来忽视了对学生主体意识的培养，导致我们不少学生不会选择，缺乏自主。一位心理学工作者调查了150名学生，问他们：学习生活遇到问题，一时解决不了怎么办？这150名同学异口同声地回答：找父母。竟无人回答自己想办法。问他们今后准备从事什么职业，70%的同学说要问过父母才能回答。父母的长期包办代替，学校教育又缺乏相应的培养，使孩子们在"爱"的光环下，失去了选择的自觉和选择的能力。这一点是值得我们警惕的。

我们还要看到我们的学生毕竟是孩子，有其惰性，有其贪玩、好动、爱胡思乱想的天性。学生的成长不应以失去童心为代价，学生的胡思乱想里头就很可能孕育了创造的细胞，一遇时机，它就会萌芽破土，迅速成长。大凡天才儿童都爱幻想，这是十分难能可贵的。有一则报道说，美国有一位小学生的作文写得很有意思：几个男孩在芦苇中发现两只蛋，一大一小，大的像天鹅蛋，小的像蛇蛋，孩子们的看法各不一致，争论不休，于是就把两只蛋放在烘箱里去孵。当蛋壳快破的时候，大家紧张地盯着看，大的蛋先破了，出来的是克林顿，小的蛋也跟着破了，是莱温斯基。如果要我们来评价这篇学生作文，我们如何评价？是说它歪门邪道，还是说它胡思乱想？萨特童年臆想：他自己坐在一列火车上，没有车票，没有钱，没有证件，检票员突然出现，他不得不向检票员透露了召唤他去第戎的"重大而机密"的理由，一些关系到法国乃至人类的理由，他要检票员看清楚点："借口维持一辆车的秩序而使全人类遭受混乱难道是合理的吗？"

我们总说学生作文缺乏想象力，其实我们常常不自觉地压抑学生的想象力，我们常常用规范和格式去压制学生，制造一个个"套中人"，生产出一篇篇套中文。一说太阳，我们的学生就会想到党的光辉、党的温暖；一说春蚕、蜡烛，我们的学生就会想到教师的无私奉献；一说钟表，我们的学生就会想到时间宝贵。这些文章千篇一律，虚情假意，自己不激动，别人更激动不起来。我们不能责怪学生，而应该反躬自问：我们是如何教育学生的，学生是怎么被捆住幻想的翅膀的。前苏联教育家阿莫纳什维利谈到，他的班上有一个非常爱好音乐的学生柯蒂，每当小音乐家在课堂上出神地幻想起来，不自觉地用手指在想象中的钢琴上弹奏起来，不听老师讲课时，阿莫纳什维利就走到柯蒂身边，说道："孩子，你在干什么？你要明白，你在上课。"柯蒂吃惊的神态使阿莫纳什维利无限自责，阿莫纳什维利说："天才儿童爱在课上幻想，这是因为智力的激情和交往精神像点燃火箭的燃料一样激励着他的才能脱离教室现实的吸引力，投入到其他现实中去，例如音乐、诗歌、数学等。如果笼罩在教室里的智力的激情和交往的精神充满着敏感性和同情心、互相理解和互相关心，这种'燃料'的推动力将变得越来越强大。"（阿莫纳什维利《课的颂歌》）阿莫纳什维利的认识值得我们认真思考，我们不能对学生的幻想采取简单、粗暴的禁止、压制的办法，应多一点同情心，多一点理解。美国著名心理学家罗杰斯强调要给孩子一定的心理自由，是很有道理的。孩子们是聪明的，在自由的玩耍中，他们能够发现许许多多观察事物的新角度；孩子们是机智的，在自由的活动中，他们能够使许许多多事物巧妙地发生比附和关联；孩子们更是想象的天才，在开放自由的环境里，他们能够使许许多多的事物自然地从现实走向未来，从未知走向已知。有人说得好，小孩在沙滩上堆沙，并不只是堆沙而已，而是一种创作、一种想象。一如牛顿在苹果树下拾苹果，并不只是拾苹果而已，还有牛顿的思维。从小孩到牛顿，他们都在享受创作的喜悦，这种创作是人类所独有的。一位大学教师曾经做了一个对比实验，他用粉笔在黑板上点了一下，问大学生这是什么，大学生都说是粉笔一点，此外再无任何说法；同样的问题问幼儿园里的小朋友，他们的答案五花八门，有的说是天上的星星，有的说是爆米花，有的说是熊猫的眼睛，等等。这一现象引人深思。

学生是有个性差异的。人的性格是不同的，人的情趣爱好、人的能力是有差异的，生活是丰富多彩的，文章、文学作品是多元的。如果你试图使多元一元化，使丰富多彩变成单纯一律，那就会产生荒谬异化的现象。现在我们统一的东西实在太多：四五十平方米的教室，统一的课桌布排；四五十个学生，统一着装；四五十分钟一节课，统一上下课；读同样的书，统一的教材；上同样的课，统一的文章解读方式；接受同样的老师，统一的教法；做同样的作业，统一的标准；考同样的试卷，统一的答案。有人说自夸美纽斯班级授课制以来，就一直如此。这一切似乎是理所当然，我们不禁要问：一直如此就永远正确吗？有些东西可不可以是多元的？比如，课桌的布排就可以是椭圆的，围成一圈，便于讨论，教师也是讨论的一员，不再是居高临下的，布道式的；教材的编法也可以是多种多样的，语文教材不一定是文选式的；老师的教法也不一定是赏析式的；对同一篇文章也可以有多种解读方式，不是说"一千个读者就有一千个哈姆雷特"吗？何必强求一律？我不是绝对反对统一，而是反对统一的绝对化，我主张多元与一元的辩证统一。

你 小时候是第几名①

吴 非

　　最近，又得知两起中学生自杀的事件。两名学生都是因为"学习成绩名次下降"而感到"无脸见人"。其中有位学生被从"重点班"淘汰到"普通班"，得从重点班所在的"光辉楼"回到普通班所在的旧楼，她无法承受，于是从楼上跳了下去。

　　我问过一些教师："你小时候是第几名？""你被排名次的感觉好吗？"多数教师也对"按工作业绩排名次"持否定态度，可是这并不影响他们给学生按成绩排名次。对是否会担心发生悲剧，老师们并没去多想，因为社会需要这种"文化"：如果你不肯给学生排名次，家长会提出他"有权知道"，校长也会认为教师工作不负责。

　　我反对以成绩论人，反对按成绩给学生排名次。我这个态度引起过一些同行的疑惑乃至攻讦。但我至今仍认为，对这一问题的态度，决定了一个人能否担当教育重任。把所谓竞争机制引入中小学教育，是民族教育落后的标志，积久有可能形成灾难。

　　20 世纪 80 年代有部体育题材影片《沙鸥》，我对之一直耿耿于怀。那部电影大概是以中国女排首夺世界冠军为背景的。其中有个镜头，女排得了世界亚军，队员沙鸥在回国途中竟把获得的银牌扔进了大海，她说祖国要的是金牌。当时的那股牛气，的确振奋了全国几代愤青。后来有国际奥运人士发表意见，对扔银牌的行为甚不以为然，认为不符合奥

---

　　① 选自《前方是什么》，吴非著，华东师范大学出版社，2006 年。

运精神。然而那以后每次体育健儿凯旋，下飞机时，不知是领导安排，还是有自觉的意识，总是金牌在前，银牌次之，铜牌在后，至于没得到牌子的运动员是怎样下飞机的，无人关注。高官接见，有牌的方能近侍，没牌的靠边，或者别想露脸。这种"名次文化"深入人心，一直灌入孩童稚嫩的心灵。

现在有些学校不但把学生考试成绩名次通知家长，而且竟然把成绩名次排列公布在教室里，认为这样可以"激发学生奋进""培养荣誉感"。然而这恰恰是教师缺乏人文教养和人道精神的表现，特别是在基础教育阶段，这种做法严重伤害了青少年的身心健康。我不止一次地听到老师们对这种做法作各种有利的解释，但是我坚持认为，真正关心学生前途的、有理智的教师，是不会做这种事的。至于按成绩排名次对学生身心健康有哪些不利，得让置身其中的人来诉说，特别是那些名次在后的学生，他们的精神压力和内心苦痛，教师揣摩过吗？倾听过吗？教师为什么不去体验体验呢？

这种无视学生心理健康、摧残学生心灵的做法，每天都在我国的中小学里上演。在中小学生的学习中引入了竞争机制，也就很难有真正意义上的教育，也就很难谈得上所谓"育人"。"上次物理竞赛我比他少了三分，这次数学考试总算报了一箭之仇"，"期末总算杀进班级前10名，狠狠地出了一口恶气"——作为一名教师，看到学生写出的这些话，难道真的一点也不担心吗？

多年来，有一张照片不时地出现在我脑海中，那是希特勒小学毕业时的照片。1983年（或1984年），创刊不久的《世界知识画报》连载"二战画史"，曾刊登过一张希特勒的小学毕业照。小学生希特勒在合影上站在最后排，两臂交叉。照片说明是：根据当时的惯例，拍照的座次按学习成绩安排，成绩好的学生坐在前排老师身边，成绩差的往后排，11岁的希特勒是成绩最差的学生，所以站在最后一排（大意）。我不知道成名后的希特勒是否去看过自己的同学和小学老师，但是我相信他不可能忘记自己所蒙受的这种耻辱。至于拍毕业照时只能站到后排的屈辱在他个人命运中起了什么作用，与他对人类犯下的罪行有什么关系，未必没有思考价值。

这以后，希特勒去林茨的里尔中学读书，他在那里的学习成绩也很差，而且性格孤僻古怪。有意思的是，在他的班上，有一位后来享有盛名的学生，就是维特根斯坦，也许这两个同学当时都没想到几十年后会发生什么事。出身于富豪家庭的维特根斯坦有教养，深得教师欢心，而"差生"希特勒一定死死地记住了维特根斯坦这个犹太学生的名字。希特勒后来为什么疯狂地对犹太人实施种族灭绝，这与他童年和少年时的经历是不是一定有关系，我们可能没有足够证据来说明问题，但是作为教育者，完全有可能读懂一个性格有些偏执的孩子心头的不平。

当然，希特勒少年时代究竟过的是什么样的生活，他在学校究竟还有些什么故事，有着各种各样的说法。但可以肯定的是，在童年和少年，这样一个有点特殊的孩子没有受到良好的教育，没有得到教师的关心和爱护。谁能说他后来的所作所为与那张照片的座次无关呢？

回到我们的话题上来。从孩子读书阶段就按学习成绩排起了名次，似乎我们真是个很重视名次的国度。排名次也许是民族的文化，讲求名次也未必有什么不好。不过，既然如此讲求名次，我们何不把问题放大一下，看看我们中国在世界的名次如何。其他领域不论，还是就教育问题说，中国的基础教育在世界上居于什么水平？中国的著名高校在世界排名如何？和发达国家相比，中国中小学学生身心素质如何？中国的教育投资比例在世界排名究竟是多少位？中国的教师待遇在世界排名如何？……这也是"排名"，为什么一说起来，那些主张在中小学生中展开分数竞赛的教育家们就不那么振振有词了呢？

尊重与呵护

最 是平和最难得①

程红兵

曾经读到这样一个真实的故事：一个三四岁的小孩滑滑梯，他四次滑滑梯四次不同。第一次上去之后，他迅速下滑，他体验到迅速下滑的快感。第二次上去之后，他不是快速下滑，而是通过两只手和臀部控制速度慢慢下滑，体验到一种控制的快感。第三次上去之后，他不急于下滑，而是站在高处，四下眺望，体验到一种居高临下的快感。第四次他不是从楼道上去，而是从滑道上去，他体验到从滑道上去的不易和艰险，这也是一种乐趣。滑滑梯在这个三四岁小男孩身上无疑变成了一种挑战，一种对自我的人生挑战，虽然他自己并没有意识到。

相反我们在分层次教学的过程中却出现了一种令人深思的现象。为了照顾到各方面的情况，分层次教学期中考试的试卷出了附加题，附加题声明不记入总分。结果考试下来，发现了一种怪现象，一些平常成绩很好的学生，老师估计他完全能把附加题做出来的学生，居然不做附加题。原因很简单，因为附加题不记入总分。学习在这些孩子身上成了一种功利的事情。这是十分可悲、又十分可怕的事情，学习原本是对自我的挑战，小小年纪何以如此功利？

功利导致人的狭隘：追鹿的猎人是看不见山的，捕鱼的渔夫是看不见水的。功利狭隘的人说到底是没有出息的，不可能有大作为的。有人做过专门的研究，一般说来，一个国家建国 35 周年便有人可以获得诺

———————
① 选自《做一个书生校长》，程红兵著，华东师范大学出版社，2006 年。

104

贝尔奖；苏联建国 39 年获得诺贝尔奖；捷克建国 41 年，波兰建国 46 年，巴基斯坦建国 29 年，印度建国 30 年都分别获得过诺贝尔奖。中国建国 50 多年了，居然没有获得过一个诺贝尔奖。调查显示，经过教育，我们学生的创造意识和创造能力不但没有得到加强，反而得到削弱。这到底是因为什么？

教育界的事情总是社会上事情的反映，教育界人士的心态总是社会人士心态的折光。要真正了解基础教育界一些现象产生的原因，离不开对基础教育本身进行思考，同样也离不开对社会心态的思考，所以我以为基础教育界人士既要进行本体研究，也应该越界思考。任何一门学科说到底只是我们认识社会的一种图式、一种维度，如果我们多维度地考察，那对我们正确认识我们的基础教育是很有好处的。

学生的功利心态肯定与教师有关，但我想绝不仅仅与教师有关，这还与整个社会群体环境、精神环境有关，与我们民族的现时心态有关。大家知道，现时人们的心态普遍是比较功利的。人们身上急功近利的心态使人变得浮躁，无论干什么都期盼速成，都希望有立竿见影的效果。据报载，一家公司到德国订购设备，意向谈妥之后，我们要求对方在指定的什么时间交货，而对方认为这不行，任何生产都有它自身的规律，按正常生产程序，何时生产出来，何时交货。中国人为了赶在什么时间完成什么，为了向什么什么献礼，违背事物规律，是常有的事情，对此已经到了见怪不怪的地步。基础教育也是如此，我们常常看到有些教师热衷于搞速成，英语老师搞英语速成，语文老师搞所谓快速作文，或者搞什么快速阅读，而且不断地提高速度，阅读写作常常以分秒计算。阅读写作是有规律的，不能速成，即使通过训练速度上去了，但我以为在平时也不宜提倡。道理很简单，田径场上百米赛跑，可以飞速快跑，但谁也不会在平常行走时用百米速度。

凡速成的我以为都是速朽的，起码就我的一孔之见来看，至今没有发现反例。2001 年夏天我到法国巴黎，我吃惊地发现，整个巴黎除了西区辟了一块地方建了摩天大楼组成的巴黎新区以外，整个巴黎老城都是一二百年以上的老建筑，都是上海外滩式的建筑。不像我们总是在拆房子、盖房子，因为我们盖的房子都是速成的，因而也是速朽的。大跃进不但没有使我们赶上英国，而且造成极大的后患。这就是典型的速

105

成，也是典型的速朽。

与急功近利心态同样要不得的是一种不严肃的游戏心态。有人作过统计，国人电脑的占有率已经非常可观，但同时又发现电脑的使用大部分是用于游戏，这就不能不引起人们的关注。由此我想到鲁迅曾经讲过的，中国人发明了火药，却用来放焰火，而欧洲人用火药来制造枪炮，去攻占一个个新的领地；中国人发明了罗盘，却用来看风水，而欧洲人用罗盘来航海，去开辟新大陆。可用来发展生产力的工具，我们常常用来玩耍。不正经的游戏心态，还有另一种表现形式，就是把原本神圣的消解成毫不神圣，把一切正经的事情庸俗化、游戏化。随意践踏知识产权而不以为然，就是这种心态的典型表现。

相比于上面两种心态，我以为平和心态为好。作家鲍尔吉·原野曾经写了一篇题为"平和"的散文，他在文章中说："平和作为一种风度，百姓王侯都能接受。上交不须诏颜，下洽没有隔膜。平和是一种方便。平和作为一种心境，胸中印有松风水月，花香与鸟鸣会很自然地涌入心间。平和是一种享受。平和作为一种哲学，洞悉怒火中烧的可怕、暴跳如雷的可怜、趋炎附势的可悲、小人得志的可笑。它将人的情感之河的堤坝豁开，与周边保持同一个高度，谁也不会淹没谁。平和是一种安全。然而，农夫容易平和，狱吏却难；穷人容易，富人难；落魄容易，得意难；垂暮容易，青春难；闲时容易，忙时难；愉快容易，烦闷难。"我以为相对于急功近利，平和是一种淡泊，是一种宁静，是一种背负行囊的长途跋涉，是一种坚忍不拔不计名利的执著。凡真正能成就一番事业的，当少一点功利，少一点浮躁；多一点淡泊，多一点宁静。因为非宁静无以至远，非淡泊无以明志，非平和无以执著地前行。

人不能没有功利之心，但人不能仅有功利之心。对当今文坛有人作过归纳：现在散文愤怒太多，见解较少；胡编的集子太多，单篇的杰作太少。现在的小说戏剧，长篇小说太多，时间能搁长的太少；短篇小说太多，不短命的太少；小说家太多，有独创风格的太少；现代派太多，现代精神太少；模仿外国名著的太多，写出中国名著的太少；实验戏剧太多，实验成功的太少；电视连续剧太多，值得连续看的太少；得奖的太多，自己不提别人知道的太少；获诺贝尔奖提名的谣言太多，文学史不得不提的太少。现在的诗歌，草稿太多，定稿太少；病句太多，妙句太少；有口号的诗人太多，有理论的诗人太少。对现在基础教育界，我也作过概括：大学教授的研究，理论研究的太多，行动研究的太少；演绎思维的太多，归纳思维的太少；砖头大小的著作出了不少，而具有原创性的不多；各种大小学科体系建立了不少，而能够指导中学教学实践的不多；有理论价值的不多，低水平重复的不少，特别是那些冠以"高校教材"、"教参"的为最显著；粗制滥造的泡沫学术太多，而能在学术上占一席之地的太少。中学教师的情况，能上好一堂公开课的不少，基本能独立备课、独立研究的不多；各类比赛得奖的不少，能够把初中或高中三年的课上好的不多；到处表演的明星不少，而能形成自己风格的不多；发表论文的不少，而真正有建树的不多；学术批评发牢骚的太多，而讲究学理、富有建设性的太少；流行的口号模式不少，但流于概念炒作的太多。

这一切的背后无不隐藏着"仅有功利"的价值取向，提职赚钱，名利兼收，莫不如此。

平和说易做难。正因为平和不易，所以更显示出平和的难能可贵。

尊重与呵护

第 三 篇

矫正与激励

为什么你苦口婆心地劝导总是得不到学生的回应？为什么你严厉的惩罚总是适得其反？为何你在突发事件面前总是感到手足无措？为何你对教育的满腔热情慢慢转变为恨铁不成钢的无奈？教育心理学的研究告诉我们，对学生的矫正和激励必须建立在理解、尊重学生心理特征的基础之上。只有准确地把握学生的心理世界，倾听他们的想法，了解他们的需要，认同他们的脆弱和不完善，才能得心应手地、恰如其分地运用各种心理方法，激发学生的兴趣和动力，矫正他们的各种不良习惯，从而促进他们全面、健康的发展。

在这一篇里，A.S.尼尔跟我们谈"奖励与处罚"，裴斯泰洛齐提醒我们——"厌倦是教学的主要弊病"，魏书生呼吁让学生们"放声高呼——我能成功"。这些正是现在的教育者应该汲取的教育思想。

奖 励与处罚①

〔英〕A. S. 尼尔

　　奖励带来的危险不如处罚的危险大，但是奖品对孩子的破坏性影响却更有隐蔽性。奖励是多余的，而且是消极性的。为了奖品做一件事，就等于说这件事本身不值得做。

　　没有一个艺术家只为金钱报酬而创作，创造的快乐就是一种回报。报酬也是自由竞争社会制度里最坏的特色之一，压制对方是一种可耻的意向。

　　因为报酬会引起嫉妒，因此，它会对孩子的心理产生不良的影响。一个孩子不喜欢弟弟，常常是因为妈妈一句"弟弟比你做得好"引起的。对他来说，妈妈的话是因为弟弟比他好而给弟弟的一种奖励。

　　当我们了解孩子对一切事物是自然而然产生兴趣时，便会知道奖励和惩罚的危险性了。奖励与惩罚都会影响孩子兴趣的发展。孩子真正的兴趣是他整个个性内在的生命力，它应该完全是自发的。

　　注意力可以逼出来，因为它们在我们知觉范围之内。我们可以勉强注意黑板，而心却在海盗上，因此注意力虽然能逼出来，兴趣却不能，没有人能逼我对集邮感兴趣，连我自己也不能逼自己去集邮。而奖励、惩罚都在强迫孩子对某些事物发生兴趣。

　　我有一个很大的菜园，在除草季节孩子们可以帮很多忙，命令他们来帮我做工是不成问题的，但是这些八九岁的孩子不了解为什么要除

---

① 选自《夏山学校》，〔英〕A. S. 尼尔著，王克难译，南海出版公司，2006 年 11 月。

草，他们对除草没有兴趣。我有一次试探着问一群男孩："哪个愿意帮我除草？"他们全体拒绝。我问他们为什么，回答是："太单调！""让它长好了！""玩猜字谜玩得正起劲。""不喜欢园艺！"

我也觉得除草无聊，我也想去玩猜字谜，凭良心讲，除草对孩子有什么好处？那是我的菜园，豆子发芽是我的成就，我还可以省下买蔬菜的钱。总而言之，菜园只和我自己的利益有关。我不能强迫小孩对他们没有兴趣的事情发生兴趣，唯一的办法就是花钱雇他们，然后，大家便都有兴趣了。我对我的菜园有兴趣，他们对赚外快有兴趣。

兴趣是利己的，14 岁的玛德虽然也公然说她恨园艺，但还是常在菜园里帮忙，因为她并不恨我。她来除草是想接近我，这是她真正的兴趣所在。德瑞克也不喜欢除草，当他自告奋勇要帮我忙时，我知道他又想向我要那把渴望已久的刀子了，那才是他真正的兴趣。

报酬应当是主观的，应该是工作完成后一种自我满足的感觉。世界上有许多无聊的工作，像挖煤、装机器零件、挖下水道、计算数字等，日常生活中比比皆是。一般学校也可归入那一类，我们强迫孩子学习他们没有兴趣的科目，不过是想使他们将来能适应社会上的无聊工作而已。假如玛丽要认字或学数学，那应该是她自己有兴趣，而不应该是因为要博得妈妈喜欢，或想要得到一辆新自行车。

有位妈妈告诉儿子，假如他不吮指头，就可以得到一套无线电，这给孩子带来多大的冲突啊。吮指头是一种不能控制的下意识行为。孩子也许会勇敢而努力地改掉那个习惯，但是和一个不由自主的手淫者一样，他会一次又一次地失败，因而产生莫大的痛苦与罪恶感。

父母对孩子前途的恐惧常使他们贿赂孩子，"等你认字时爸爸就给你买一辆自行车。"这是踏入我们贪婪的、以利为先的文明的第一课。我很高兴，因为不止一个孩子情愿不识字，也不愿意要一辆新自行车。

另外一种贿赂方式是用感情打动孩子的心，"假如你每学期总是最后一名的话，妈妈会很难过。"以上两种贿赂的方法都没有顾及孩子真正的兴趣。

我对叫小孩子做事也有强烈的反感，假如要小孩为我们工作，一定要按他的能力给他报酬。假如我要修补一堵破墙，没有孩子愿意帮我搬砖头。但如果每担砖我出几分钱的话，他们就有兴趣了。但我不赞成孩子自己赚零用钱，父母的给予不应该要求回报。

处罚绝对不能带来公平，因为没有一个人是公平的。法官不比一个捡垃圾的更加道德或正直。当一个主张"打倒军队"的反战主义者被捕后，一个保守而好战的法官很难对他作出公正的判决。

对一个在性方面有冒犯行为的孩子严加处罚的老师，一定有意无意地对性有很深的罪恶感。同样地，在法庭上，一个有同性恋倾向的法官，对被控同性恋的人的判决一定很严厉。

因为我们不了解自己，也不知道自己有许多被压制的心理冲突，所以我们不可能公正。这种不公正对孩子极为不利。大人不可能因教育而超越自己的情结。假如我们曾经为恐惧压制，我们便不能使孩子自由。我们只会把偏见全加到孩子身上。

假如我们试着了解自己，就不会把一肚子闷气发泄在孩子身上。从前我因为担心督学来或者和朋友吵了架就去打孩子，现在我的经验告诉我体罚孩子是不必要的。我已不再惩罚小孩，而且也没有处罚任何孩子的念头了。

最近我对一个很不合群的新生说："你玩所有的把戏，只是想让我打你，因为你一生都在挨打。但你是在浪费时间，你随便怎么做，我都不会惩罚你。"他便终止了破坏行为，他不需要再心怀仇恨。

处罚永远是一种恨的行为。处罚的行为表示老师或父母恨孩子，而孩子也会感觉到这一点。挨打的孩子对父母表示出的那种明显的悔过或者其他亲热，都不是真正的爱。真正的感觉是恨，但他不得不把它乔装成爱，以避免他的罪恶感。体罚常常让小孩产生"我希望父亲死掉"的幻想，这种幻想马上就引起罪恶感——我居然希望父亲死掉，这多么大逆不道啊！这种悔恨使小孩表面对父亲表示亲热，但心里存在的是恨。

最糟的是，处罚和恨永远是恶性循环。体罚是恨的发泄，而体罚又给孩子带来更多的恨，更多的恨使孩子的行为更坏，于是就有了更多的体罚。结果孩子就成了无礼、凶狠和极有破坏性的仇恨者。因为被惩罚惯了，所以他故意犯错，以引起父母感情上的反应——假如不是爱的话，恨也行。因此小孩就挨打，然后忏悔，但是第二天他又重蹈覆辙。

我看到的自由儿童不需要任何处罚，因为他们不需要有很坏的行为。他用不着说谎和破坏东西，他从来不觉得自己的身体是肮脏的，他

113

不用反抗权威，或者怕他的父母，他也会发脾气，但那都是暂时的，而不是精神上的病态。

当然，什么是处罚和什么不是处罚很难分清。有一次，一个小孩把我最好的锯子借去，第二天我发现那把锯子被丢在外面淋雨，我告诉他，我以后不再借锯子给他了。这并不是惩罚，因为惩罚永远牵连到道德问题。让锯子淋雨对锯子是不好的，但是这并不是不道德。小孩应该知道，他不能借别人的东西而不小心使用，或者损坏别人的身体或财产。让孩子不顾别人受损而随心所欲，对孩子是有害的，这样会使他变成一个被宠坏的孩子，被宠坏的孩子将来会成为不良公民。

不久以前，有一个小孩转来我们学校，他在从前的学校里几乎威胁过所有的学生，甚至扬言要杀人。对他我也如法炮制，不久我就知道他不过是想用恐吓的方法来引起别人的注意而已。

有一天，当我走进游戏室时，我看见所有小孩吓得挤在房间的一边，另一边站着这个拿锤子的小土匪。他吓唬说，谁要是走近他，就要挨他一锤。

我严厉地说："小家伙，不要胡闹，我们谁也不怕你。"

他抛下锤子就向我冲过来，一边咬我，一边踢我。

"你如果再咬我或踢我，"我平静地说，"我就要回敬了。"我真的说到做到。很快他就放弃了这场较量，跑出房间。

这并不是处罚，而是一种必需的教训，教训他不能因为要满足自己，就到处伤害别人。

普通家庭的处罚是因为孩子不服从，在学校里，不服从和傲慢也被看成很坏的行为。当我还是个年轻教师的时候，有体罚孩子的习惯，因为在那时的英国，教师可以打学生。我对不服从的孩子最生气，因为我的威严受到了伤害。我是教室里的上帝，就好像父亲是家中的上帝一样。惩罚不服从的人就是把自己当做全能的上帝，而且是唯一能辨别是非的上帝，此外不可以有别的神。后来，我在德国和奥地利教书。每次当地老师问我英国有没有体罚时，我就感到无地自容。在德国，如果老师打学生，他就犯了殴打罪，而且通常会受到处罚。在英国，学校鞭打孩子是我们最大的耻辱之一。

有一个大城市的医生曾对我说："这里的学校有一个毒辣的老师，

打孩子打得凶极了，常常有被打得神经紧张的孩子送到我这里来，可是我无能为力，因为舆论和法律都向着他。"

不久以前，报纸上有一条新闻，是关于一个法官对犯罪的两兄弟的一席话。他说，如果他们小时候多挨几次鞭子，就不会犯法了。但真相是，他们的父亲几乎每晚都鞭打他们。

就所罗门的鞭笞理论而言，它的负面影响比正面的大得多。没有一个能内省的人会打孩子或有打孩子的欲望。

我要在这里重申：只有和道德及对错观念连在一起的体罚，才会给孩子带来恐惧。假如一个顽童在街上用烂泥打掉我的帽子，而我回敬他一记耳光，他会认为这是我的正常反应，那孩子的心灵不会受到伤害。但是如果我去见他的校长，同时要求校长惩罚他，那惩罚带来的恐惧便对他产生很坏的影响。这件事马上变成一件和道德有关的事，小孩便会觉得自己犯了罪。结果不难想象，我会拿着被烂泥弄脏的帽子站在一边，校长坐在那里，严厉地盯着那孩子，他则低头站在另一边，他被我的威严吓坏了。当我在街上被打掉帽子时，我是没有威严的，只不过是一个普通人。我当时回击他会让那孩子学到人生的重要一课：如果你打别人，别人也会生气地打回来。惩罚和生气不同，惩罚是冷静、有法律性而且含有很深的道德意义的，它宣称自己完全是为犯罪的人好（以死刑来说，则是为社会好），惩罚是一个人把自己当上帝，而以道德来判决他人的过程。

许多父母真正以为上帝是奖励与惩罚的上帝，所以他们也应该奖励或惩罚孩子。这些家长努力做到公平，他们常常说服自己，认为处罚孩子是为孩子好，"打在儿身，疼在娘心"并不是假话，而是一种很虔诚的自欺。我们必须了解，宗教和伦理使处罚变成一种表面上看来很有吸引力的制度，因为它使良心得到安慰，罪人们也会说："我已经付出代价了。"

我演讲完毕回答问题时，有一个常来听演讲的人总是站起来说："我父亲常拿他的皮拖鞋打我，我没有忘掉，先生，假如我从来没挨打，就不会有今天。"我从来没有勇气问他："好吧，你今天到底是什么样子呢？"

认为处罚不会对心理造成恒久的损伤，未免有些武断，我们不知道处罚一个人，在许多年后会有什么害处，我们只知道，许多在公共场所有猥亵暴露行为的人，都是小时候因许多无辜的性习惯而受过惩罚的牺牲者。

假如惩罚可以成功，也许我们可以拥护它。诚然，它可以通过恐惧压制的手段收到效果，但是有多少被罚的孩子因元气受损而一辈子没有活力，有多少孩子因反抗而变成害群之马，这些是无法估量的。我从未听见一个家长说："我用打骂来管教我的孩子，他现在是多么好啊！"相反，我不知听了多少这样可悲的故事："我打也打过了，道理也讲过了，我什么方法都用尽了，他却是越变越坏！"

被惩罚的孩子的确越变越坏。最糟的是，他将来会变成一个爱体罚的家长，而"恨"就一代一代不断绵延下去。

我常常问自己："为什么有些很慈爱的家长会容忍一所对孩子残酷的学校呢？"表面上看来，这些家长很关心他的孩子有没有受到良好教育，但他们忽略了一点，就是严厉的老师以处罚而不以开导来启发孩子的兴趣，结果许多优秀学生后来到社会上都藉藉无名。他们当时追求上进，都是由于父母在后面督促，而自己对那些功课却很少真正有兴趣。

怕老师和怕处罚终会影响父母与子女的关系，因为每个成人都是父亲或母亲的象征。每次被老师处罚时，孩子都会害怕和憎恨成人的象征——他的父母。我听见一个 13 岁的孩子说："我从前的校长常常打我，我不知道爸爸妈妈为什么还要留我在那个学校读书，他们知道他是个恶魔，但是他们好像不在乎。"

以说教作为惩罚甚至比鞭打更有害，那些说教是多么可怕啊！"你难道不晓得你做的是错的吗？"孩子一边哭一边点头。"说你后悔了！"

用说教来惩罚是训练骗子和说谎者的上策。更坏的是当着小孩的面为他犯罪的灵魂祈祷，这几乎是不可饶恕的，因为这样一定会让孩子有极深的罪恶感。

另外一种不伤害身体，但对孩子的发展也同样有害的便是唠叨。我听见母亲终日对她 10 岁的女儿唠叨不停：亲爱的，别晒太阳……小心肝，不要去碰栏杆……不行，乖孩子，你今天不能游泳，你会伤风——唠叨绝不是爱的表现，那只是母亲的一种被恐惧所掩饰的不自觉的恨而已。

我希望宣扬惩罚的人都能去看看并体会一部有趣的法国电影。它讲的是一个骗子的故事。那个骗子小的时候因做错事被罚不准吃晚饭，没想到晚饭里有一道菜是毒蘑菇。后来，他看着全家人的棺材一个个被抬出去，便下结论说做好人是不值得的。这是一个寓意深远但不道德的故事，我想许多惩罚孩子的家长都不能会意。

矫正与激励

"厌倦是教学的主要弊病"①

〔瑞士〕 裴斯泰洛齐

一、必须指望儿童努力

当我力劝母亲要避免其教学使学生厌倦时，我并不是希望提倡这样的观点，即认为教学应该始终具有娱乐性，或者甚至具有游戏的性质。我承认，如果这样的观点被教师所接受并遵照执行的话，那就将永远不能获得牢固的知识，而且，由于学生缺乏进行努力的欲望，势必会造成我想用我的不断调动思维力量的原则所力图避免的那种结果。

儿童必须在早期的生活中获得这样的教训，这种教训常常来得太晚，因而也是一种最痛苦的教训——要习得知识必须作出努力。但是，不应该教育儿童把努力看做是一种不可避免的灾难。不应该使恐惧成为激励努力的动力。这将会扼杀兴趣，并会迅速地引起厌学情绪。

二、兴趣应当推动努力，而不是惧怕

这种兴趣是学习中的头等大事。在我们面临的情况中，教师、母亲应该尽力去激发兴趣和保持兴趣。几乎没有任何一种情况可以表明儿童不够用功不是由于缺乏兴趣所致；或许也没有一种情况可以表明缺乏兴趣不是由于教师采用的教学方式造成的。我甚至要将它作为一个法则定下来，无论何时，只要儿童对学习漫不经心，并明显地表现出对课程缺

①　选自《裴斯泰洛齐教育论著选》，〔瑞士〕裴斯泰洛齐著，夏之莲等译，人民教育出版社，2001年。

乏兴趣，教师就应该始终首先在自己身上找原因。当儿童面对大量枯燥乏味的材料时，当儿童被迫安静地聆听冗长的讲解时，或者被迫去完成那些完全没有什么可以使头脑得到调剂或对头脑有吸引力的练习时——这就是教师必须竭力去避免的强加给儿童的精神负担。同样，如果儿童由于推理能力还不成熟或者还不了解有关的事实因而还不能领悟或听懂有关某一课文的一系列观念，这时要强迫他去听或去复述那些对他来说仅仅是"没有意义的语音"，毋庸置疑这是荒谬的。而此时，这一切再加上对惩罚的惧怕——除了单调乏味之外，实际上单调乏味本身就够得上一种惩罚了——这是十分残忍的。

三、惩　罚

众所周知，在所有的暴君中，位卑的暴君是最残忍的，而在所有位卑的暴君中最残酷的要数学校中的暴君。目前，在所有文明国家中，一切种类的残忍行为都是被禁止的，甚至对动物妄施不仁也要受到正当的惩罚，有些国家对此有法律规定，而在所有这些国家这种行为都要受到公众舆论的谴责。那么对于残酷地对待儿童人们为什么会如此普遍地不闻不问，或者更确切地说会被视为理所当然的事情呢？

诚然，有些人会告诉我们他们自己所用的方法是极为仁慈的——他们的惩罚是不严厉的——或者说他们已废除了体罚。但是，我所反对的恰恰不是他们的严厉——我也不会冒昧地绝对断言在教育的任何情况下都不允许有体罚。我要反对的是他们对惩罚的用法——我要反对的是这个原则，即当教师和学校制度该受责备的时候，儿童却受到惩罚。

只要这种情况还继续存在——只要教师不愿承担或无力胜任激发学生生龙活虎般的学习兴趣的重任——他们就不应该抱怨学生不用心听讲，甚至也不应该抱怨某些学生可能表现出来的厌学情绪。单调必然压抑青年人的心智。假如我们能亲眼目睹那难以言状的单调，难熬的时间一小时一小时地慢慢流逝，对课程他们既不喜欢也不理解其用途；假如我们还记得自己童年时所经历的同样遭遇，那么我们就不会再对学童的懈怠、对他们"勉勉强强地像蜗牛一样慢吞吞地去上学"感到诧异了。

这样说并不意味着我在提倡懒散，或者要提倡那些甚至在办学最为

119

有方的学校中也时常可以看到的不规范的行为。然而我想指出的是，为了防止上述种种情况成为普遍的现象，最好的途径是采用一种更有效的教学方式，用这种方式教学儿童更少放任自流，更少从事那些被动静听的令人讨厌的活动，更少因微不足道的、情有可原的失误受到严厉对待——而更多的是用问题来唤醒他们，用实例来激励他们，用慈爱使他们产生兴趣，并争取他们去学习。

四、教师和受教者之间的共鸣

教师的兴趣与他要向学生传授的东西之间存在着最为明显的交互作用。如果他不是用他的全部精力专心于所教科目，如果他不关心所教内容学生是否理解，他所用的方法学生是否喜欢，那么他必定要疏远学生对他的爱戴之情，使他们对他所说的东西漠然置之。然而，对教学工作的真正兴趣——亲切的语言和更亲切的情感，面部表情以及眼神——决不会不对学生发生影响。

儿童的漫不经心①

〔英〕洛　克

　　与这种好问的性情相反的，是有时候可从幼童身上见到的一种漫不经心的涣散，对任何事情都漠不关心，甚至在他自己的正事上也有点疏忽大意。这种游手好闲的性情，我认为是幼童身上最坏的一种品质，如果它出自幼童的天性，则也是最难纠正的一种。不过在有些事情上是容易弄错的，因此当我们有时候抱怨幼童在学习或做事上疏忽大意时，一定要小心地作出正确的判断。为人父亲者第一次怀疑儿子具有一种游手好闲的性情时，他必须加以细心的观察，看看他是在所有的事情上都漫不经心、漠不关心，还是只在一些事情上表现得有些迟钝和偷懒，而在其他的事情上又充满活力和热情。因为虽然他发现他确实在书本上不肯专心，并把花在书房和学习上的大量时间都懒洋洋地消磨掉，他们不能因此而马上得出结论说，这是因为他脾性中的游手好闲的性情所导致的。这可能是一种孩子气，比起学习，他更喜欢其他的事情，这样他便更愿意把心思花在那些事情上了，而他不喜欢读书，乃是很自然的事。因为读书是强迫在他身上的一项任务。若要完全地了解这一点，您必须在他游戏的时候，当他脱离了学习的地点和时间，依循他自己的倾向做事时，对他进行观察，看他在那个时候是否积极、活跃。他能否设计出什么东西，并努力而热情地加以行动，直到他达到目的为止；抑或他还是一直涣散而梦游般地浪费时间。如果他的涣散仅限于读书一事上，我

---

　　① 选自《教育片论》，〔英〕洛克著，熊春文译，上海人民出版社，2005年。

觉得它或许还比较容易纠正，倘若问题出在他的脾性上，这就要求多费些辛苦和注意才能把它纠正过来。

如果您对他在正事的间隙中玩游戏的劲头或对其他事情的专心很满意，这表明他不是本性就是懒惰的，而只是因为书本缺乏趣味致使他三心二意，不愿用心于学习。第一步应该试着温和地把这种疏忽大意的愚蠢和坏处说给他听，告诉他会因此而浪费大量的时间，他原本可以尽情地用到他的爱好上去。切记要冷静而又温和地与他说这些，开始不要说得太多，仅言简意赅地跟他说明道理即可。如果这一办法生了效，您便是用最称心如意的方法——理性和宽容，达到了目的。如果这一温和的办法没有效果，那就要设法通过嘲笑他偷懒，每天在他就餐时（若没有生人）询问他一天有多少时间花在正事上，以此羞辱他，让他不再偷懒。如果他没有完成本该做好的事情，那就给他公之于众，让别人都知道他没有完成任务，以此嘲弄他，但一定不能掺与斥责，只能给他泼点冷水，直到他改正为止。要让他的母亲、家庭教师及他身边所有的人都如此对待他。如果这样还不能达到您所想要的效果，那就告诉他，不必再为他而麻烦一位家庭教师来专门负责他的教育；您也不必再花钱去请一位家庭教师无谓地把时间花在与他闲聊上面。既然比起读书来，他更喜欢这样或那样的游戏（不管他喜欢的是何种游戏），那么唯一能做的，就是让他以极大的热情投入到他所钟爱的游戏当中，并让他不分早晚成天地满怀热情地玩耍，直到他玩腻了，多少愿意换一点时间来重新读点书为止。但是，当您这样把游戏当做他的一个任务时，您必须亲自或叫其他的什么人去监督他，一定要看着他不停地玩游戏，而不许他在这上面也偷懒。我说您亲自去监督他，是因为不管您有什么事，做父亲的都值得花上两三天的时间在儿子身上，以纠正他对正事漫不经心的大毛病。

我有这么一个观点，即一个人之所以懒惰，不是源于一般的性情，而是出于某种特别的或者习得的对学习的厌恶感，这一点您需小心地加以审查和分辨。不过，虽然您可以观察他，去看他在自由支配时间时做些什么，但您切不可让他发觉您或其他的什么人在有意地观察着他。因为那样做只会阻止他去追求自己的嗜好，他满脑子和心里都充满着这一嗜好，只不过因为怕您才不敢去实现。当他全身心地投入了自己的嗜好时，他会忽略其他所有他不感兴趣的事情。因此看上去他显得懒散而漫不经心，实则他的全部心思都扑在了那上面，只不过因为怕被您看到或知道，而不敢去做而已。为搞清楚这一点，观察的时候，您必须确信，您没有妨碍他，不让他因怀疑有人观察他而感到有所约束。在他完全自由的时候，您便可以叫上一个值得信赖的人去看看他是如何打发他的时间的，看看他在没有任何阻碍，可以完全由着自己的性子做事的时候，他是不是仍然无精打采地消磨时间。这样，通过他在自由时候的行为方式，您便可以很容易地分辨出他之所以在他的学习时间漫不经心，完全是出于其性情的懒散，还是出于对书本的厌恶。

如果他天性中的一些缺陷在其心智上投下了阴影，使得他天生就慵懒涣散、神情恍惚。这种没出息的性情是不容易对付的，因为一般的情况，具有这种性情的人总是对未来漠不关心，他缺乏行动的两大动力：远见和欲望。如何为天生具有一副冷漠和乖戾脾性的人培植和增进这两大动力，乃是问题的所在。一旦您发现他有这种情形，您一定要细心地加以探究，看看他是否对任何事情都不感兴趣。您得亲自去发觉他最喜欢什么，看看您是否能发现他心智有没有什么特殊的倾向，尽您所能去增进它、利用它，引导他行动，并激发他的热情。如果他喜欢受人称赞，或喜欢游戏、漂亮的衣服等；或者相反，他害怕疼痛、羞辱或惹您不悦等，不管他最喜欢什么，只要不是懒散（因为懒散永不会促使他行动），那就一定要利用这一点去激发他的斗志，使他自己振作起来。因为在这样一种懒散的脾性当中，您不必担心欲望因呵护而过盛的（这与其他任何的情况都不同）。欲望正是他所缺乏的，因此必须努力去培育和增进它。因为没有欲望，也就没有了努力。

如果通过这一办法您还不能控制住他，激起他的热情与活力，那您就得令他不断地做些体力劳动方面的事情，这样他兴许可以养成某种做事的习惯。本来让他努力学习是使他养成训练和运用心智习惯的一种更好的办法。但因为读书是一种看不见的专心，没人能说他是不是偷懒了，因此您得给他找些体力活去干，这样他不得不忙个不停。如果他觉得这些体力活有些困难，或者他有些耻于去做，这不是什么坏事，因为很快他就会感到厌倦，使他兴许想回到书本上来。但当您用书本代替体力活时，一定要给他定任务，必须在什么时候完成，使他不致再有偷懒

123

的机会。唯有通过这种方法使他能够专心和努力读书，在这一规定的时间范围内他完成了学习的任务之后，作为奖赏，您可以使他免于其他的劳动，得以稍作休息。当您发现他读书时可以越来越用功，您便可以逐渐地减少别种劳动，直到最后，当他游手好闲的毛病完全治愈时，这种奖励的方法也就完全用不着了。

论 适应与防卫[①]

〔美〕布鲁纳

　　什么是先发制人心理以及哪些条件可能有利于对它进行控制？这体现为认识结构体系的一项原则，一种综合性成分比概念性成分为多的原则。[②]这个结构体系的注意力集中在一个带感情的概念上，如"会伤害我的东西"的概念上，在这个概念中潜伏的搞捣乱或伤害人的任何东西都可能被包括在内。这种概念所接受的标准就是那不太严格的举隅法（synecdoche）：即部分可以代替整体。让我在我们的案例记录中举两个例子来说明。一个例子是：我们研究一个 14 岁的儿童，他有严重的学习障碍，这个儿童的"智商"（IQ）据估计为 125，而他的留级表明他的智力水平远比具有 125 "智商"的儿童应有的水平为低。的确，在极少的情况下，他在学习中表现了突出的进步，显示出他自己的特色，但是，随着这种极偶然的例子发生之后而来的是退步。他的妈妈是家庭中的统治人物，结婚前，她和她的丈夫还是中学生，在学习中，她帮助他。现在，这个男孩子的姐姐处于当年她母亲同样的位置去对待这个男孩，她是家中"有学问的人"。在这个男孩看来，学习在某种程度上是女性才干得好的事情；学习，部分地又是对他父亲的一种对抗和敌视的活动。除了在极少情况下，他在学校学习中一度显露出进步外，常常任

---

① 选自《布鲁纳教育论著选》，〔美〕布鲁纳著，邵瑞珍等译，人民教育出版社，1989 年。

② 参阅维果茨基《思想与语言》（L. S. Vygotsky, *Thought and Language*, ed. and trans. by Eugenia Hanfmann and Gertrude Vaker, New York：John Wiley and Sons, 1962），特别是要参阅前书《认知成长的研究》中的奥尔弗的文章。

性地在外边冒生命危险以戕害他自己。例如，爬上房顶，在不该滑雪的地方滑雪等。这些戕害自己的行为是对学习这种令人厌恶的行为的回报，他认为这是一种直接反对他父亲的行为。

这个孩子叫安格斯·斯特朗（用他在诊疗所的名字）。他给我们提供了一种用损害和毁坏身体的行为来表现的"先入为主的偏见"的例子。[①] 按照他的想象做出来的那种会导致损失的事情和对象，其范围非常广泛并且包括在学校活动的许多方面。例如，他不喜欢分数，不能比较顺利地和分数打交道，因为他认为分数是一些"切碎的数字"。对代数等式中等号两边的数字进行相约的基本处理方法，在他看来象征着一种"消灭等式两边的数目和字母"的行为。如果问他如何推断在一个图表上三个上升的点时，他会画一根线经过这三个点，稍为画过这三点之后便猛然下降，并说："这根线能够上升这么一段，然后必然爆炸，并再次下降。"或者说："注意这支铅笔，它有一个锋利的笔尖"，然后又说，"这一块木头是很危险的，因为你能够削尖它的一端，而它也能够伤害你"。

看来安格斯计划要做的事情是审视他的周围，寻找能够被用来实现他那个以回报和损害为中心主题的任何东西。一旦他发现了这个东西，他便把它收进一种怪念头里，即如何避免损害，或者如何使之处于自己的控制之下而不致控制不住它。这个念头（或概念）的结构，"什么东西会伤害我"，表面上看来是混乱无章的，但这仅是从表面看来如此。人们很快便会明白，这个结构是建立在无止境的类推法上的，这个手段的作用就是保证他不会"放过任何可能伤害我的人，或者放过能指引我去伤害那些我认为是敌对分子的人"。正是这种像癌症那样的（先发制人的类推法）思想成为支持防卫型学习的根据，并使其与他人适应事实上成为不可能。由于这个结构受到如此苛求的一个内在要求——除非完全能支配它，不要放过任何危险的东西——的长期控制，这就使他难于获得一种必需的公平态度，依据新的材料和工作条件去处理它们，摆脱

---

① 详细可参看沃利奇、乌尔里克和玛格丽特、格鲁尼鲍姆合著的《家庭干扰对一个学习问题儿童产生认知困难的关系》（M. A. Wallach, et al., *The Relationship of Family Distrubance to Cognitive Difficulties in a Learning—Problem Child*，Journal of Consulting Psychology，24：355—360，1960）。

早已被安排好的促人行动的先发制人心理的内容。

让我举一个和安格斯行为相反的例子。这是一组 12 岁儿童在七年级数学班上的反应，我们有系统地观察这些儿童已经有三年了。有人问他们，到当年为止的算术课程中哪一部分是他们最喜欢的。大部分人的回答是"分数"，正如一个儿童所说："有许多东西你可以用分数来计算。"而当安格斯被分数的比喻含义（"切碎的数字"）所禁锢的时候，他的同年伙伴却获得了掌握一种知识的感觉，这种知识是建立在一种如此令人高兴的洞察力上——看到一系列相等的分数：$\frac{1}{2}$，$\frac{2}{4}$，$\frac{3}{6}$，以及 $\frac{n}{2n}$。但是，这件事也并非如此简单，因为它还表现了另一种令人震惊的差别：即一些正常的持适应态度的儿童是如何对待分数的——他们愉快地认识了刚才提及的一系列分数的普遍性的特点，并在实践中运用这种普遍性。

看来，有学习障碍的儿童的先发制人心理类推法（metaphors），至少有两种表现方式。一种方式最好称作"同化"。一旦一个对象或事件与防卫性的先发制人心理类推法有联系，便被同化（或吸收）到怪念头和"外在的表现"之中，而这些念头和表演都与他的这种心理类推法有关。于是这个新的对象或事件便在旧的已经形成的神经病态的方式中重演出来。第二种方式是：先发制人心理类推法通过否定形式而出现。一旦一件事情和那先发制人的心理类推相匹配"，那么就回避它，把它从心中排除，"过分地被忽视"（overignored）。让我举迪克·克兰曼的例子来说明后一种方式，他是我们研究的一个幼年病人，他从 12 岁到 15 岁接受治疗。

迪克幼年时，他的父亲掌管家务。父亲为了减轻自己的不满足感便责备和惩罚迪克，说迪克在生活方面未能达到标准，一种远远超出对一个男孩子的合理要求的标准——例如，吃饭要利落干净；要具有推理能力等。他父亲有慢性心脏病，但没有告诉过迪克，因为他害怕这个消息可能传到他的雇主那里。迪克所知道的全部情况就是：当他的父亲在附近时，他不许弄出什么声音，不许打扰他的父亲，更加不能惹他父亲生气。迪克出生时，家里其他的孩子都已长大。他是一个"意外出生的人"，他的母亲对他相当不满意，可是，又从他必须依靠自己培养的依赖性而获得真正的满足。迪克在很小的时候，有几次曾经突然离开了他的母亲——有一次是她要离家到医院去，另一次是她要到整形外科医师那儿治疗而把他送到了亲戚家去。迪克的两个年纪相当大的姐姐，对迪克都担负过母亲的职责。迪克在童年时，姐姐由于结婚而离开了他。迪克对自己在学校的学习，一开始就满不在乎，他的老师埋怨他注意力不集中。当他11岁时，已经很明显，他愈来愈落在后面了。他很少交朋友，常常处在一种受压抑的和沮丧的情绪之中。他到12岁时，开始接受治疗。不久，他的父亲死于突发的心脏病，从此便没有人事先督导迪克了。

对于迪克的探索行动或活跃的好奇心，人们不是消极地加以接受，而是看做寻衅闹事而加以惩罚或嘲弄。迪克"解决的问题"的企图往往是他的父亲抱了嘲笑的态度不加考虑的事情。他父亲的这种轻蔑态度又为他的母亲所加强，她断定迪克没有完成学校作业的能力。当我成为迪克的导师之后，第一次见到他母亲时，她对我说："你以为你真的能够为他做些什么事吗？"迪克在家中既没有玩耍的伙伴，可资模仿的榜样，也没有人帮助他培养一种对待学习既从容又灵活的态度。的确，这个家庭对待探索追问事物的态度，是把它当做不许提及的和令人讨厌的活动，因而被奇怪地"撇在一旁"，甚至把它看成有缺点的行为。这种态度便造成迪克对一些事情不闻不问和抱着不可思议的态度——例如父亲的病，母亲的健康问题，他的一个堂亲和中国人结婚，等等——他看来像个毫无好奇心的儿童。

他对待学习的态度，似乎在掌握知识方面缺乏任何目的。他所追求的仅仅是记住那些告诉他的事物或者他所读到的东西，而不再花力气去组织这些东西或作进一步的努力。这里举几个例子。他上生物学课时，课题是光合作用，导师指导的时间安排在下午。我问迪克什么是光合作用？他的解释是断章取义的。有一点可取之处便是，他很明显地死记硬背了教师在说明光合作用中所使用的一些主要字词和短语。我问他是否觉得自己理解了光合作用，他表现得有点勉强地作了肯定的回答。我对他讲我愿意把我的看法告诉他，看看我的看法和他所说的是否相符。于是，我便用一种更加断章取义的说法加以陈述，并再一次使用了迪克说的一些关键性的短语。我说完之后，他点点头说这就是他所领会的光合作用。之后，他打算继续讨论下一个题目。我用剩下的时间设法给他作了一个使他确实可以明白的关于光合作用的简单的描述。我这样做是设法让他确信：他所作的弄明白问题的努力绝不会受到嘲笑或讽刺。他达到了用那种应该成为有代表性的态度去重新学习的程度——细心认真并从头学一遍，他现在敢于去探索材料，敢于检验他所掌握的知识，这在很大程度是靠导师的鼓励。在被称为"造句技巧"的课上，提供了第二个例子。凡是组织得很糟糕的句子都要重新再写，这样一来，这些句子的含义就可能不会模棱两可，结构也会更为严密。迪克的努力效果很小，他重新组织的句子并不比原来的好一些，写在练习本上的句子有时甚至更加含糊不清。于是，又重复一次同样的程序，给他举出一些简单的例子，这样，他便不至于慌乱不安。终于他明白课题的意图了，他大声朗读原来的句子，然后读他自己重写的句子，听听第二句比第一句是否造得更有意义。经过所有这些程序之后，一个幸运的形象呈现出来了。当他第一次弄明白什么是简单的断章取义的句子时，我举手在他头上用手指转动一下，好像他头上装了一个开关似的。我对他说："你看，这就像拨动一个装在你脑子里的开关，你就按照刚才所做的那样去做。"他大笑点头同意。几天以后，他说："可是，如果我在家里造句，怎样知道我造的句子是对的呢？"我提议他从下周开始，每天早晨上学之前给我打电话，但我只听他造的句子而不改正它们。有一个星期，他就成了我的保险闹钟。在下一周进行一次指导活动的前一天，我们像开玩笑似的照例通了一次电话。他已能很好地掌握了他的作业。

　　我所举的迪克的例子，这是一种已经被先发制人心理类推法所俘虏的学习和智力探索活动，是对尚未知道的事物和新的偶然发生的事物进行思考的活动。这种活动在以往不是导致产生危险的结果便是受到惩罚。这种能够引导他养成防卫活动的心理类推法结构，包括学习、询问、好奇心以及爱打听的习惯。学习检验了他母亲的支配权利，恢复了他对父亲含有敌意的害怕心理，意味着可能产生的失败和损失。解决的办法便是把学习置于被压抑状态，以消极被动态度对待它。他的导师要做的事情是，设法让他很容易发现：学习既不是危险的事情，也不会引起惩罚和嘲弄的反应。和安格斯不同，迪克没有把危险的活动收进他的怪念头中。他是一种回避和否定的类型——他发现了死背课文的学习方法，按这种办法，实际上是制止了危险活动进入他的思想结构之中。

上述的"同化"和"回避"的心理活动，都为额外的防卫付出高昂的代价。两者都需要对周围环境经常审视，看看有什么东西与所遇到的主要矛盾有关，而这种矛盾正是麻烦的根源。所得的结果便是一种严重的使人心烦意乱的偏见。凡是得了这种毛病的儿童，便不会注意到许多事情是如何发生的，因为他们为了发现危险而耗费心力去审视这个世界。如果他们的教师因此而常常反映这些儿童的注意力不集中或者从来不参加班里的讨论，那么，这是不足为奇的。我们的那些受治疗的儿童，常常忘记了所布置的第二天的作业是什么——或者是记不起作业的名称，或者是没有领会作业的要求。我们一直这样想：也许那个最大的烦恼和防卫心理出现的时候，正是他们遇到新教材和未知情况之时，例如在布置新作业的时候。

但是，还有一种因素也弄得这些儿童心神不宁。这在相当大的程度上与构成他们种种困难和矛盾的性格有关。现在让我们考虑一下学习障碍的起因。

有学习障碍的儿童是个受双重束缚的典型的例子——如果他的学习成功了，要受到指责；如果失败了，也要受到指责。如果他的学校作业不及格，他在学校和家里都受到责难；如果他成功（或功课好），他在家里也要受责难，并且受到孤立。我举几个有代表性的例子。有一个儿童，他有一个患先天性低能病的妹妹，这件事在他家里被认为是巨大的困难。家里的注意力都集中在妹妹的不确定的病情变化上，而巨大的压力却加在这个 12 岁的男孩子身上。让他自己照顾自己，并由他自己随意行动。在他看来，在学校学习好了（他的智商足够用来做好学校的功课），意味着他的父母可以对他少关心了。他的母亲确实对社会工作者说过："如果托尼在学校过得很好，那么这就是说我们用不着为他操心了。我们已经有足够的事情伤脑筋了。"这样，他在学校里的学习成功就意味着失去家庭里受到爱抚的依赖关系。反之，如果他在学校里留级了，他会因为成绩不及格而在家里受到严厉的对待，但是，不管怎么说，他总会得到家庭的某些关怀。可见，成功和失败两者都使他面临许多困难。另一个儿童的情况是：学习是一种支配和回击他父母的手段。

虽然这个儿童对此并不自觉，同时，他自然也会对学校的作业有一大堆焦虑不安的心事。当他想到长大时，便会感到有所损失，甚至包括失去对他父母的很大的控制手段。在迪克的例子中，学习的危险性是同在家里的赞扬取得平衡的，但是，这也是和他母亲需要他继续是她的小宝贝这种感觉取得平衡的。回避学习，可以满足防卫性心理的需要，但是，这也会导致麻烦。最后，从安格斯的例子看，他在学校的失败几乎是在家庭里平安无事的先决条件；这个条件就是他要自我证明是个男子汉，而在他家里，男子汉被认为是那些在学校里功课不好的，需要女性帮助的儿童。这些对儿童的学习会变成影响十分重大的事情，以致爱玩耍的心理倾向和观察事物的能力都不能正常地发展，自然就不足为奇了。

　　但是，有件事情看来必须弄明白——特别是对那些家里有学龄儿童的人来说，上述这种双重的束缚在某种程度上已成为在我们的社会中成长的每个人所遇到的困境。也许有两三件事情使儿童发生差异并成为这种差异的牺牲品。第一件是纯粹的强烈感情。这种感情如此牢固地束缚这些儿童，以致最后出现紧急激烈的防卫心理。我倾向于相信第二个主要的因素是缺乏一个恰当的很有能力的人物让儿童去模仿。我们举的全都是男孩子的例子，而大多数的例子又来自被治疗的儿童。正如巴巴拉·金布尔（Barbara Kimball）十年前说过的，那些无能的父亲和只会表示一种软弱无力性格的人又无法给儿童提供切实有用的模仿模式。同样，那些过分使用权力指责人的父亲，他们要求得是那样多，以致只能加以"反对"，此外别无他法。看来进行鉴别可以提供令人模仿的人物或可掌握的模式，它们可以引导儿童倾向于适应，而不是防卫。但是，无论是这一双重束缚中的强烈感情也好，或者不能获得有资格的胜任力的典范也好，都不是令人满意的解释。我们所接触过的儿童，都有搬弄是非的毛病，对他们所做的事情缺乏自觉——不论是属于同化型（assimilation）的或者属于回避型（avoidance）的。学习上有障碍并不是一个造反的实例，也不是公然反对学习或反对专心听课的实例。我们所观察的儿童，他们的功课都不好，即使他们试图做好功课也不行——在某些例子中（如迪克）他们试图做好功课的主意是最糟糕的。不管"无意识"的含义如何，这些儿童都是按它的指引去行动的。事实上，我认为"无意识"就像一套认识的行动，它们出现于人们不受意识控制的时候。

131

防卫性心理类推法的先发制人的特性，看来就是这种无意识的标志。当然，许多通常的思想是类推性的，而威特詹斯坦（Wittgensteion）确实教导过我们，在我们这一代不要使用严格的分类规则作标准去判断日常的思想。但是，正是那种缺乏意识或"逻辑"的控制，才让防卫性心理类推法像癌症转移那样发展。如果没有这样的控制，事实上就不可能"改变天性"（denature）或者改变"本能"（delibidinize）的学习。在好几个例子中，防卫心理变得如此习以为常，以致在涉及学校的学习中，用适应心理来代替防卫方面已几乎不能得到快速的治疗进展。

现在让我们研究治疗的性质。在多大程度上这种治疗的进展可反映我前面说的程序类别呢？让我从头说起，我所说的治疗并不是指那种广泛的对儿童的医疗经验。可是，我至少必须记下我们所做的观察，并让那些更有经验的人参照治疗儿童的一般心理缺陷去判断他们的病人。我们首先觉得，治疗我们这一组儿童，要求比那种利用无意识的资料进行内心精神的治疗要做更多事情。是的，要工作到底，如果可以获得某种启迪，而那些有意识的约束也有助于抑制我们当做先发制人心理类推法描述过的防卫活动，那就更须如此。但是，导师的工作对于帮助儿童学习适应生活同样是一个关键性的因素。首先，它能设法培养儿童的能力去建立一种不受上述双重约束影响的学习环境。例如，有一个11岁的男孩，在一次开始上某课程的时候对辅导老师说，他害怕在读课文时弄出差错，因为教师会对他大声叫喊。辅导老师问他，教师喊的声音是否很大，当弄明白教师确实如此后，辅导老师说他自己肯定会叫喊得比那位教师的声音还大，并鼓励他的病人弄出个差错来看看结果如何。这个孩子照办了，辅导老师就用一种人为的声调尽他的最大音量大声叫喊，使那孩子吓得跳了起来。辅导老师问病人："你的教师能够喊得比这声音还大？"病人："能够，还要大得多。"辅导老师："那你再弄出个差错，我要试试喊得更大声些。"这个游戏玩了三四遍之后，建议病人，当老师弄出差错时试着大声叫喊（这位辅导老师是米歇尔·马克科比博士），几次指导课之后，一种开玩笑的关系便由于朗读出差错的原因而建立起来，于是迁移的诸种端倪即将来临。不久，这个儿童便有能力从掌握技巧中得到满足和愉快了。

"造句技巧"的种种插曲和迪克对它们的反应都是一样恰当的。支持一种从属关系一直到某一点——这一点就是迪克不得不去真正做工作，即自己修改句子并判断自己所造的句子是否正确。辅导老师提供的是感情上的支持——其作用是促进迪克跨过外界的影响而进入内在的学习。他在学习代数课程中，有不少小插曲，因为需要解决代数的未知概念这件事打扰了他。有一次，通过我们之间玩的某种游戏，他领悟了代数学根据自身条件而发展的一些方式。下一门课程是生物学，导师又一次开始从感情上加以支持以引导迪克设法自我前进。当然，要取得进展需要同时处理好迪克的家庭问题以及迪克自己心中的矛盾。可是，最值得注意的是这样一种态度，就是一旦紧张状态得到减轻，不论是通过常规的治疗还是通过导师的协助而进行的无形的治疗，这个儿童自己便会从他已经能够设法养成的这种胜任力中开始接受并获得一种得到报酬的感觉。如果协助关系保持原样不动，胜任力的范围就会扩大，那种对于完成任务所必须的适应心理就会真正地开始。辅导老师，作为有鉴别作用的人物，对这一切会愈来愈变得重要，因为他提供了一个新的适应的模式，这说明这些问题既不是不可解决的，也不是危险的——或者，当不能解决时，至少也不会成为灾难或者责备的根源。

这样到最后，我们对适应和防卫两者之间差异的尖锐程度也同样获得了深刻印象。当这个儿童能够适应交给他的任务所提出的要求时，那个防卫的扩大类型便会消失。在这两种处理问题方法之间很少有共同之处。

我们对适应和防卫可以作什么结论呢？

我认为最清楚的是：两者之间存在一条深沟。两者的区别不但在于它们的目标不同，而且在于与它们有关的过程的性质不同。防卫受制于探测什么东西有破坏作用的需要，它的子弹穿过了它的合理的目标以及包括在它射程之内的可以构成危险的任何东西。防卫，不受有意识的过程约束，反映了不受限制的和先发制人的心理类推法——这种心理类推法，毫不夸张地说是一种内疚，在极度压力之下，通过联想防卫，最后影响到大量的病人的人间生活，这些人间生活都被看成潜在的危险，因此，他便变为真的残废者。这就是所谓无意识的模式。"无意识"根据它自身性质看来，极不可能成为思想有创造力的重要来源。更加可能的是：只有当这种心理类推法过程在某种程度上处于有意识的控制之下，它们才能在处理问题时发挥有用的功能。这就是近年来所称的"自我服务的回归"（regression in the service of ego）。

看来，随着对解决问题需要的考虑在自然地深入，现在所需要的是一种"避免熔化"（defusing）的智力活动，即一种不受行为、感觉和内驱力直接要求的智力活动。我们曾提议，这种避免熔化的活动要依靠一个儿童具有发展游戏能力的必要条件；要依靠他具有一个实际存在的恰当的有胜任力的典范；以及依靠内在报酬的体验——这来自已经增长了的胜任力，能够开始"为了学习本身而学习"的事业。这些东西产生适应。

有一种教学法上的浪漫主义思想：极力主张在儿童身上激励一种无意的创造性的冲动，以作为辅助学习的推动力。人们对这种说法最好持非常谨慎小心的态度。正如劳伦斯·库比（Lawrence Kubie）和其他人所说的，不受意识和游戏感觉所约束的无意识冲动，可以是与创造力很相反的东西。最通常的看法是：导致有效认识作用的各种过程，都仅仅是无意识的梦幻的结果和联想的种种扩大。我不相信这里说的就是这种情况，如果你仔细阅读弗洛伊德的著作，肯定会看到他不相信这些说法，幼儿期思想的"最初程序"，对弗洛伊德来说，肯定不是后来的那个更加确定世界方向（world-oriented）的"第二个程序"的基础。

所以，总而言之，我认为适应与防卫不是仅仅有程度上差异的同一类型的程序。它们是不同的类型。对教师提出的永久性的带挑战性的问题是要认识：当这种防卫心理类推过程被置于有意识地解决问题的约束之下的时候，使这些过程能够起到有益的作用。如果没有那些约束，它们就会导致来自对防卫起特殊作用的某种能力的下降。

教 师的期望[①]

〔美〕 罗森塔尔　　雅各布森

奥克学校是一所位于中等城市低层阶级社区的公立小学。这所学校约有 1/6 是墨西哥血统的少数民族儿童。全校共有 650 名儿童，每学年毕业大约 200 名儿童，并招收约 200 名新生。

奥克学校依据能力分轨的计划，6 个年级的每一年级有快班、中班和慢班各一班。阅读能力是分轨的主要依据。墨西哥血统的儿童在慢轨中占很大的比例。

从理论上来说，我们一直希望了解教师有利或不利期望是否能够导致学生理智能力相应的提高或降低。但是，从伦理上看，还是决定只检验教师的有利期望能够导致理智能力提高这一命题。

奥克学校的所有儿童都用标准的非言语的智力测验进行了预测。我们告诉教师，这次测验将预言学生智力的"大发展"或"激增"。采用的 IQ 测验得出三种 IQ 分数：总体 IQ、言语 IQ 和推理 IQ。"言语"题目要求儿童把有图画的题目与教师提供的言语描述搭配起来。推理题目要求儿童指出五种图案中哪一种图案与其他四种是不同的。总体 IQ 是根据言语题目和推理题目的总和而得出的。

在全校范围进行预测后的新学年伊始，1～6 年级的 18 位教师每人都得到他们自己班上那些在今后一学年会显示出大的智力增长的儿童的

---

① 选自《课堂中的皮格马利翁——教师期望与学生智力发展》，〔美〕罗森塔尔、雅各布森著，唐晓杰、崔允漷译，人民教育出版社，2003 年。

名单。这些预言据说是根据这些特殊儿童在学术发展潜力测验中所得的分数而作出的。奥克学校大约20%的儿童据说有智力激增的潜力。每个班里的这些特殊儿童的名单实际上是在随意排列的人员表格中任意选出来的。这样，这些特殊儿童与普通儿童的差异只存在于教师的心目之中而已。

经过一学期、整整一学年以及整整两学年之后，用相同的IQ测验对奥克学校的所有儿童进行复测。儿童在对一些学生的智力增长抱有利期望的教师班上接受第一、第二次复测。所有儿童都在对任何儿童的智力增长没有抱任何特殊期望的教师的班上接受最后一次复测。我们的研究计划包括了这种追踪测验，这样我们就可以了解到，任何期望益处，如果可以找到，是否取决于与抱有特别有利的期望的教师连续不断的接触。

这些实验组儿童以及这些控制组儿童从预测到复测在IQ上的增量都已计算出来。期望益处是由"特殊"儿童获得的IQ增量超过控制组儿童获得的IQ增量的程度来确定的。实验的头一年结束之后，发现了显著的期望益处，而且期望益处在一二年级儿童中特别大。这些更年幼儿童因被期望有大发展而获得的益处在总体IQ、言语IQ和推理IQ上都是明显的。这些年级的控制组儿童在IQ上的增量很高，其中有19%的儿童总体IQ增高20多分。然而，这些年级的"特殊"儿童中有47%的儿童显示出总体IQ增高20多分。

在随后的追踪研究年间，前两个年级的年幼儿童失去了他们曾经获得的期望益处。然而，高段年级的儿童在追踪研究年间显示出愈来愈高的期望益处。那些看来更易受影响的年幼儿童可能需要与他们的教师有更多的接触才能保持他们的行为变化。那些年龄较大的儿童，最初较难接受影响，一旦行为发生了变化，他们能够更好地自发地保持这种行为的变化。

如果考虑到总体IQ上的增量，男女儿童在受助于有利期望的程度上的差异并不很大。一年之后，以及两年之后，那些被期望智力大有发展的男孩在言语IQ上有很大的提高。那些被期望智力大有发展的女孩在推理IQ上有很大的提高。有利的教师期望似乎对于男女儿童在预测中就已占优势的理智活动领域更有帮助。在奥克学校，男孩通常显示出较高的言语 IQ，女孩则显示出较高的推理 IQ。

我们会记得，奥克学校是由一个快轨、中轨和慢轨构成的系统。我们一直认为，教师的有利期望对慢轨儿童具有最大的益处。但事实并非如此。一年后显示出最大期望益处的是中轨儿童，尽管其他轨的儿童获得的期望益处比较接近。然而，两年后，中轨儿童很清楚地显示出从教师对他们的理智成绩所抱的有利期望中获得最大的益处。看来令人惊讶的是，在低层阶级的学校中从教师良好期望中得益更多的竟然是比较一般的儿童。

在实验的第一年和第二年之后，那些墨西哥血统的儿童比那些非墨西哥血统的儿童显示出更大的期望益处，虽然这种差异在统计上并不显著。然而，即使只用一个人数不多的小样本，一种令人感兴趣的少数民族群体的效应确实达到了显著水平。每个墨西哥血统儿童的期望益处的量是用该儿童从预测到复测的 IQ 增量减去同班控制组儿童取得的 IQ 增量计算出来的。然后，找出这些期望益处的量与儿童面部所显现的"墨西哥人特征"的相互关系。一年后和两年后，那些更像墨西哥人的男孩从他们的教师的正向预言中获益越多。教师在实验前对这些男孩的理智成绩的期望也许是所有期望中最低的期望。他们的名字出现在最有潜力得到发展的学生名单中必定会使他们的教师感到惊讶。惊讶可能带来了兴趣，而且以某种方式，更多地寻找更聪明的迹象可能导致更加聪明。

除了对"特殊儿童"和普通儿童的 IQ 增量作比较以外，还可以对他们在实验的第一年结束之后由成绩卡等第所表示的学业成绩的增量进行比较。在成绩卡等第的增量上表现出显著差异的只有阅读这个科目。那些被期望智力上大有发展的儿童，被他们的教师判断为将在阅读能力上有更大的进展。正如 IQ 增量的情况一样，年幼儿童在阅读分数上显示出更大的期望益处。在总体 IQ 增量上，某一年级得益愈多，该年级在阅读分数上的得益也愈多。

在阅读能力方面，中轨的儿童表现出最大的期望益处，这些儿童在 IQ 方面从教师的有利期望中获益也最多。

成绩卡上的阅读等第由教师指定，因而教师对阅读成绩的判断可能受他们的期望影响。所以，被期望大有发展的那些特殊儿童可能根本没有获得真正的益处。这种效应很可能就在教师的心目中，而不在儿童的

矫正与激励

阅读成绩上。可以得到的一些证据表明，这样的光环效应并未发生。在许多年级进行了一些客观的成绩测验。用这些客观的测验来评定，比起用教师作出的更主观的评价来评定，可以发现更大的期望益处。要说有效应的话，教师的等第评定似乎显示出一种负向的光环效应。这似乎表明，这些特殊儿童要比这些普通儿童受到教师更严格的等第评定。造成有利期望效应的部分原因，甚至可能就是这种确定标准的行为。

人们通常表现出这样的担心：处境不利的儿童因教师不适当地降低了标准而加剧了处境的不利（Hillson and Myers，1963；Rivlin，未注明日期）。威尔逊（1963）提供的很有说服力的论据表明，教师事实上的确降低了比较贫穷地区的儿童的成绩标准。值得进一步加以研究的一种可能性是：如果教师提高对学生理智成绩的期望，她就可能制定更高的标准要求学生达到（也就是说，对他的评分更严格）。这里可能有成为一种良性循环所需要的因素。教师不但可能期望愈多所得亦愈多，而且可能最终所得愈多期望亦愈多。

请所有教师就理智好奇心、个人的和社会的适应能力以及社会认可的需要等有关的变量对每一个学生评定等级。一般说来，被期望智力大有发展的儿童被评定为更有理智好奇心、更快乐以及较少社会认可的需要（尤其是在低年级）。正如 IQ 和阅读能力的情形一样，根据教师对儿童课堂行为的觉察，年幼儿童显示出更大的期望益处。中轨儿童又一次因被期望大有发展而得益最多，这一次是根据察觉到的较高的理智好奇心以及降低了的社会认可需要。

当我们根据觉察到的理智好奇心来考虑期望益处时，我们发现，那些墨西哥血统的儿童没有分享到因被期望大有发展而获得的益处。如果教师期望那些墨西哥血统的儿童会大有发展，教师就不会认为他们更有理智好奇心。有一种不明显的倾向认为（在墨西哥血统的男孩身上则明显一些）：这些墨西哥血统的特殊儿童不大有理智好奇心。这似乎令人惊讶，特别因为这些墨西哥血统的儿童在 IQ、阅读分数方面显示出最大的期望益处，而且那些墨西哥血统的男孩在学业总成绩方面显示出最大的期望益处。看起来几乎好像是教师培养这些少数民族群体的儿童的理智能力可能要比相信他们的理智能力更加容易。

在基础实验年间，儿童 IQ 的增量与教师对儿童课堂行为的看法相关。我们分别计算了实验组与控制组中高低轨儿童的这种相关。实验组高轨的儿童在 IQ 上增量愈多，教师对他们的评等就愈有利。控制组低轨的儿童在 IQ 上增量愈多，教师对他们的看法就愈加不利。教师对这些儿童没有产生任何特殊的期望，而且他们的慢轨地位使得教师不可能看到他们会以一种具有理智胜任力的方式表现其行为。这些儿童在理智上愈有胜任力，教师对他们的看法就愈是消极。未来研究应该致力于研究这种可能性：可能存在发生"难保证的"、出乎意料的智力增长的机遇。教师要有一定的准备才能接受智力增长儿童的那些出乎意料的课堂行为。

许多可供选择的"理论"可以用来解释我们一般的研究结果。其中有这样的一类理论，即"意外"理论，它坚持认为，人为因素是造成所得结果的原因，事实上没有什么东西要解释。测验的不可靠性问题以及预测 IQ 差异的问题已作了讨论，但作为对我们的结果的解释还有所不足。教师只是在复测过程本身当中才是有区别地对待特殊儿童，这种可能性已经考虑到了。这些结果的安排，"盲目"的主考要比教师获得更引人注目的期望效应这一事实，教师不能明确回忆"特殊"儿童的姓名，以及在儿童离开那些给予他们期望的教师一年之后这些结果就消失，这一切都削弱了这种论点的合理性。对于教师期望显著地影响学生的成绩这个假设是否合理，最重要的是三个都显示了显著的教师期望效应重复实验的初步结果。然而，这些重复实验也表明，各种不同的学生特征和儿童生活中的情景变量都有可能使教师期望效应变得相当复杂，并且都会影响到这种效应的量和方向。

也许可以合理地认为，这些特殊儿童在理智能力上的提高是以牺牲普通儿童为代价的。也许教师把更多的时间花在被期望大有发展的那些儿童身上。但是，教师看来花在她们的特殊儿童身上的时间略少于花在普通儿童身上的时间。而且，这些特殊儿童显示出最大的 IQ 增量的那些班，也就是普通儿童获得最大的 IQ 增量的班。而那种剥夺彼得机会的理论预言，只要这些特殊儿童获得的 IQ 增量愈大，那些普通儿童获得的 IQ 增量就愈小。

根据有关人际自我实现预言的其他实验，我们只能推测教师怎样仅仅通过期望来养成理智能力。如果教师期望他们的儿童在智力上获得更大的增量，他们就会以愉快的、更友好的以及更多的鼓励的方式来对待这些儿童。这样的行为已经证明能提高理智成绩，这也许是由于这种行为对学生动机产生了有利的影响。

也许是教师更仔细地观察了她们的特殊儿童，这种更多的注意可能导致对正确反应作出更迅速的强化，从而提高学生的学习成绩。教师在评价这些特殊儿童的理智成绩时可能更多地注重思考。教师更注重思考可能导致这些特殊儿童更注重思考，这种认知风格上的变化会有助于提高所用 IQ 测验里所要求的非言语技能的成绩。

总结一下我们的种种推测，我们可以说，教师可能借助她所说的话，借助于她说话的方式和时间，借助她的面部表情、手势以及也许借助于她的触摸，就把她期望理智成绩有所提高的信息传递给那些实验组儿童。这样的信息传递以及教学技术上可能出现的变化，可能通过改变这些儿童的自我概念、他们对自己行为的期望、他们的动机以及改变他们的认知风格和认知技能来帮助他们学习。

不言而喻的是，需要做进一步的研究来限定教师期望转化成学生智力增长的可能机制的范围。例如，教师与学生交互作用的有声电影会有助于研究。这样，我们就可以寻找教师与他们期望有智力增长的儿童发生交互作用的方式，同教师与他们给予较少期望的儿童发生交互作用的方式之间的差异。根据心理实验人员与被期望作出不同反应的被试发生交互作用的电影，我们知道，即使在这样非常标准化的情景中，无意传递也可能是非常微妙和复杂的（Rosen-thal，1966）。更加微妙和更加复杂的是儿童与其教师之间的信息传递，这些教师不受实验室要求尽可能平等对待每一个人的限制。

本书所述的研究有下列几种含义。对于从事教育研究有方法论上的含义，这在前一章已经讨论。对于进一步研究无意影响过程尤其是当这些过程导致人际的自我实现预言时，也具有含义，其中一些含义已经讨论。最后，对于教育事业具有一些可能的含义，其中一些含义简单叙述如下。

长期以来，我们的教育政策问题已经从"谁应该受教育"改变到"谁能够受教育"。这个伦理学的问题已经变为一个科学的问题。有一个标签加在那些可教育性受到怀疑的儿童身上，即称他们是教育上、或者文化上或者社会经济上被剥夺的儿童，而且在目前的情况下，他们看来不能像那些处境比较有利的儿童那样学习。处境有利和处境不利的区别在于父母的收入、父母的价值观、各种成就测验和能力测验的分数，以及通常还在于肤色和其他基因遗传的外表方面。处境有利儿童和处境不利儿童的这些差异，与他们的教师对他们在校时能够取得的成绩所抱的期望差异是分不开的。没有一个实验证明，学生肤色的变化将导致其理智成绩的提高。然而，本书所描述的实验证明，教师期望的变化可以导致学生理智成绩的提高。

在奥克学校，没有为那些处境不利的儿童直接做过什么事情。没有任何旨在提高他们阅读能力的速成教学计划（crash program），没有任何专门的教案，没有课外辅导的时间，也没有去过博物馆或美术馆参观。只有一种信念，那就是对这些儿童坚持观察，他们拥有的理智能力就会及时表现出来。我们的教育改革方案直接为教师，只是间接地为学生而改革。这样，我们也许应该把更多的研究兴趣放在教师身上。如果我们能够知道，教师的教学方法不作形式上的改变，怎样能够大幅度地提高学生的能力，那么我们就可以教其他教师按照相同的办法提高学生的能力。倘若进一步的研究表明，如果挑选一些在交互作用的方式上没有受过培训的教师，对待大多数学生可以像本文所描述的教师对待那些被认为是特殊的儿童一样的话，那么，把挑选和安置富有经验的教师与师资培训结合起来，使所有学生的学习都达到最理想的境界，这也是可能的。

当师资培训机构开始向教师传授对学生成绩的期望可以充当自我实现的预言这种可能性的时候，也许会产生一种新的期望。这种新的期望可能是：儿童能够学得比预想的好，这是许多教育理论家所抱的一种期望，尽管他们的理由各不相同（如 Bruner，1960）。当教师遇到教育上处境不利的儿童时，这种新的期望至少使得这些教师很难提出这种疑问："得啦，你到底能对他们期望什么呢？"普通人对在令人生厌的校园里闲逛的不三不四的儿童可以随便发表意见，怀有预言，但是课堂中的教师需要知道，她心中的那些相同的预言都是可以实现的；她根本不是一位偶然的过路客。也许课堂中的皮格马利翁更像她充当的角色。

学 会心理"战术"①

〔美〕安奈尔·L.布鲁肖

一位聪明的老师

有一天，作业是画画，
但我不知道该画什么。
所以决定一笔都不画。
老师惊奇地看着它，
"白云朵朵，羽毛一般，
我可以把它挂在墙上吗?"她说。
我想她一定是没看到，
其实我什么都没画。
然后她就把我的"画"，
张贴起来给大家。
我求她让我把画带回家，
画上了天空，又画上了太阳。
认真想一想，
难道她真的不知道，
我什么都没画?

---

① 选自《给老师的 101 条建议》，〔美〕安奈尔·L.布鲁肖著，方雅捷译，中国青年出版社，2007 年 5 月。

也许是我骗了她，

但也许是聪明的她，

用了个小小的计谋，

就让我真的画了幅画。

——安奈尔·L.布鲁肖

　　有多少老师会利用上面这首诗里老师所运用的心理方法？有的会，但大部分不会。通常，老师留作业，学生一字不写，然后就不及格。可是，这对学生的提高没有丝毫益处！只要你学会使用心理"战术"，一定能让孩子们听话地完成任何作业。最近，就有这么一个绝佳的例子。课程协调员（以前也曾是一位经验丰富的教师）利兹·叶芝去听一位老师的课，在这之前，这个班上一直有个学生让老师很头疼。一上课，利兹马上就找出了这位学生，她个子很高，年龄偏大一些，总是能用一些"很特别"的方法引起别人的注意：站起来到处走动，信口回答老师的问题，作弄别的同学等。下课之后，利兹请这位老师允许她和这个学生单独谈谈。这个学生就跟着利兹走出了教室，利兹先做了自我介绍，她说："我是利兹，在学校董事会工作。我一眼就注意到了你的行为。"现在这个学生真的以为自己有大麻烦了。利兹接着说："我发现你总是能独树一帜，很有领导才能。"这个学生大吃一惊，乖乖地听她说下去："我还发现你知识面很广。"（你看，她注意到了虽然这个学生总是信口开河，但她说的都是对的！）"你有没有想过长大做一名教师呢？"利兹接着说，"要知道，如果你能学会稍微控制一下自己的行为，不仅是你自己，别人也会跟着从你的技巧和能力中受益！真的，你很有天分。"这个学生真诚地向利兹道了谢，然后回教室去了。随后，利兹把一切都告诉了那位老师，而且，这位老师决定日后也试试这样的心理策略。半年后，当利兹再次走进那个班的时候，那个学生马上就朝她跑过来，嘴里呼唤着她的名字，还给了她一个大大的拥抱。她说："我决定当一名老师了，现在我正为此而努力呢！"老师告诉利兹，现在这孩子已经是一个模范生了："她积极参与课堂活动，非常听话，休息时间还能帮那些过去总受她欺负的同学辅导功课呢。简直难以置信！运用一点小小的心理技巧竟然能有这么大的收获！"

143

　　正确地运用心理"战术"，就是这么威力无穷！当然，运用心理方法还需要老师有正确的态度。优秀的老师知道，"态度"决定着课堂上的成败。所以，请首先确立"为帮助学生"而帮助学生的态度，下定决心变消极为积极。要乐观，尽一切可能让学生们知道你对他们有信心，特别是事实上你很难做到这点的时候更要乐观。大胆向前，勇于尝试，你无需额外付出，但你的学生却会因此而获得许多。

放声高呼①
——我能成功

魏书生

　　有的老师问我："魏老师，我一上公开课，自己就紧张，学生也紧张，平时思维敏捷、语言流畅的学生也变得结结巴巴。您在全国各地上公开课，学生们在舞台上，下面一两千人看着，学生不紧张吗？"

　　"说不紧张不现实，但做老师的要设法帮他们消除紧张的情绪。"

　　"怎样消除呢？"

　　"消除紧张的方法，应该有100种，我在全国各地给不同年龄、不同民族的学生上课，用过几十种消除紧张的办法，用的次数较多的是培养学生的自信心。"

　　"培养自信心？那是一朝一夕的事吗？那不得经过长期努力吗？"

　　"长期有长期的效果，短期有短期的作用。使学生树立战胜人生道路重重困难的信心，当然要付出毕生的努力，而引导学生树立记住一个单词、学会一首歌、上好一节课的信心，不用付出太大的代价也可以。"

　　"那怎样在很短时间内使学生对做好一件小事建立必胜的信心呢？"

　　1998年4月18日，我在阜新工人文化宫给学生上课，台下是1500多位老师听课。

　　为消除学生紧张的情绪，课前，师生问好之后，我随意出了个作文题目《宇宙中有没有外星人》，请同学们七嘴八舌地口头作文。要求：随随便便地说，可以翻来覆去地说，可以颠三倒四地说，可以忘乎所以

---

① 选自《好学生好学法》，魏书生著，漓江出版社，2005年。

地说，总之是无拘无束，随心所欲地说。这样不加任何限制，文题本身又容易使学生产生兴趣，一时间舞台上人声鼎沸，大家顿时忘记了紧张。两分钟过后，上课时，学生们充满了信心。

1997年底我到深圳宝安中学上课，第一节课是初中学生先走上舞台，第二节我给高中学生讲文言文。

我怕初中学生紧张，便问："大家紧张吗?"回答"紧张"的人很多。

"大家愿学一种消除紧张，使自己充满必胜信心的办法吗?"

"愿意学。"

"那好，请同学们站直，目视前方黑板的中缝，面带笑容，好了。下面，请同学们深深地吸气，挺胸，气憋足了吗?"

"憋足了!"

"请大家大喊三遍'我能成功'，要求一遍比一遍声音大。"

同学们听了，都大喊起来，但喊得不齐。

我说："这次老师说预备，请大家齐声喊。好了，预备——齐喊!"

同学们齐喊，但三遍基本一样，没有层次。

"这次请同学们想一想三次力量分配，不要平均使用力气，最后一遍用全身的力气高呼，好! 再来一次!"

"我能成功! 我能成功!! 我能成功!!!"

学生们一声比一声大，喊过之后，会场里充满了活力，学生紧张情绪一扫而光，对上好这堂课，充满了信心。

我们班的同学，遇到较大型的考试前、较大型的活动前，也喜欢这样一齐放声高呼几遍。特别是全班同学齐声高呼时，有一个群体效应，有"场效应"，大家互相鼓舞，互相竞争，互相感染，声震屋宇，情动内心。在"我能成功"的声浪中，怯懦、紧张、疲劳、懈怠、拖拉、自卑的情绪常常被驱赶得无影无踪，尽管这些情绪过了一段时间还可能回来一些，但经常这样驱赶，自卑紧张的情绪就少得多了。

也有时候，自习课比较紧了，有的同学便建议："老师，高呼几遍吧!"不用说高呼什么，大家已心领神会，热烈赞成，一声令下，大家起身，昂首挺胸，吸足气，放声高呼："我能成功! 我能成功!! 我能成功!!!"

有的同学管这叫"精神充电"，也有的说"这是精神加油站""这是精神粮食"。

集体放声高呼好，一个人可以不可以呢？我们班平时较自卑的薛军同学说："自从班级用这种高呼成功的方法以来，我觉得自信心增强了。平时，在家里写作业遇到难题，生活中遇到难题，我也经常这样高呼几声，这么一喊，自卑就吓跑了，夜深人静，不好放声，便自己吸足了气，用气去喊，也很有效。"

许多后进学生，由于经常给自己的潜意识施加"我能行，我能成功"的意念，学习利用潜意识为自己服务，最后战胜了自己的弱点，成了优秀生，并升入大学。

愿中学生朋友都来试一试，用这种方法，增强自己的自信心。

催眠师的魔具[1]
——暗示效应

刘儒德

亲爱的读者，你经历过催眠或者见过催眠吗？是不是很熟悉下面的场景？

你闭目全身放松，倾听着单调的滴水声。几分钟后，听见催眠师用轻柔而缓慢的语调说："这里没有打扰你的东西……除了我说话的声音和滴水声，你什么也听不见……随着我的数数，你会加重瞌睡……一……一股舒服的暖流流遍你全身……二……你的头脑模糊不清了……三……周围安静极了……不能抵制的睡意已经完全笼罩你了……你什么也听不见了……"

一、暗示效应

催眠师的这些语言就是他的魔具，能够带我们进入另外一个世界。也许你会说：我是一个独立自主、意志坚定的人，是不会受催眠师影响的。但是，你还是会有身不由己、心不由己的时候，不妨，试一试下面的做法：

请你两脚并拢站立，双手掌心朝上向前伸出，尽量使双手处于同一水平面上，然后闭上眼，在心里慢慢地默念："右手上托着一本很重很重的书，左手上托着一团很轻很轻的棉

---

[1] 选自《教育中的心理效应》，刘儒德等著，华东师范大学出版社，2006 年。

花……"反复默念四至六遍后睁开眼。

你双手的位置发生变化了吗？是否右手下沉而左手上升了？
如果嫌麻烦，就试一试下面的想法：

　　请你在心里默想："我不想蓝色，我不想像天空一样蓝盈盈的蓝色。"
　　怎么样？你的大脑中是不是浮现了蓝色，浮现了蓝盈盈的天空？

　　看到这里，你是不是对自己的独立性有一些怀疑？不必！大可不必！其实这是一个普遍的心理现象，这叫暗示效应。它是指一个人在无意识中接受了一定的诱导，并做出与之相一致的行为的现象。很多年前，美国心理学家谢里夫就证明了暗示效应的存在，实验是这样的：他让大学生评价两段作品，告诉他们说，第一段作品是英国大文豪狄更斯写的，第二段作品是一个普通作家写的。其实这两段都是狄更斯的作品。结果大学生对两段作品作了十分悬殊的评价：第一段作品获得了慷慨的赞扬，第二段作品却得到了苛刻的挑剔。
　　类似地，还有一位心理学家在真实的环境中做了这样的实验：在课堂里，他取出一个洗得干干净净的装满清水的香水瓶，对学生们说："这是一瓶进口香水，看谁能最先辨别出这是什么香味。"然后将瓶盖打开。过了不久，许多学生相继举起手说自己闻到了香味，有的说是茉莉香味，有的说是玫瑰香味，有的说是玉兰香味……当得知这只是一瓶清水时，大家不禁哄堂大笑。
　　如此的实验还有很多，这让我们感叹：人是多么奇妙啊！虽然我们有自己的判断力和自主性，却也有背叛自己感官的时候，而且还浑然不觉！是呀，既然是大文豪狄更斯的作品，它一定是经典的作品，一个普通作家的作品怎能与之相比？这种诱导下的思维定式使出自同一位作者的两段作品得到了截然不同的评价；既然老师说了瓶子里装的是香水，香水肯定有香味，这种诱导下的思维定势使学生好像真的闻到了香味。同样地，安慰剂效应、罗森塔尔效应等，它们的作用原理都是心理暗

矫正与激励

示。这就是暗示的奇妙作用！

二、暗示万花筒

哪些因素能够导致暗示效应呢？暗示源来自哪里呢？暗示源是能够导致暗示心理的一切因素，包括言语、行为、外部的环境等，它们只要诱导了人们的思维，就会出现与之相一致的结果：积极的暗示就得到了积极的结果，消极的暗示就得到了消极的结果。古今中外，不同类型的暗示效应的例子屡见不鲜。

二战期间，一位盟军士兵被德国纳粹逮捕，敌人在暗室里用刀划伤了他的手臂，然后他就听到"滴答滴答"的声音，听起来好像鲜血一滴一滴从伤口上流下来。不久，这个盟军士兵就死了。其实，那"滴答滴答"的声音只不过是敌人打开自来水管造成的滴水的声音，而他手臂上的伤口根本不足以造成死亡。

我国古代有草木皆兵的故事、杯弓蛇影的故事，就像上一则故事中盟军士兵的死亡一样，都是环境暗示造成的消极结果。

环境暗示在日常生活中也发挥着重要的作用。走进四面洁净、环境优雅的场所，你会发现大声喧哗或乱扔纸屑的人吗？恐怕很少；相反，如果在脏乱不堪的环境，文明的你是否会为扔一片纸屑而走向离你几步之遥的垃圾桶？在公交车站，如果大家都井然有序地排队上车，有谁还会不顾众人的鄙夷眼光而贸然插队？相反，车辆尚未停稳，猴急的人们你推我拥，争先恐后，后来的你还会有耐心排队上车吗？这让你真正地感受到环境的暗示作用了吧。

行为也会给人造成暗示。有这样一个真实的故事。一个长相平平的姑娘，性格又很内向。在学校里一直得不到男孩子的青睐。久而久之，她更加自惭形秽，把自己深深地幽闭起来，学习成绩、身体状况都每况愈下。细心的父亲发现了女儿的抑郁。在情人节那天，他假借一个小伙子的名义托礼仪公司送给女儿一束鲜花，向女儿表示爱慕之情。奇迹发生了，那个"灰姑娘"从此像变了个人似的。她不再自惭形秽，她充满信心，精神焕发，魅力猛增；她性格也变得活泼、开朗；学习成绩也突飞猛进。

150

就像魔术师的魔法语言一样，老师的言语暗示也能传递给学生魔力般的鼓励。一位老师为了鼓励在班级中处于"中间地带"的学生积极参与班级建设，参加比赛，他说："你们从楼上俯视过集贸市场吗？那阵势可真是人山人海，看上去没有落脚的地方，但是你只要走进去，就会有你的位置。到市场不一定非要买东西不可，但至少可以看看商品，了解了解行情。我们参加比赛也是如此，老师不强求你们都报名，都得第一名，而是希望你们利用这次机会锻炼自己。"说完，特意看了看低下头的中等生丹，丹也看了看老师。一会儿丹就走到学习委员旁，响亮地说："写上我的名字，我也要参加！"

现在连广告都打起了言语暗示的主意。农夫山泉的广告词是"农夫山泉有点甜"，真的甜吗？这只不过是言语的心理暗示罢了。

三、自我暗示

暗示不仅由外部因素引起，生活中自我暗示对我们的行为也有重要作用。自我暗示是通过自己用某种想法对自己的认识、行为和情绪发生影响的。有个人特别害怕下水井的盖子，觉得自己会掉下去。后来他在接近井盖时告诫自己："男子汉！区区井盖何足惧哉！"然后站在井盖上讲十遍，跳十次，结果就不害怕了。二战时前苏联一位天才的演员N. H. 毕甫佐夫平时老是口吃，但是当他演出时就暗示自己在舞台上讲话和做动作的不是他，而完全是另一个口齿伶俐的人——剧中的角色。他们利用的就是积极的自我暗示。

可能有些人会埋怨："不对呀，我的自我暗示怎么就不行呢？在考试或演讲时怕自己紧张影响成绩，我就自我暗示：不能紧张，千万不能紧张。结果越暗示越紧张！"不用着急，先想一想我们前面的小实验"我不想像天空一样蓝盈盈的蓝色？"的结果，是不是事与愿违偏偏想到了蓝色？同样道理，对自己说"不紧张"，反而提醒了自己紧张，就像赵本山的一个小品中描述的那样，主人公面对自己的意中人异常紧张，在心里告诫自己"不紧张、不紧张"，结果在作自我介绍时，他声音颤抖地说："我叫不紧张……"

因此，用暗示作自我调节也有一定的艺术，要使用积极的话语调节

矫正与激励

自己，而避免用消极的词汇。比如前苏联演员 N. H. 毕甫佐夫的暗示语是"我是一个口齿伶俐的人"，而不是告诉自己"我是一个不口吃的人"。

四、说你行，你就行

"说你行，你就行，不行也行；说不行，就不行，行也不行。"这不能不说明暗示的伟大力量，对此适当加以运用，就会成为教育者育人的魔棒。教育者们想一想，在教学和班级管理的过程中，我们是否从多方面为学生制造了积极暗示的条件？教室是否整洁、干净、舒适、温馨？墙上是否有促人上进的标语？是否制定了具体、合理的班训和规则？是否在集体场合对好的行为进行表扬？是否鼓励学生相信他们能够做得好？是否以身作则给学生树立榜样？是否让学生认识到自己的优点和缺点，教会学生进行积极的自我暗示？其实，有时候，一个眼神、一个抚摸、一句鼓励、一条规则、一个口号，不用多讲，就足以让一个学生甚至全班学生感受到老师对他们的期待和关心，就会成为他们进步的动力。

从各方面入手，用多种方式让班级里充满暗示的积极力量吧！

有效地促进学生对新知识的迁移与运用的教学策略[①]

莫　雷　张　卫

　　掌握知识的目的在于应用，因此，学生能否将学到的新知识运用到新的情境中去解决问题，这是至关重要的。掌握了新知识，并不意味着能够运用这个新知识去解决相应的问题，有时即使头脑中具备解决某个问题所需的全部知识，也不能保证这个问题就能得到解决。于是在我们面前就提出了这样的问题：教师怎么进行知识教学，怎么引导学生掌握知识，才能有效地促进学生将新知识迁移与运用到新的情境，顺利地解决有关问题。

　　知识的运用是多方面的，我们这里谈的知识的运用，主要指的是将所学的一般性的知识（原理、公式、定律、概念等）用于新的具体的问题情境中去解决问题。知识的迁移也叫学习的迁移，一般指前一种学习对后一种学习的影响，这种影响有积极的也有消极的，我们这里讲的迁移，指的是产生积极影响作用的正迁移。知识的迁移在学生学习知识的不同阶段都表现出来并发挥作用。在知识运用阶段的迁移，主要是指一般性的知识原理向具体的问题情境的迁移，是一种下位迁移。在知识运用的过程中，知识的迁移就表现为对当前新课题的类化，即顺利地辨别出当前具体的问题情境隶属于先前学习的哪一种概括性的规则或原理，从而能应用先前学习的该规则或原理去解决当前的新课题。可以说，知识迁移是知识运用的关键或实质。

---

　　① 选自《学习心理研究》，莫雷、张卫等著，广东人民出版社，2005 年 9 月。

为了促进学生对所学的新知识的迁移与运用，在教学过程中应注重以下的教学策略。

一、条件化策略

所谓条件化策略，是指教师在传授知识过程中，注意将学生的陈述性知识转化为产生式知识（程序性知识），建立起知识的"触发条件"，使之处于预备应用状态。

这个教学策略是非常重要的。我们认为，有的知识只能是陈述性知识的状态，如"中国位于亚洲东部"，它只能是命题形式；有的知识只需要产生式状态，如何查字典，虽然这个操作序列在形成过程可能首先要采用陈述命题的形式，但一旦形成产生式知识后，陈述性的形式则没有必要存在了；而值得注意的是有相当一部分重要的知识，既要有陈述性的形式，又要有产生式形式，如许多科学概念，我们既要懂得它们的定义（陈述性知识），又要能判断出对象是否属于该概念范畴，即获得概念行为，许多定理、公式等都是如此，对于这类知识，我们可以称为两栖性知识。心理学研究表明，在运用知识解决问题时，我们主要运用的是产生式知识，因此作为两栖性的知识，在教学过程中，我们不仅要使学生理解和把握它的陈述性形态，而且要按照产生式知识形成的规律进一步引导学生掌握它的产生式形态，也就是形成"如果……那么……"的产生式，这种形式就是将"触发"条件与行动序列结合起来的条件化知识，或者称为"活性知识"。只有这样，学生所掌握的新知识才是处于应用状态，随时可以调用出来解决问题。传统教学将学习的内容分为"知识"与"技能"两类。其所谓的知识，大致相当于我们所说的陈述性知识；而所谓的技能，也与我们所说的产生式知识有一定的相同，但是，它的技能的范围太小，而将所有的两栖性的知识都归为"知识"范畴。这种分类的结果就会使教师在传授这类知识时只注重将它们作为陈述性知识来传授，而不是同时也有意识有目的地将它们作为产生式知识来传授。这样，造成这类知识缺少产生式状态或缺少优化的产生式状态，其结果为学生头脑中的这类知识主要就是静态的陈述性知识状态，缺少条件化的知识状态，知识缺乏活性，不易于运用以解决问题。因此，条件性策略对于促进学生知识的运用是非常重要的。

二、原型变异策略

所谓原型变异策略，是指教师在教学新的原理、公式及概念时，所列举的具体例证、例题要与原型有足够大的差异，以提高学生掌握新知识的概括程度。换句话说，就是要求教师注意让学生在变异的条件模式中获得或者操练新的产生式知识。从认知心理学的观点来看，学生掌握某个原理、公式、概念，实际上是掌握某个产生式操作程序，这个操作程序是由条件模式与操作处理两个部分组成，掌握了这个产生式，也就是学会了在某种特定的条件或问题情境中采取特定的操作方式。我们所说的知识的运用，就是指在新的问题情境中能识别出该问题情境的条件模式，从而能运用与这种条件模式相应的特定的操作进行处理。由此可见，能否正确地认知问题情境的条件模式，是能否正确地运用知识解决问题的关键。

学习者形成的特定的产生式时的条件模式，是该产生式典型的条件模式，我们称之为条件原型。一般来说，当问题情境中的条件模式与条件原型差异很小时，个体对条件的认知就会很顺利地实现。然而，当解决复杂的问题时，情境的条件模式与条件原型则有较大的"变异"，这种变异有两种情况：第一是横向变异，即情境中的条件模式是条件原型在同一水平上的形式上的变异，例如二项平方和公式 $a^2+2ab+b^2=(a+b)^2$，其条件原型是 $a^2+2ab+b^2$，而 $c^4+2c^2d+d^2$ 则是横向变异了的条件原型。第二种情况是纵向变异（或称覆盖变异），即情境中的条件模式是条件原型表层被若干其他条件模式所覆盖的表现，要经过一系列的操作才能达到条件原型或横向变异的条件原型。还以上面的二项平方和的公式为例，$y^2+2a(x^2-y)(x^2+y)+a^2+x^4$ 就是覆盖变异了的条件原型，要经过一系列操作才能达到条件原型 $(x^2-y)^2+2a(x^2-y)+a^2$。为了使学生能在复杂的变异情况下认知出条件原型，就要在学习原理、公式、概念等新知识时。教师要注重设计好例证或例题，增大条件模式的变异性，使学生所把握的条件原型概括程度更高，心理视野就更广。这样，当运用该知识解决问题时，就能在复杂的情境中辨别出条件原型的模式，从而寻找到解决问题的方法。

条件变异教学策略的科学运用，能使学生所获得的产生式知识的条件部分形成条件模式组块，从而具有概括性与灵活性。所谓形成条件模式组块，也就是在所形成的产生式知识中，它的条件部分要以条件原型为核心，将各种横向或纵向的条件变异的模式组成条件模式组块，这样无论问题情境的条件模式发生何种变异，发生多么复杂的变异，学生也能一下子辨别出该问题情境所属的问题原型。

反之，如果不注意让学生在变异的条件模式中获得或操练新的产生式，学生所形成的产生式的条件部分很小，或者只由单一的条件原型构成，这种产生式知识缺乏概括性与灵活性，学生只有在与当初知识获得时的条件相同的情况下才能认知问题的条件模式，稍有变异，就束手无策，心理视野不广阔。

心理学的研究表明，是否形成大范围的条件模式的组块，这是该领域的老手与新手的重要差别。老手的产生式的条件部分已形成了以条件原型模式为核心的包容各种条件变异模式的大组块，这样在新的问题情境中，该问题变异了的条件模式可能实际上也包含在老手的条件模式组块中，在这种情况下，老手能一下子就辨别出该问题的模式，从而马上寻求出解决问题的方法，表现出解决问题加工过程的浓缩性；在另一种情况下，一些复杂的纵向变异的新问题的条件模式虽然没有包含在组块的模式之中，但与组块所包含的条件模式距离较近，老手虽然不能一眼就看出问题的解答方法，但是由于两种模式距离较近而产生较大的引力，使老手容易有效地解决问题的定式或倾向，从而能采用"顺向分析法"，即从已知条件到未知条件的推理分析的方法，得出问题的解答。而新手的产生式的条件部分很小，或者只由单一的条件原型构成，这样在新的问题情境中，条件模式稍有变异，新手就需要进行一系列信息加工活动，才有可能辨别出该变异了的模式的原型，表现出解决问题加工过程的开展性，尤其是当面临一些复杂的纵向变异的问题的条件模式时，由于新手的产生式的条件部分小，问题的条件变异模式与新手的产生式包含的条件原型模式会有较大的距离，两种模式之间无法产生明显的引力，新手则无法形成有效地解决问题的定式，因而不能采用根据按一定方向分析已知条件，一步一步推向未知的顺向分析法，而只能采取

"逆推法"，即按照"目标—手段"分析，从解决问题的目标出发，一步步逆向分析达到目标的条件或手段，最后达到问题情境的条件，从而实现问题的解决，这种"逆向法"是新手常用的解决问题的策略，并不是高效的解决问题的思维方式；而在许多情况下，新手则会采用尝试错误的方式来寻求问题的解答，这种尝试错误的解题方法，实际上是在无有效的定式的情况下顺向法的乱用。新手这两种解决问题的方法都是低效的，并常常导致无法寻求出解答问题的方法。

概而言之，原型变异的教学策略的合理运用，就会形成学生高质量的产生式知识，这种产生式知识的条件部分是以条件原型模式为核心的包容各种条件变异模式的大组块，这种知识能够使学生顺利地实现知识的迁移，运用知识解决问题。原型变异教学原则是最重要的教学原则之一，也是教育心理研究中理解与探究知识的迁移、新手向老手转化等重要问题的关键。

三、专家模式策略

所谓专家模式策略，是指教师在指导学生运用知识解决问题的过程中，教师本身要把握好该知识领域的专家解决同类问题的思维模式与策略，然后引导学生按照专家的思考模式去解决问题，从而使学生形成该领域专家解决问题的思路与模式。

现代认知心理学家一个研究热点就是分析每一学科专家或老手解决问题的思维模式，找出老手与新手的差异，然后训练新手形成老手的思维模式。许多心理学家对促使新手向专家转变的过程进行了许多的研究，这方面研究对我们教学有重要的启示。教师在教学过程中应根据有关的研究成果或根据自己的经验与摸索，把握好老手解决问题的思路模式，引导学生按照专家的模式运用知识解决问题，这样就能促进学生对新知识的迁移与运用。

四、分解性策略

所谓分解性策略，是指教师在教学过程中注意将完成某类任务的完整的思维过程分解成几个阶段，总结出每个阶段上的最佳运作，然后训练学生分别掌握各阶段的最佳运作，然后再将它们连贯起来，使学生把握整个过程的运作。

例如，解应用题可以分为理解题意、分析问题、解答问题、总结思路四个阶段，每阶段各有最佳的运作。相应地，在训练学生时，也应分阶段进行，即训练学生掌握第一阶段的运作之后，再训练他们掌握第二阶段的运作，练习了各个"分解动作"之后，再进行"组装"，练习"连贯动作"。心理学研究表明，这种分解式的训练比传统的综合的笼统的训练能更有效地使学生形成运用知识解决问题的运作。

五、系统化策略

在促进学生的知识掌握与知识的保持这两个环节中，我们都提出了系统化策略。系统化策略不仅是促进学生掌握知识、保持知识的重要策略，同时从知识的迁移与运用的角度来看，它还是促进学生有效地运用知识解决问题的重要教育策略。心理学家认为，当学生运用知识解决问题时，首先要对头脑中相应的知识库进行搜索，在许许多多的知识组块的"触发条件"中找到与当前问题相同的条件，从而提取出解决当前问题所需的知识。如果学生头脑中的知识组块没有按照一定的联系组成一个系统，那么，在解决问题时，其搜索知识的效率会低，并且混乱无序，严重地影响问题的解决。心理学家通过实验发现，解决问题的老手与新手之间在知识表征上具有明显的差异，老手头脑中的知识按层次排列，新手则采取水平排列，是零散和孤立的。因此，为了使学生有效地运用知识，教师在教学新知识时，应按照该学科的知识结构引导学生将知识组织进知识结构中去，使之形成系统。

六、发散性策略

所谓发散性策略，是指教师在指导学生运用知识解决问题的过程中，应提倡学生思维的发散性，鼓励学生从多个角度看问题，从多种独特的途径寻求问题的解答。

在教学过程中注重发散性策略的运用是非常重要的，它不仅可以培养学生的发散思维，发展他们的创造性，同时从运用知识的角度来看，它也能促进学生克服不利的定式，寻找到解决问题的路径。所谓不利的定式，是指在解决问题的过程中，只考虑一种思路，一旦这种思路走不通时，也无法跳出来，而是陷在里面不能自拔。如果注重培养学生的发散性，就能避免他们在运用知识时陷于不利的局面。

第 四 篇

教育者的角色

如何定位教育者的角色？教育者应以什么样的角色引导儿童参与到学习中？教育者应以什么样的角色指导儿童走向健康成长的道路？

新课改理念指出，教师应该是学生学习的引导者、知识探索活动的共同参与者和学生发展的促进者，而不仅仅是知识的传授者和学习指令的发布者。在这里，大师们向我们发出倡导，无论是三尺讲台上谆谆教诲的教师，还是客厅餐桌上苦口婆心的家长，请大家蹲下身来，平等、真诚地与学生交流，倾听他们的心声，帮助他们解决遇到的困惑和难题，成为学生的引路人和朋友。

让我们来听听陶行知谈"师范生的第二变——变个小孩子"，李镇西谈"做一个善于倾听的朋友"，肖川谈"教师的'六个学会'"。

不 要用理性教育孩子①

〔法〕卢 梭

　　用理性去教育孩子，是洛克的一个重要原理。这个原理在今天是最时髦不过了；然而在我看来，它虽然是那样时髦，但远远不能说明它是可靠的。就我来说，我发现，再没有谁比那些受过许多理性教育的孩子更傻的了。在人的一切官能中，理智这个官能可以说是由其他各种官能综合而成的，因此它最难于发展，而且也发展得迟；但是有些人还偏偏要用它去发展其他的官能哩！一种良好教育的优异成绩就是造就一个有理性的人，正因为这个缘故，人们就企图用理性去教育孩子！这简直是本末倒置，把目的当做了手段。如果孩子们是懂得道理的话，他们就没有受教育的必要了；但是，由于你们从他们幼年时候起就对他们讲一种他们根本听不懂的语言，因而就使他们养成了种种习惯：爱玩弄字眼，爱打断别人的一切讲话，自己认为自己同老师一样的高明，凡事总爱争辩，总不服气；所有一切你想用合理的动机叫他们去做的事情，今后都只能够以贪婪、恐惧或虚荣的动机叫他们去做了。

　　向孩子们进行的或可能进行的种种道德教育，差不多都可以归纳成如下的一套对话。

　　　老师：不应该做那件事情。
　　　孩子：为什么不该做那件事情？

---

① 选自《爱弥儿论教育》，〔法〕卢梭著，李平沤译，人民教育出版社，2001年。

老师：因为那样做是很不好的。

孩子：不好！有什么不好！

老师：因为别人不许你那样做。

孩子：不许我做的事情我做了，有什么不好？

老师：你不听话，别人就要处罚你。

孩子：我会做得不让人家知道。

老师：别人要暗暗注意你的。

孩子：我藏起来做。

老师：别人要问你的。

孩子：我就撒谎。

老师：不应该撒谎。

孩子：为什么不应该撒谎？

老师：因为撒谎是很不好的。

……

不可避免地要周而复始这样进行下去的。不要再进行了，孩子是再也不会听你这一套的。这种教法哪能有很大的用处？我非常好奇，很想知道别人能够用什么东西来代替这套对话？就连洛克本人也一定会弄得十分为难的。辨别善恶，明了一个人之所以有种种天职的道理，这不是一个孩子的事情。

大自然希望儿童在成人以前就要像儿童的样子。如果我们打乱了这个次序，我们就会造成一些早熟的果实，它们长得既不丰满也不甜美，而且很快就会腐烂：我们将造成一些年纪轻轻的博士和老态龙钟的儿童。儿童是有他特有的看法、想法和感情的；如果想用我们的看法、想法和感情去代替他们的看法、想法和感情，那简直是最愚蠢的事情；我宁愿让一个孩子到 10 岁的时候长得身高五尺而不愿他有什么判断的能力。事实上，在这种年龄，理性对他有什么用处？它阻碍着体力的发展，儿童是不需要这种阻碍的。

当你试图说服你的学生相信他们有服从的义务时，你在你所谓的说服当中就已经是掺杂了暴力和威胁的，或者更糟糕的是还掺杂了阿谀和许诺的。因此，他们或者是为利益所引诱，或者是为暴力所强迫，就装作是被道理说服的样子。他们同你一样，很快地看到服从对他们有利，反抗对他们是有害的。但是，由于你强迫他们做的尽是他们不喜欢做的事情，由于照别人的心意办事总是挺痛苦的，因此，他们就悄悄地照他们的心意去做，而且认为，只要你不发现他们是阳奉阴违，他们就可以大做特做，而一旦被发现，就准备认错，以免吃到更大的苦头。为什么要服从，在他们那个年龄是不能理解的，世界上还没有哪一个人能够使他们真正明白这个道理；不过，由于害怕受到你的惩罚和希望得到你的宽恕，由于你再三再四地强迫，硬要他们答应，所以弄得他们只好你怎样说就怎样承认；你以为是用道理把他们说服了，其实是因为他们被你说得挺厌烦和害怕了。

这样一来，将产生什么后果呢？第一，由于你把他们不能理解的义务强加在他们身上，将促使他们起来反抗你的专制，使他们不爱你，使他们为了得到奖励或逃避惩罚而采取奸诈、虚伪和撒谎的行为。第二，使他惯于用表面的动机来掩盖秘密的动机，从而在你自己的手中学会不断地捉弄你的手段，使你无法了解他们真正的性格，而且一有机会就用空话来对你和别人进行搪塞。你也许会说，就法律而论，尽管良心上觉得应当服从，但它对成年人仍然要加以强制的。我同意你的说法。但是，要不是把孩子教育坏了的话，怎么会有这种人呢？正是在这方面我们应当预先防备。对孩子们讲体力，对成年人讲道理，这才是自然的次序；对明智的人是不需要讲法律的。

要按照你的学生的年龄去对待他。首先，要把他放在他应有的地位，而且要好好地把他保持在那个地位，使他不再有越出那个地位的企图。这样，就可以使他在不知道什么叫睿智的行为以前，就能实践其中最重要的教训了。千万不要对他采取命令的方式，不论什么事情，都绝对不能以命令从事。也不要使他想象你企图对他行使什么权威。只需使他知道他弱而你强，由于他的情况和你的情况不同，他必须听你的安排；要使他知道这一点，学到这一点，意识到这一点；要使他及早明白在他高傲的颈项上有一副大自然强加于人的坚硬的枷锁，在沉重的生活需要这个枷锁之下，任何人都要乖乖地受它的约束的；要使他从事物而不从人的任性①去认识这种需要；要使他了解，使他的行动受到拘束的，

---

① 我可以肯定地说，在孩子们看来，凡是同他自己的意志相冲突和不能为他所理解的意志，都是任性的。所以，一个孩子是不可能明白他那些胡闹的想法处处碰壁的道理何在的。

是他的体力而不是别人的权威。凡是他不应该做的事情，你也不要禁止他去做，只须加以提防就够了，而且在提防的时候也不用对他解释其中的道理；凡是你打算给他的东西，他一要就给，不要等到他向你乞求，更不要等到他提出什么条件的时候才给他。给的时候要高高兴兴的，而拒绝的时候就要表示不喜欢的样子；不过，你一经拒绝就不能加以改变，尽管他再三纠缠，你也不要动摇；一个"不"字说出去，就要像一堵铁打的墙，他碰五六次就会碰得精疲力竭，再也不想来碰了。

这样，即使在他得不到他所希望的东西时，你也可以使他心平气和，觉得没有关系，得不到也就算了，因为人在天性上可以安心地忍受物品的缺乏，但不能忍受别人的恶意。用"再也没有了"这句话来回答孩子，除非他认为你是撒谎，否则他是绝不会表示反抗的。何况这里没有什么折中的余地，要么对他是一点也不勉强，否则就首先要他完全服从。最坏的教法是，让他在他的意志同你的意志之间摇摆不定，让他同你无止无休地争论在你们两人当中究竟由谁做主；我觉得，事事由他做主，反而比你做主要好一百倍。

说来也真是奇怪，自从人们承担了培养孩子的事情以来，除了拿竞争、嫉妒、猜疑、虚荣、贪婪和怯弱，拿各种各样在身体还没有长定以前就能把人的心灵完全败坏的最危险和最易于刺激的欲念去教育以外，就想不出其他的手段。你每向他们的头脑中过早地灌输一次教育，就在他们的心灵深处种下了一个罪恶的根；愚昧的教师在促使他们成为坏人的时候还以为是创造了教人为善的奇迹，并且还郑重其事地对我们说："这才是人哩"。不错，你造就的人正是这个样子。

种种手段你都试验过，而没有试验的手段，只有一个，可是能取得成效的，恰恰就是这个未曾试验的手段：有节制的自由。当你还不知道怎样用可能的和不可能的法则把一个孩子引导到你所希望的境地时，就不能担当教育那个孩子的事情。他对这两者的范围都完全不知道，所以可以随你的意思把这种范围在他四周加以扩大或缩小。你单单用事物的需要就可以使他毫无怨言地受你的束缚、推动或遏制；你单单用事物的强制就可以使他变得容易管教，同时使任何恶习都没有在他身上生长的机会；因为，人的欲念在不可能产生效果的时候，是绝不会冲动起来的。

不要对你的学生进行任何种类的口头教训，应该使他们从经验中去取得教训；也不要对他们施加任何种类的惩罚，因为他们还不知道他们的错究竟是错在什么地方；也不要叫他们请求你的宽恕，因为他们还不知道他们冒犯了你。由于他们的行为中没有任何善恶的观念，所以他们也就不可能做出从道德上看来是一件很坏的、而且是值得惩罚和斥责的事情。

我已经看出那个吃惊的读者要拿我们的孩子去评论这种学生了，他错了。你想用数不清的桎梏去束缚你的学生，结果反而使他们更加活泼；他们在你面前愈受到拘束，他们在你看不到的时候就愈闹得凶，因为他们在可能的时候要捞回由于你管得太严而遭受的损失。两个城里的小学生在乡下所捣的乱，比整整一个村子的小孩所捣的乱还多。把一个城里的少爷和一个乡下孩子关在一间屋子里，也许在这位少爷把什么东西都搞得乱七八糟、打得稀烂的时候，那个乡下孩子还待在那里没有动哩。这是什么道理，这难道不是因为前者能放肆一时就放肆个痛快，而后者知道他常常都能自由，这一时的自由享不享受满不在乎？不过，乡下的孩子由于或者是常常受到人的夸奖，或者是常常受到人的拘束，所以还远远不能说他们就是处在我希望他们所处的境地。

我们把这一点作为不可争辩的原理，即本性的最初的冲动始终是正确的，因为在人的心灵中根本没有什么生来就有的邪恶，任何邪恶我们都能说出它是怎样和从什么地方进入人心的。人类天生的独一无二的欲念是自爱，也就是从广义上说的自私。这种自私，对它本身或对我们都是很好和很有用处的；而且，由于它不一定关系到其他的人，所以它对任何人也自然是公允的，它的变好或变坏，完全看我们怎样运用和使它具有怎样的关系而定。自私是受理性的支配的，所以在理性产生以前，应当注意的事情是，不要让一个孩子因为别人在看他或听他就做这样或那样的事情，一句话，他做任何事情，都不能是因为他同别人的关系，而只能是因为自然对他的要求；这样一来，他所做的事情就全都是好事了。

我的意思并不是说他一点乱也不捣，一点伤也不受，即使拿到什么贵重的器皿也不会打坏。他也可能做出许多没有害处的坏事来的，因为坏行为是根据破坏的意图而产生的，而他是没有这样的意图的。

167

民 主和教育[①]

〔奥〕阿德勒

如果我们想了解一个儿童当前心智发展、性格及社会行为等各方面的标准，我们便无可避免用各式各样的测验办法。如智力测验之类的测验，也能作为救助孩子的工具。有个孩子在学校中的成绩很差，老师希望让他留级，经过智力测验后却发现他其实是可以升级的。一个孩子未来发展的限度是绝对无法预测的，智商只能够用来帮我们测定一个孩子的接受能力。在我自己的经验里，当智商显现出某人并不是真正的心智低下时，只要我们找出正确的方法，我们便能使他的智商再发生质的改变。我发现：只要让孩子们玩智力测验，并增加实际考试的经验，他们的智商会得到进一步的提高。因此，智商不应该被当做是由命运或遗传决定的对儿童未来成就的限制。

儿童本身或他的双亲也都不应该过分探究其智商。他们不知道这类测验的目的，他们以为这是一种最后的判决。在教育中出现最大难度的，并不是儿童本身的各种限制，而是他认为自己所具有各种限制。假如一个儿童觉得自己的智商很低，在教育时，我们应该全力设法增加儿童的勇气和信心，并帮他消除对生活的错误理解，为自己能力的发挥订下各种计划。

对于学校的成绩单也应该如此处理。当老师给某个学生一个很坏的成绩单时，他相信他是在刺激他发奋向上。然而，假如学生的家里对他

---

① 选自《学校的教育》，〔奥〕阿德勒著，梁克隆译，中国社会科学出版社，2007年12月。

要求很严，他可能就不敢把成绩单带回家，他可能涂改成绩单或不敢回家，有的孩子甚至会自杀。因此，教师应该考虑这些后果的可能。他们虽然不必负责孩子的家庭生活以及它对孩子的影响，但是他们却应该将之列入考虑范围之内。如果父母望子成龙之心甚切，当他把坏成绩带回家时，可能就会受到责打。假如老师分数打得稍微宽松一点，儿童可能会受到激励而继续努力直到获得成功。当孩子成绩老是不理想，其他的同学也都认为他是班上最糟糕的学生时，他自己可能觉得自己是无可救药的。然而，即使是最坏的学生也会有进步的可能，在许多名人中，我们有足够的例子可以说明：在学校中屈居人后的孩子是可能恢复其勇气和信心并达成伟大成就的。

有趣的是孩子们不凭借成绩单，对彼此之间的能力也会有相当精确的了解。他们知道在数学、书法、绘画、体育各门里，分别是哪一个人最拿手。他们最常犯的错误是认为自己再也无法进步了，他们看着别人遥遥领先，认为自己永远无法追及。假如一个孩子对这种看法根深蒂固，他会把它移转到以后的生活环境中。即使在成年后的生活里，他也会算计他的地位和别人之间的距离，以为自己必须永远留在这一点之后。大部分的儿童在班上不同的各学期间，大致会保持相同的名次。它显示出他们为自己订下的限制，他们的乐观程度，以及他们的活动。名列班级之后的人应该也能改变他的地位，并取得惊人的进步。儿童们应该了解这种自我限制所犯的错误。老师和学生也都应该放弃"正常儿童的进步和其天赋能力有关"的迷信。

教育界所犯的各种错误中，迷信遗传会限制儿童发展的思想，是最糟糕的一种。它让老师和家长们对他们子女的管教无方有借口逃避责任的机会。他们可以不必为他们对儿童的影响负任何责任。像这类情况都应该及时予以纠正。从事教育的人假如能够把性格和智力的发展全部归之于遗传，那么我便看不出他在自己从事的职业中还能希望完成些什么东西。反过来说，如果他看出他自己的态度和措施能够影响孩子，他就不能以遗传的观点来逃避责任。

器官缺陷的遗传是无可否认的。但我相信，只有在个体心理学里，才真正了解这种由遗传而来的缺陷对心灵发展的影响。孩子在心里会体验到他器官功能作用的程度，他会依照他对自己能力的判断，来限制自己的发展。因此，假如一个孩子蒙受了器官缺陷之害，他便特别需要了解；并没有理由认为他在智力或性格方面也会受到限制。我们已经说过：同样的身体缺陷，可能被拿来作为更大努力及求取更高成就的刺激，也可能被当做是注定要妨害发展的一种阻碍。

最初，当我发表这个结论时，有很多人都批评我的观点不科学。他们指责我主张的只是和事实完全不符的个人信念而已。然而，我的结论却是从我的经验中精炼出来的，有利于它的证据也愈累愈多。现在，许多精神病学家和心理学家也都殊途同归地获得了同样的看法，认为性格中过分强调遗传成分的信念只能称为迷信而已。这种迷信已经存在数千年了。当人们想要逃避责任，并对人类行为采取宿命论的观点时，性格特征是来自遗传的理论便自然而然地出现了。它最简单的形式就是"人之初，性本善"或"性本恶"的提法。这显然是站不住脚的，只有逃避责任的欲望很强的人才坚持它。"善""恶"，像其他各种性格的表现一样，只有在社会环境中才有意义。它们是在社会环境中和同类相互切磋所得的结果，它们蕴涵了一种判断——"顾全他人的利益"或"违反他人的利益"。在孩子降生之前，他并没有这一类的社会环境。出生之后，他的潜能使他往任何一方向发展。他所选择的途径决定于他从环境和从自己身体所接受的感觉和印象，以及他对这些感觉和印象的解释。此外，它还要受教育的影响。

其他心理功能的遗传性也都是如此，虽然它们的证据没有这么明显。心理功能发展中的最大因素是兴趣；我们已经说过，能够妨碍兴趣的不是遗传，而是自己灰心或对失败的畏惧。不用说，大脑结构是由遗传得来的。但是大脑只是心灵的工具，而非其根源。而且，假如大脑的损伤尚未严重到我们目前的知识无法挽回的地步，它也能够接受训练，以补偿其缺陷。在每种异乎凡庸的能力后面，我们所看到的不是异乎寻常的遗传，而是长期的兴趣和训练。即使我们发现有许多家庭一连几代都产生天赋甚高的人才献身于社会，我们也不认为它是出自遗传的效果。我们宁可假设：这个家庭中某一分子的成功，可以刺激其他人奋发向上，而且家庭的传统也使得孩子们在耳闻目染中继承先人的志趣。比方说，当我们发现大化学家莱比是药房老板的儿子时，我们也不必想象他在化学方面的能力是得自遗传。我们只要知道他的环境允许他发挥自已的兴趣：在其他孩子对化学仍然一无所知的年龄，他对这门学问的许多部分已经相当熟稔，这样便已经够了。莫扎特的双亲对音乐很感兴趣，但是莫扎特的才能也不是由遗传得来的。他的父母希望他对音乐产生兴趣，特别鼓励他往此方向发展，从他幼年时代起，他的整个环境便充满了音乐。在杰出人物中，我们经常可以发现这种"早期的开始"：他们或者在 4 岁之年便开始弹钢琴，或者在很小的时候就为家里的其他人写故事，这种兴趣是延续而持久的。他们所受的训练是自然而广泛的。他们一直勇往直前，不犹豫，也不退缩。

假如教师相信发展有固定的限制，那么他便无法成功地除去儿童为他自己的发展所订下的限制。假如他能对孩子说："你没有数学才能"，他的处境便轻松多了，可是，这样做除了使孩子泄气外，便毫无作用了。我自己也有类似的体验。我在念书时，有好几年都是班上的数学低能儿，我也十分相信我是完全缺乏数学才能，有一天，我竟然出乎意料地发现自己会做一道难倒了老师的题目！这次成功改变了我对数学的整个态度。以往，我的兴趣完全没摆在这门功课上，后来，我开始以它为乐，并利用每个机会来增加我的能力。结果，我在学校里成了数学佼佼者之一。我想，这次经验在帮我看出特殊才能或天生能力理论的错误时，也是很有益的。

即使是在人数很多的班级里，我们也能观察出孩子们之间的差异。如果我们了解了他们的性格，一定比他们更能了解他们。然而，班上的人数太多总是一大不利。有些孩子的问题被忽视了，要适当地处理它们也很困难。老师应该很密切地熟知所有的学生，否则他就无法培养出兴趣和合作精神。假如在几年之间，学生们都能跟随同一个老师，我想一定会有很大的帮助。在某些学校里，教师每 6 个月便更换一次，老师没有和学生打成一片的机会，也无法看出他们的问题。如果一位老师能够和同一群学生相处三四年，他可能更容易发现某个孩子生活模式中的错误，并设法加以补救，而且要把一个班级造成一个合作的单位也容易很多。

让孩子跳班升级经常是弊多利少。通常他会肩负许多他无法达成的期望，而觉得压力沉重。假如某个孩子年龄比他的同班同学大，或者他发育得比班上其他孩子快，他们也许就该考虑让他升级。可是，如果这

教育者的角色

171

个班级正如我所主张的那样能团结一致，其中一分子的成功，对其他人是很有启发性的。班上只要有一个出类拔萃的学生，整个班级的进步就会加速；把其他人的这种刺激剥夺掉，并非明智之举。因此，我的看法是让天资聪颖的学生多参加其他的活动，培养其他的兴趣，例如绘画、音乐，等等。他在这些活动中的成功，也会扩大其他儿童的兴趣，并鼓励他们往前迈进。

假如儿童们留级重读，情况就更为不妙。每一个老师都相信，留级的学生不管在家庭或是在学校，都是个累赘。当然他们不是全部如此的，有少数的留级生也能留在原班上而不造成任何问题。但是，大多数的留级生都依然如故，他们在班上又落后，又惹麻烦。同学对他们都没有好印象，他们对自己的能力也存有悲观的看法。我们不能轻易废除留级制度，这是当今学校制度的一大难题。有些教师利用假期来训练落后的儿童，让他们认清他们在生活模式中所犯的错误，使他们不必再留级重读。当他们认清错误后，这些孩子在第二学期起能顺利跟上了。这是我们真正帮助落后学生的唯一方法，让他看清估计自己所犯的错误后，我们就能放心让他凭自己的努力前进了。

当我观察把学生依程度优劣编入不同班级的制度时，我便注意到一件特殊的事实——我的经验主要是在欧洲得到的，我不知道在美国是否也存有同样情形——在程度较差的班级里，我看到心智低下和出身贫寒的儿童混在一起。在优良的班级中，大部分儿童的父母都很富裕。这种现象显然是太不合理了。贫穷的家庭对儿童教育都是准备不够良好，父母们面临了太多的困难，他们不能花太多时间来教育儿童，甚至他们本身的教育不足以帮助儿童。可是，我却不认为对上学准备不够的儿童，就应该被置入程度较差的班级里。训练有素的教师应该知道如何矫正他们的准备不够，假如让他们和准备良好的儿童相处，他们必然会获益良多。否则程度较差的班级就成了他们丧失勇气和不再追求个人优越地位的沃土。

在原则上，男女合班是值得支持的。它是让男孩子和女孩子彼此认识更清楚，并且互助合作的不二法门。可是，相信男女合班便能解决所有问题的人，也犯了很大的偏差。男女合班本身也有其特殊问题的存在，除非认清了这个问题，并把它当做一个问题来处理，两性之间的距离反倒会因男女合班而加大。比方说，其困难之一是：直到 16 岁之前，女孩子都发育得比男孩快。假如男孩子不了解这点，他们便很难维持他们的自尊。他们眼见着自己被女孩子超过，自惭形秽。在以后的生活里，他们可能会因为记着这种挫败，而不敢和异性竞争。赞成男女合班并了解其问题所在的教师，能够利用这种制度完成许多事情，但是假如他对此不感兴趣，他便注定失败。

另外一个困难是：假如对孩子们教育不良，或监督不够，那么必然会引发一些问题，在学校中，性教育的问题是非常复杂的。教室并不是履行性教育的适当场所，假如教师对整个班级讲述这些东西，他根本无从知道是否每个学生的了解都正确无误。他可能因此而引起了他们的兴趣，却不知道孩子们是否能够接受性，并将它们纳入于自己的生活模式中。当然，假如孩子希望多知道一些，而私下向他提出各种问题，教师就应该给他真实而坦率的回答。这样，他便有机会判断孩子真正想知道的是什么，并将他导向正确之途。如果不断地在班上讨论性的问题，必定是有害的。有些孩子一定会因此发生误解，把性当做是件无关紧要的事。

任何在了解儿童方面受过训练的人，都能很容易地区分出不同的生活模式和类型。要看出一个孩子的合作程度，可以观察他的姿势，他观看和聆听的方式，他和其他孩子所保持的距离，他是否容易与人交友，以及他专心注意的能力。

假如他老是忘记做功课，或丢掉书本，那就说明他对课业不感兴趣。我们必须找出他对学校丧失胃口的原因。

假如他不参加其他孩子的游戏，我们可以看出他的孤独感和他对自己的兴趣。

假如他总是希望别人帮他做事，我们可以看到他缺乏独立性和他想得到别人支持的欲望。

有些孩子只有在受到嘉奖或赞赏时才肯工作。有许多被宠惯的儿童只有在老师对他们格外注意时，他们在学校功课的表现上才特别优越。假如他们失掉了这种特别的关怀，麻烦就出现了，如果没有人注意他们，他们的兴趣就随之而止。对这些儿童，数学经常是他们的弱项。当要他们背出公式或规则时，他们会毫无困难地说出来，但是要他们自己解答一个问题时，他们就一筹莫展了。这似乎是一种小瑕疵，但是对我们共同的生活却会造成最大危险，就是这些终日要求别人注意和支持的孩子。如果这种态度保留不变，他在成年之后的生活里也会时刻索取他人的支持。当他面临问题时，他就会作出强迫别人代他解决问题的行动。他会终其一生对人类幸福毫无贡献，而只是作别人的永久负担。

另外还有一种孩子，他们决心要成为众人注意的中心，假如不能如愿，他们便会制造恶作剧，扰乱课堂秩序，带坏其他孩子，使得人人为之侧目。责备和惩罚都改变不了他，他宁可受痛打也不愿被忽视，他的行为所带来的痛苦只不过是他为自己的欢乐所付出的代价而已。对许多儿童而言，惩罚只是视其能否持续其生活模式的挑战，一场比赛或游戏。结果他们总是赢的，因为主动是掌握在他们手里。所以有些喜欢和老师或父母作对的人，在受到惩罚时，不但不哭，反倒会笑。

懒惰的孩子除非是对双亲或老师的直接攻击，否则他们几乎都是野心勃勃而又怕遭到失败打击的儿童。每个人对"成功"一词理解都是不相同的。当我们发现一个孩子把什么当做是失败时，不必惊讶万分。有些人如果不能超过其他所有人，便认为自己失败了。即使他们非常成功，如果有人比他更好，他也会寝食不安。懒惰的孩子则从未尝过被击败的滋味，因为他从没有面临真正的考验。他对眼前的问题总是尽量逃避，也不肯轻易和人一较长短。别人多少都会以为：假如他不是这么懒的话，他一定能应付他的困难。他自己也在这种想法里找到了"护身"之所。当他失败时，他也会以此自我解嘲，并保持住他的自尊。他会对他自己说："我只是懒，不是无能。"

有时候，老师也会对懒学生说："假如你再努力一点，你就会变成班上最好的学生。"假如他不费吹灰之力便能获此殊荣，他为什么要努力工作，冒着被人重视的险？别人会以他的成就来评判他，而不再重视他可能达成的成就。

懒孩子的另外一点好处就是：当他做了一点点工作时，别人就会夸奖他。别人看到他好像有洗心革面的意思，便急着想刺激他痛改前非。同一件工作，假如是勤快的孩子所做的，便不会受到这么多的重视。懒孩子便以此方式生活在别人的期望里。他也是个被宠坏的孩子，从婴孩时代起，他便学会不管什么事情都要期待别人帮他完成。

孩子们之间有许多不同的类型。我们丝毫无意主张他们应该被塑造成一种固定的类型，只是希望他们不要面向失败，这在儿童时代是比较容易做到的。如果未被纠正，它对成年人生活所造成的结果不仅严重，而且有害。儿童时期的错误和成年后的失败是一脉相通的。没有学会合作之道的儿童，以后容易变成神经病患者、酗酒者、罪犯或自杀者。焦虑性神经病患者幼时多害怕黑暗、陌生人或新环境。在我们现代的社会中，我们无法期望接近每一位父母帮助他们避免错误。最需要给予忠告的父母都是最不肯接受劝告的父母。然而，我们却可以让所有的老师，经由他们来接近全部学生，矫正他们已经造成的错误，并训练他们过一种独立、合作和充满勇气的生活。依我的看法，人类未来幸福的最大保证便在于这种工作中。

为了达到这个目标，大约 15 年前，我便开始在个体心理学中提倡"顾问会议"，它在维也纳及在欧洲许多大城市中，都已经被证实有相当的价值。有远大的理想和希望自然是件好事，但是如果没有找到合适的方法，空谈理想也是没有用的。经过这 15 年的实验之后，顾问会议获得了完全的成功，这是处理儿童问题并使儿童成为健全个人的最佳方式。当然，我相信假如顾问会议是以个体心理学为基础的话，它会更为成功。但是我也看不出有什么理由要反对它和其他学派的心理学家合作。我一直主张顾问会议应该和各不同学派的心理学设立联合机构，然后再比较各学派所获得的结果。

在顾问会议的方法中，要由一位训练有素，对教师、双亲和儿童的研究有丰富经验的心理学家和某一学校的教师们一起讨论在教育工作中所遇到的问题。当他到学校时，教师便向他描述某一儿童的事例以及其特殊问题：这个孩子也许很懒，也许好争论、逃学、偷窃、功课落后。心理学家要介绍他自己的经验，并和教师展开讨论。孩子的家庭生活、性格和发展都应加以重视，发生问题的前因也必须特别注意。教师们应和心理学家一起研讨造成孩子发生问题的可能原因，制定如何处理它的方法。由于他们都有丰富的经验，他们很快获得一致的结论。

在心理学家到校之日，孩子和他的母亲也都应该到校。在他们决定要怎样对孩子的母亲说话、要怎样才能影响她、并让她明了这个孩子失败的原因之后，再请母亲进来。母亲会透露出更多的问题，和心理学家互相讨论，然后由心理学家建议要采取什么措施来帮助这个孩子。母亲应该是很高兴有这种协商的机会，并很愿意合作的。如果她的态度游移不定，心理学家或教师可以举出类似的例子开导她，从其中引申出她可以用于孩子身上的各种结论。

最后才将孩子叫进房间，让心理学家和他谈话，谈的不是他犯的过错，而是他眼前的问题。心理学家要找出有助于这个孩子正常发展的想法和意见，以及他不注意而别人很重视的信念，等等。心理学家不能去责备孩子，只是和他进行一种友善的谈话，给他灌输一种观点。假如心理学家想提及孩子的错误，他可以将之置于一个假设中，征求孩子的意见。对这种工作没有经验的人，在看到孩子很快便能由坏变好时一定会非常惊讶。

曾经在这项工作上受到我训练的教师们，对如上的教育方法都很感兴趣，并觉得非常实用。这个方法使他们在学校中的工作更为有趣，同时也增加了他们努力获得成功的机会。没有人认为这种方法是一种额外负担，因为它经常在半小时内便解决了困扰他们经年累月的问题。整个学校的合作精神提高了，经过一段时间后，严重的问题也不再发生，只有一些微不足道的小毛病需要加以处理。教师们事实上都成了心理学家，他们已经学会了要了解人格的整体及其各种表现的一贯性。如果在日常教程中发生了什么问题，他们也能够应付自如。我们的愿望也是：如果教师们都受了良好的训练，心理学家也就不需要了！

比方说，假如班上有一个懒惰的孩子，教师就应该为孩子们筹设一次关于懒惰的讨论会。他可以用下列题目作为讨论的题材：

懒惰是怎么来的？

它的目的是什么？

懒惰的孩子为什么不肯改变？

它为什么非得改变不可？

孩子们讨论后，可以获得一个结论。那个懒孩子自己可能不知道他就是这次讨论会的原因，但是这是个属于他自己的，他会对它感兴趣，并从其中学到很多东西。如果他受到攻击，他必定会一无所获，但是假如他肯虚心聆听，他就会加以深思，进而改变自己。

没有人能够比在生活起居上不与孩子们在一起的老师更清楚地了解孩子们的心灵。他看到了孩子的许多层面，甚至和他们建立起交情。孩子在家庭生活中所造成的错误是会持续下去，还是会被纠正过来，完全是掌握在教师手上。教师像母亲一样，是人类未来的保证，他的贡献是无法估量的。

教育者的角色

站 在学生的立场①

〔德〕第斯多惠

　　学生的立场就是课堂教学的出发点。教师在教学前必须认真研究学生的观点和意见。因为智力的发展是和持续不断的规律紧密相联的，所以教学必须遵守这一规律。不间断的教学原理要求必须遵循这一持续不断的规律。但是这一教学原理往往会被误解。我们要在教材和课文中探求不间断性（裴斯泰洛齐在这个问题上却和他的主观愿望背道而驰，具体表现在他的作品《母亲读物》中）。有些教师在教学中往往用一些小题大做的练习来代替学生的自由发展，甚至把机械教学法引进学校，这严重地束缚了学生的思想。不间断的教学原理实际上是和主体，即所教的个体有关。在课堂教学中对一个学生来说是不间断的，对另一个学生来说则是间断的。正像一个人是矮子，另一个人是大高个子；一个人慢步轻盈，另一个人却笨手笨脚，虽然大自然没提供七里靴。② 究竟什么是不间断教学原理呢？我们认为这一教学原理就是教师必须有步骤地引导学生进入年龄和天性相符的主动性阶段，以便达到发展学生的主动性，能使学生彻底认识事物本质这样一个教学总目的。

　　主观教学论在教学中占支配地位。这是裴斯泰洛齐的教学思想。有人把这一教学论称为主观教学方法，虽然这里"方法"一词用得不够确切。也有人反对裴斯泰洛齐的主观教学论，提出了客观教学论，所谓客

---

① 选自《德国教师培养指南》，〔德〕第斯多惠著，袁一安译，人民教育出版社，2001 年 5 月。
② 德国童话中的一种一步能跨七里的靴子。——译注

观教学论就是在客观中寻求最高的教学标准，客观就是方法。我认为这些不同的见解暂时是并立不悖的；在今后教育发展中这些教学思想还要继续不断补充和完善。我们目前认为主观教学论是有一定道理的。学生的发展都是从零开始；在这一点上客观教学论是正确的，实际上客观方法恰恰也是主观方法，在这方面的争论无非是字面上的争论罢了。加深客观认识就是要找出一种真正的主观方法（最好能找到课程的主观方法）。

和这一教学论有近似关系的一种理论是彻底性教学论。我认为有必要在这里简单论述一下。彻底性的对立面则是表面化、肤浅、面宽和平坦性。目前还没有人承认这一教学论。不过教学彻底和普及一说倒有不少人愿意接受。即使这一教学原理也往往会引起人们的误解。这一教学原理要求教师不要在课堂上翻来覆去讲个没完没了，直到学生不再有一点模糊为止。其实这种教学方法反而断送了良好的课堂教学。① 比如说，哪一个教师愿意在教算术课时把课时延长下去，直到学生把所有的数目用加法都演算过为止，这种教学法实在是十分错误的。我们应当引导学生力所能及地去学习，使学生在学习中主动上升到下一个学习阶段，这样所取得的教学效果完全符合学生的发展阶段，必定会达到优秀成绩的要求。通常对于低年级的学生来说，不要满堂灌课文。要认真进行智力培养，对难点和疑点要反复讲解。因为只有在不同时间，根据学生智力发展的不同程度加深难点和疑点的讲解，才能使学生掌握课文的全部内容。如果教师误解了这一点，那么他就会把课文弄得支离破碎，把课程划分得过细，给学生的练习层层加码。

上述意见非常重要，这里我们认为有必要再贡献一点意见，也许不无小补。

不了解学生的观点就不可能井井有条地教学，就不明白在教学中怎样创造条件，更不懂得教学的主要环节。道理正像创作一部作品一样。一个好作家必须而且应当首先了解广大读者的意见和爱好，作家构思一部作品首先必须周密思考，反复推敲，不然便是无的放矢；一个好作家创作时心中完全有数，哪些段落要深入浅出，哪些段落要简明扼要，哪

---

① 当彻底性教学论不符合时代要求时，目前还没有一种别的教学论可以代替。——译注

些段落要细致刻画，哪些段落要淋漓尽致地描述，等等。

但是这绝不是说要求教师泛泛了解学生的观点或意见，绝不是这样。教师必须全面深入地了解学生的每一个具体的观点或意见。怎样才能做到这一点呢？教师首先应当理解生活，理解青年人的心理，特别要理解具有健康人的理解力和具有一般经验的成年人的实际观点，科学教育应当摆脱一般的经验。这对教师来说是十分重要的。我们的学生总是站在实际的立场上，他们在学习中也累积了一些经验，这是一个很重要的情况；因为学生和自己的经验有千丝万缕的联系，所以这就形成了教师教学出发点的基础。学生本身累积的经验毕竟是不成熟的。这就需要教师循循善诱地启发他们，让学生充分发表意见，明确是非。这时教师就得格外用近代科学知识来肯定学生经验中正确的一面，否定错误的一面，积极引导学生总结经验，把学生的经验提高到科学的观点。这就充分说明在一般健康人的理解中往往还存在着一些错误的观点和结论。在这种情况下教师必须格外细心、严格和正确处理这些问题。教师的正确处理方法就是后人的前车之鉴。要从一些规则上学会这种本领是根本办不到的，这是教师的原作；使学生真正认识到自己是在纠正错误，克服片面性，朝着正确方向发展，使学生从内心深处把教师当成是自己的引路人和光明的使者。

有些人不一定能理解我这些提法，不过也有些人会理解，并会感到欢欣鼓舞，因为我的想法恰恰符合他们的想法。我们倒是泄露了一个秘密。从前一些有经验的教书先生各有一套教书经验的秘密，现在有人却把他们这些教书秘密捧上了天。不过也有人完全否定了他们的教书秘密。我们刚才所提到的一个秘密实际上就是一种教学规则，我们认为这一规则是由模糊过渡到明确的原理。虽然这一教学规则描述了从混沌世界到卵孵化动物自然生命的发展过程，智力思维发展过程的一般规律，但是这一规律仍有一些奥秘之处。为明确起见，现试举一个物理学的实例。

有关运动质量的动力问题。叫学生解题。教师提问：一个活动的物体作用于另一个活动的物体，其作用是什么原理。学生已经学过活动物体的质量：质量越大，作用也越大，作用随质量而提高。一般人的理解力也就达到这种程度。这时教师就得启发学生的想象力，叫学生的理解力充分发挥出来，在此基础上继续提问：作用提高后质量是否也提高，二倍和三倍的质量是否会引起二倍和三倍的作用。这就是启发学生的想象力的新办法，从模糊到明确，一切正确的课堂教学都应当如此。

接下来教师便要提问速度的作用问题。一般教师只能教会学生懂得：速度越快，作用也越大。再深一步的原理学生就一概不知了。作用直接和速度有关就是学生所得到的明确的真知，不过这一真知不像第一个问题那么直观。教师必须启发学生对这一个问题的认识，并且也要向学生指出，学生不仅认识了一个真知，同时，也一举两得，教师因此也确切地掌握了学生的程度，而学生也因此学会了独立思考问题。这时教师会从学生的表情上看出这种启发式教学法是深受欢迎的，于是内心便会充满激情，感受到美妙的时刻，感受到做教师的幸福。

第二个实例是引力及其作用。教师先提出物体的重量或压力施于底板的作用问题。当学生明白了一个物体的重量就是引力的一个序列的时候，便似是而非地认识到，作用和原因有关，原因和作用有关，于是便直接得出结论：重量越大，引力越强，一物体具有他物体重量的二倍，其引力大于他物体的二倍，地球引力作用于二倍重量的物体，其作用和这一重量有关。这些结论显然是大错而特错；不过教师要允许学生这样做结论，这样锻炼一下一般人的理解力也是必要的。学生能理解到这种程度，显示出他有一定的理解能力；教师应当赞扬这样的学生，尽管教师一定要认真纠正这些错误的结论。但是教师在纠正错误时一定要详细、彻底讲明白这一问题。通过这种课堂教学方法，学生不仅掌握了课文的内容，同时也学到了一些最基本、最重要的知识，进一步懂得了一般的理解力和经过科学培养的理解力是有多大的差距，真正感受到教育的不可估量的价值。根据这样的成功的教学经验，充分说明了我们这一教学原则的正确性。我们可以肯定，教师只有热爱学生，精心培养学生，教学才会成功，能有什么比得到一些判断力和实际知识更有价值呢——这时教师又会感受到教学的幸福。教师会因此领悟到培养灵魂必须出自肺腑这一道理。这种教学法比起只激发学生的情感和感觉的方法实际上更有意义。

课堂教学和教学内容自然要根据这一教学内容的特点适当加以处理。世上千变万化的事物决不能用强求一律的办法来学到手或教会学生。不过这一客观观点并不是青少年课堂教学的最高观点，主观观点才是最高观点。究竟怎样按照人的天性和学生的观点来处理教学内容呢？优选教学方法就是最高的观点。我们应当根据不同年龄的儿童、少年、10 岁或 14 岁孩子的特点来具体处理教学内容。

让我们再来举一个语文教学的实例，母语的和外语的实例。在孩子青春期之前对他们进行抽象语言教学严格来说是不适当的。孩子只能领会具体的语文教学。教师可以强加给学生抽象语文教学，但这起不到生动活泼的作用。抽象语言教学的主要错误就在于教师把一些死死板板的语法定义强加给学生，这实际上是折磨学生的精神，比如说，教师硬要给学生先讲解什么是名词，什么是动词，什么是主语，什么是宾语，什么是冠词，等等。这是彻底性教学论的具体错误的表现，贯彻这种教学法的教师充其量只能胜任初级教学。

"名词是一个词，在这个词前可以冠以 der、die、das；① 动词可按 ich、du、er② 变格；主语是用 wer 或 was 提问，③ 宾语是用 wen 或 was④ 提问（带主语和动词）。"小学生明白了这种简单的文法就可以在以后的学习中找到千千万万个主语和宾语，学会这种句子成分远远胜过学习哲学语言学家对语言所下的定义。究竟这种教学方法如何在低年级实施呢？一句话，学生的意见决定课文的教学方法。根据外部特点准确无误地认识事物和辨别事物是学习一切知识的第一个阶段。一个矮小的人看一棵大树，他不把这棵大树和一所房屋或船只作比较，而是和一丛灌木或草本植物作比较，这是理所当然的。这一实例就足够说明问题了。这棵大树的影子会久久留在这个矮小的人的记忆里。孩子学习语言也是这个道理。谁要是研究事物先从事物内部的本质开始，他将一无所获，充其量不过是盲目地学舌，这样的教师准会把孩子的头脑弄混乱，会使孩子失去天然的理解力。混乱的知识比无知更可怕。要校正孩子的混乱思想比校正全然无知的孩子的思想更困难。总之，学生的主观意见在教学中起决定性的作用。

---

① 德语的定冠词：阳性、阴性、中性。——译注
② 德语的人称代词：我、你、他。——译注
③ 德语的疑问代词：谁、什么（主格）。——译注
④ 德语的疑问代词：谁、什么（宾格）。——译注

尽可能少教！这一教学原则和我们下面的论述有关，现按顺序论述之。

通常老教师教学偏重满堂灌，老教师可以说桃李满天下，饱经粉笔生涯，他们的笔记本上累积了大量的有关拉丁文文法的材料。但是这些老教师总爱头头是道地向学生的脑子里灌，他们这些人固守己见，认为学生听不懂无足轻重，反正学生可以再请教教师，学者是难不倒的。

啊，这是多么荒唐，这种十分古板和腐朽的教学观点竟然会出现在近代教学实践中。这种腐朽的教学观点实在不符合时代的潮流，这绝不是一个什么学生反复请教的问题，这种满堂灌的教学观点和方法必定严重地扰乱了学生的理解力，干扰了学生的学习兴趣，妨碍了学生的进步，削弱了学生的记忆力，凡是不适用的东西都是腐朽无用的。

现在让我们再来举一个拉丁文教学的例子！根据外语教学原则，学生学习拉丁文应从 a 开始，而不应当从 e、as 和 es 开始——学习动词不应从不定式开始，不应从分词、动名词以及一些语法上的罕见的词开始，等等。凡是目前不适用的，不需要的一概不要学习。教师尽可能少教为妙！教师只能教给学生最主要和最基本的知识，这样教师就可以全面而彻底地施教，万无一失地教学生做练习，这样学生便会迅速而自觉地愉快学习，这样学生既学到了知识，学习也扎实、彻底。这就是彻底性；凡是妨碍进步的学习都是错误的彻底性，都是马虎潦草的学习。

年轻的教师对不彻底的教学也负有一定的责任，他们的弱点多半是现学现教。优秀的教师是随着学生年龄的增长而逐渐相应增多教材内容，当然，这要有一个适度和限量。这才算是名副其实的教师。要是在低年级拉丁文教学中能有这样优秀的教师该多好！

教育者的角色

师范生的第二变[1]
——变个小孩子

陶行知

"小孩子懂得什么?"

在这个态度下,牛顿是被认为笨伯,瓦特是被认为凡庸,爱迪生是被认为坏蛋。

您若想在笨伯中体会出真牛顿,在凡庸中体会出真瓦特,在坏蛋中体会出真的爱迪生,您必得把自己变成一个小孩子。

您若不愿变小孩子,便难免要被下面两首诗说着了:

一

你这糊涂的先生!
你的学堂成了害人坑!
你的墨水笔下有冤魂!
你说瓦特庸,
你说牛顿笨,
你说像个鸡蛋坏了的爱迪生。
若信你的话,
哪儿来火轮?
哪儿来电灯?

---

[1] 选自《陶行知教育文集》,陶行知著,四川教育出版社,2005年。

哪儿来的微积分？

二

你这糊涂的先生！
你的教鞭下有瓦特，
你的冷眼里有牛顿，
你的讥笑中有爱迪生。
你别忙着把他们赶跑。
你可要等到
坐火轮，
点电灯，
学微积分，
才认他们是你当年的小学生？

倘使被这两首诗说中，那是多么可悔恨的一件事啊！

"小孩子懂得什么？"

小孩子是再大无比的一个发明家。生下地一团漆黑，过不了几年，如果没有受过母亲、先生和老妈子的愚惑，便把一个世界看得水晶样的透明。他能把您问倒。这有什么羞耻？倘使您能完全回答小孩子的问题，便取得一百个博士的头衔也不为多。

您不可轻视小孩子的情感！

他给您一块糖吃，是有汽车大王捐助一万万元的慷慨。他做了一个纸鸢飞不上去，是有齐柏林飞船造不成功一样的踌躇。他失手打破了一个泥娃娃，是有一个寡妇死了独生子那么悲哀。他没有打着他所讨厌的人，便好像是罗斯福讨不着机会带兵去打德国一般的怄气。他受了你盛怒下的鞭挞，连在梦里也觉得有法国革命模样的恐怖。他写字想得双圈没有得着，仿佛是候选总统落了选一样的失意。他想您抱他一会儿而您偏去抱了别的孩子，好比是一个爱人被人夺了去一般的伤心。

教育者的角色

人人都说小孩子，

谁知人小心不小。

您若小看小孩子，

便比小孩还要小！

　　未来的先生们！忘了你们的年纪，变个十足的小孩子，加入在小孩子的队伍里去吧！您若变成小孩子，便有惊人的奇迹出现：师生立刻成为朋友，学校立刻成为乐园；您立刻觉得是和小孩子一般儿大，一块儿玩，一处儿做工，谁也不觉得您是先生，您便成了真正的先生。您立刻会发现小孩子的能力大得很：他能做许多您不能做的事，也能做许多您以为他不能做的事。等到您重新生为一个小孩子，您会发现别的小孩子是和从前所想的小孩子不同了。

　　我们必得会变小孩子，才配做小孩子的先生。师范学校的同学们！小孩子变得成功便算毕业；变不成功，休想拿文凭！

　　我们却要审查一番，这第二变的小孩子与那第一变的孙悟空有无重复。师范生既然会变孙悟空，那么凡是孙悟空所会变的，师范生都能变了。现在留下的问题是："孙悟空可会变小孩子？"我们调查他的生平，他只能变一个表面的小孩子，而不能变一个内外如一的小孩子。他在狮驼洞曾经变过一个小钻风，被一个妖怪察觉，"揭起衣裳看时，足足是个弼马温。原来行者有七十二般变化，若是变飞禽、走兽、花木、器皿、昆虫之类，却就连身子滚去了。但变人物，却只是头脸变了，身子变不过来，果然一身黄毛，两块红股，一条尾巴"。所以：

儿童园里无老翁；

老翁个个变儿童。

变儿童，

莫学孙悟空！

他在狮驼洞，

也曾变过小钻风。

小钻风，

脸儿模样般般像，

拖着一条尾巴儿两股红！

与 学生共同遭遇新问题[①]

程红兵

新课程改革要求教师建立全新的师生关系，师生之间是平等和谐友善的。教师要发扬民主精神，教师在课堂的话语方式应是对话式的，而不应是独白式。

如何与学生讲民主，教师应该以怎样的形象出现在学生面前？有专家提出一个新概念，就是"共同遭遇者"，要我们教师追求"共同遭遇者"的教师新形象。所谓共同遭遇者，就是与学生共同遭遇课程问题，共同思考、解决问题的方法，一起研究、探讨，一起去解决问题。我们从下面的故事中可以悟出什么叫做共同遭遇者。

《一个小女孩有意跌了一跤》这个故事说的是：几个孩子正玩得不亦乐乎，一个小家伙突然摔倒在地，大哭起来。一般情况下，如果是一个大人看到了，他会怎样来处理这件事？也许他会有如下方法：

（1）跑过去哄他，拍拍孩子身上的泥，嘴里说着"不要哭"之类的话。

（2）鼓励小家伙勇敢点，要他自己爬起来，别哭。

（3）拿地出气，说这地真坏，看我不打他。

这些都是我们常用的方法。有一个小女孩在处理这件事中显示了她的智慧。

这个小女孩一看到小家伙跌倒，愣了愣，跑过去，装着一下子跌倒

① 选自《做一个书生校长》，程红兵著，华东师范大学出版社，2006 年。

了，就跌在小家伙的旁边。然后爬起来，还笑得咯咯响，那小家伙一看小姐姐，也笑了，抹抹泪，爬起来又玩将起来。

这个小女孩扮演的就是共同遭遇者的形象，她不是旁观者，而是和小男孩一样，共同遭遇了同样的问题，她以自己的解决方式，启发了小男孩，于是小男孩很容易地就接受了她的这种方式。

与学生共同遭遇新问题，似乎不难理解，通过上述故事我们似乎懂得了这个命题的意思，其实没有那么简单。我们不妨再来看一个故事。

下面的故事是一个教学案例。一节语文课，老师上《天净沙·秋思》。老师津津有味地分析，然后让学生背诵。老师突然发现一个学生埋着头，拿着笔，不知干什么，老师火冒三丈走过去，也许是学生太专注了，居然没有发现老师就在身边。老师强压怒火低声说道："画什么呢？低着头。"学生猝不及防："没有画什么……"眼睛里闪过一丝惊慌。老师追着问："拿出来给我看看。"稍稍犹豫了一下，学生从抽屉里拿出那张纸。映入眼帘的赫然是一幅简笔画：夕阳、老树、昏鸦，小桥、流水、人家……他在全心写意地画他所感悟的画。这幅画融入了他对这首词的感悟和理解，画就是他对词的体验，这位老师轻声地说了一句："好。"

故事里的老师其实是非常负责的一位老师，但从他强压怒火的话语中我们看到了控制学生的一种习惯。为什么我们教师的潜意识里总是想控制学生、规范学生？既然老师和学生是平等的，那么我们教师的第一反应应该是理解学生。陶行知说得好："我们必须会变成小孩子，才配做小孩子的先生。"他这句话是对"与学生共同遭遇新问题"这一命题的最好诠释。

认真分析"与学生共同遭遇新问题"这一命题，我们可以知道它所隐含的思想：理解孩子，尊重孩子。也就是对学生讲民主，就要对学生宽容，从内心深处宽容你的学生，就像对待你自己的孩子。

对学生讲民主，就要在行动上尊重学生，尊重学生的意见、要求，教师的平等意识也就在尊重中体现出来。教育家张伯苓戒烟的故事能够说明这个问题。张伯苓看到学生刘文伯抽烟，就立刻训斥他，语气斩钉截铁："南开学校的学生是不允许抽烟的。"哪知道刘文伯却说："我本

来是不会抽烟的。到这里来，看到老师抽烟，所以也就抽烟。"张伯苓
于是把雪茄和烟嘴都扔掉，从此不再抽烟。张伯苓的举动说明，在他的
心灵深处是把学生摆在非常重要的位置上的。真正做到以学生为本，这
样才能实现师生关系的民主化。

教育者的角色

做 一个善于倾听的朋友①

李镇西

在上一篇文章里，我谈到要善于倾听孩子的诉说，提出要通过倾听走进孩子的心灵。所谓"通过倾听走进孩子的心灵"，意思是说，只有耐心地倾听才能赢得孩子的信任，并通过倾听了解孩子的想法，进而给他提供有效的帮助。在这里，倾听是一种手段，目的是赢得信任，了解情况，提供帮助。

但是，倾听并不仅仅是手段，有时候也是目的。往往有这种情况，孩子来找老师，并不一定非要老师给他以具体的帮助，他只是把老师当做一个倾听对象，排遣一下心中的苦闷而已。

课间，办公室门推开了，进来了一个小姑娘。她有些羞涩但也不失大方地问我："李老师，您是初一（13）班的副班主任吗？"

我说："是呀！"我现在虽然身为校长，但在两个班担任了副班主任，主要任务是和同学们谈心。

她说："我现在面临一个困难，想找您谈谈。"她一本正经，俨然一个小大人。

我说："好呀，你有什么困难？"我放下手中正在备的课文，专注地看着她。

可是她却犹豫了，停了好一会儿不说话。

我问："怎么不说了？有什么顾虑吗？"

---

① 选自《教育寻真》，李镇西著，福建教育出版社，2007年。

她说："我怕，我怕人家说我打小报告。"

我笑了："别怕。你找校长谈心怎么是打小报告呢？这是'大报告'！呵呵！没事儿，有什么尽管说。我会为你保密的。"

听了我的话，她终于说了："刚才上体育课，几个同学说我坏话，很难听的坏话。我很难受……"说到这里，她说不下去了，眼睛含满泪水。

我说："别着急，慢慢说。"

她于是给我详细说了那个同学怎样骂她。我问她，那个同学为什么要这样呢？她说前段时间她和一个同学闹矛盾，这个同学便四处说她的坏话，挑拨离间，所以好多同学也都跟着那个同学说她的坏话。她滔滔不绝地跟我说了很长时间，很激动的样子，脸都涨红了。

她说完以后，我说："我去找那个同学谈谈，好吗？"

"不！"她摇摇头。

我问："为什么？"

"如果您去找她，她会说我找校长告状，更加会骂我的。"

我又问："那你找我干什么呢？你需要我帮什么忙呢？"

她说："不需要您帮忙，我就想和您谈谈，我觉得您是一个好老师，我说出来心里好受些。现在我心里已经不那么难受了。"

那一刻，我很感动。

我说："这样好不好？我抽时间去你们班上给同学讲讲尊重别人的道理。"

她说："好的。但请您不要点名批评那几个同学。"

我答应了她："好的。我不点名，只说不尊重同学的现象。"

"好的。谢谢李老师！"说完，她走了。

这次谈话，我主要是在倾听孩子诉说。这种谈话决不能只是教师一人的"苦口婆心"或"语重心长"，而应该是尽量让学生诉说、倾泻，教师则当听众。心理学认为，一个人将悲伤、委屈、苦闷等抑郁之情通过向自己信任的人诉说而合理地发泄出来，可求得心理平衡，保持心理卫生。因此，以倾听为主要目的的个别谈话应诱导、鼓励学生滔滔不绝、一吐为快。学生通过倾诉，把内心深处的困惑、焦虑、积郁、愤懑、悲伤等表达出来，老师则以诚恳的态度仔细聆听，并通过眼神和点

教育者的角色

头、蹙眉等体态语言告诉学生："我是理解你的，你完全可以信任我，我愿意分担你的一切苦闷！"从而使学生无所顾忌地继续讲下去。

"倾听"往往被认为"听见"，这是一种误解。"倾听"的"倾"不仅仅包含有"真诚"的含义，还有"细心""专注"的意思，这就绝不仅仅是用耳朵听其音，还包括用脑子辨其义。常常说班主任要"学会倾听"，那么怎样才算"学会倾听"呢？一般来说，"学会倾听"至少有两层意思，一是出于一种礼貌或者说对诉说者的尊重，在听别人说话的时候，要用心，细心，耐心，就是我上篇文章中所说的不要武断地打断孩子的诉说。这是教育者应有的起码的修养。二是要"会听"，所谓"会"就是善于边听边想，思考别人说的话的意思，能记住别人讲话的重点和要点，或者一边听一边分析，通过"前言"推出"后语"，通过谈吐洞察内心。这是一种技巧，更是一种教育的智慧。

曾有一位高一女生在作业本后面写了一句话："李老师，最近我很郁闷，想找你聊聊。"得到这样的请求，对我来说是一种幸福——作为教师，能够得到孩子真诚的信任当然是一种幸福。于是，下午放学后，我请她到我办公室："有什么需要我帮助的？"

她说最近上课心不在焉，总不能集中精力，莫名其妙地心烦意乱，也不知是什么原因。我问是不是最近遇到什么困难了，她说没有明显的困难。我又问是不是和同学或者家长闹别扭了，她说也不是。我问："那究竟是为什么呢？"

她苦笑了："我也不知道。所以我才找您聊，想请您帮我分析一下原因。"

这把我难住了，一时说不出话。

她接着说："总觉得心里有事儿，但说不出来，上课常常发呆，下课又后悔，晚上有时候还失眠。"

那一刻，我真感到有些无奈，因为我不知道究竟是什么原因引起她的烦恼。但有一点我很明确，她的确有着自己也说不出原因的烦恼，她找我倒未必要我一定给她分析出原因，更多的是想找个信任的人倾诉而已。于是，我决定放弃追问她的原因，就和她随意聊聊，说不定在她放松聊天的过程中，我能够有所发现。

可是，从哪儿开始引导她畅所欲言呢？她刚才说到"失眠"，我打算就从这切入，把话题拓展开去。我说："哦，我的睡眠也不好，也是从高中开始就失眠了。我当时失眠是因为我在外地读书，很不适应环境，而且想家。"这是一个远离家乡长期住校的女生，我不动声色地想引起她的共鸣。

但她却并未产生我期待的"共鸣"，而是说："我倒不十分想家，因为我初中就开始住校了。再说，进了高中我感觉这个班也挺好的。"

我顺势抛出一个很大的话题："好在什么地方呀？进高中已经快一学期了，都有哪些感觉呀？"

她终于"上当"了，开始滔滔不绝地和我谈了一学期以来的高中生活，我基本上没有插话，但一直非常专注地捕捉她话语中的信息。她谈到高中后学习难度的陡然增加，谈到寝室里的同学的互相帮助，谈到高中各位老师和初中老师的不同，谈到运动会和歌咏比赛时候所感到的集体荣誉感，谈到班级那次秋游去峨眉山给她留下的难忘印象……在她忘情的谈论这一切的过程中，我发现这些似乎不相关的生活片断中，有一个男生几乎始终贯穿其中，就是她的同桌，班级的学习委员。每次谈到他，她都特别兴奋，我突然想到，听课任老师说，最近她和他走得特别近。这里面会不会有什么别样的东西？我想。

但我依然不动声色，目不转睛地看着她，听她继续滔滔不绝。也许她并没有意识到自己的"失言"，不知不觉同时也是自然而然地暴露了自己可能都没有清醒意识到的"秘密"。

凭着我多年的经验和对她的了解，现在我基本上可以确定，她正被自己也说不清的某种情感所困扰，当然，这种情感也许是朦胧的"两相情愿"，也许是清晰的"单相思"。青春期的少女，陷入这样的情感，上课怎不心不在焉？夜晚怎不辗转反侧？

要不要给她挑明，然后予以引导？我在心里盘算着，犹豫着。

这种情况可能是许多班主任常常遇到的难题。解决这个难题的条件是，要看班主任和具体学生的信任究竟达到了怎样的程度？如果学生对班主任没有足够的信任，而只是一般的关系，我的观点是班主任最好不要挑明，否则可能达不到应有的效果，相反会让学生很尴尬。但如果班主任和学生已经有了高度的信任感，那就不妨像朋友一般坦诚相见。

当时我选择了后者。因为我感觉，这个学生从开学以来，对我都很信任，常常找我聊天，还曾给我写信倾诉她的苦恼；而且这次也是主动约我谈心的。我应该用自己的真诚回报她对我的真诚。

所以，等她说完了之后，我微笑着说："我估计你心里有'人'了，这是你烦恼的原因。"

她愣了一下，当然明白了我的意思，红着脸低下了头，小声说："其实也没有明说过，但心里老是……"

果真如此。心里装着一个暗恋的人，但有没有"明说"——还不知道那男生是怎样想的呢！如此一来，这女生能不烦恼吗？而且这烦恼是潜滋暗长的，她自己都感觉不到，只是觉得"说不清"。

接下来我的引导便有针对性了，我和她谈了很久。应该说我引导比较顺利，再后来这个女生发展得很好。这是一个关于"早恋"情感的引导，这里不再赘述。我举这个例子，重点不是说如何引导"早恋"，而主要是想说明，怎样才是"倾听"。

当然，并不是每一位学生都能信任老师并倾诉内心的苦闷，有时由于某种原因，他们不一定愿意直接袒露内心世界，这时，班主任应善于从学生欲言又止的神态或吞吞吐吐的只言片语中，猜测、推测出学生的真实想法。

有一个男生经常和别人打架，有时候是他主动去打别人。一次，他被德育主任领到我办公室，据德育主任说他又在操场上欺负人。德育主任走了之后，我让他坐下，问："你有什么要说的?"

凭我的感觉，这个男生对我没有多少信任感，相反，常常对我很抵触。因此，听了我的话，他看了我一眼，气冲冲地说了一句："我有什么好说的!"然后不屑地把头偏向一边。从他的话和表情中，我感到他可能误解了我的意思。我问"你有什么要说的"，他理解为质问，认为我在批评他："欺负同学，被现场抓获，你还有什么好说的!"

于是，我平静而略带温和地追问了一句："也许你打人是有原因的，说不定你还有道理，不妨说出来，让我了解一下。"

听了我这话，他把头转过来，似乎有些吃惊地看着我。

我继续说："是的，我真心想听听你的解释。"

火山爆发一般，他开始发泄了。我说他是"发泄"，一点不夸张。当时他的语速很快，情绪激动，说了很多很多。有对事件经过的陈述，有对自己的辩解（当然有合理的因素），更有对老师（包括我）的抱怨……他明显的是站在他的角度上看问题，很偏激，很片面，但是很真诚，而且有的话说得很对，包括对我的抱怨，比如："我欺负过一次同学，结果以后凡是我和别人打架都是我不对，都是我在欺负别人。你们老师就是这样对我有偏见！"

我一直很冷静，他在说，我在想——这里的"想"包括我的反思与自责。那次和他的谈心相当成功。他心悦诚服地接受了我的教育，我也真诚坦荡地接受了他的批评。后来我和他深厚的情感和高度的信任，就是从那次谈心——严格地说，是我的"倾听"——开始的。

刚才我说，善于倾听，是一种教育智慧，这里我还要说，这更是一种教育艺术。从某种意义上讲，让学生倾诉而教师耐心聆听（包括听学生对自己的抱怨）。这本身就是有效的心灵引导。"此时无声胜有声"，一切尽在不言中。

心中盛满阳光[①]

窦桂梅

境由心生。

如果你把所处的环境看成是魔鬼，你就生活在地狱；如果你把周围的人群看成是天使，你就生活在天堂。如果你把所处的环境变成魔鬼，你就在制造地狱；如果你把周围的人群变成天使，你就在营造天堂。

好花要有好心情赏，有好的心情才能欣赏到好的风光。你的内心如果是一团火，就能释放出光和热；你的内心如果是一块冰，就是化了也还是零度。

亚里士多德说，生命的本质在于追求快乐。使得生命快乐的途径有两条：第一，发现使你快乐的时光，增加它；第二，发现使你不快乐的时光，减少它。

因此，面对教育的系列让人不满的现象，面对自己专业成长的困惑与压力，我们要从中寻找阳光、快乐的地方——根系教育的土壤，理想滚烫于心，紧贴地面行走，激情向上生长。

怎么做？

第一，改变态度。我们改变不了事情，就改变对这件事情的态度。在一个人身上发生的事情本身不重要，重要的是人对这件事情的态度。态度变了，事情的意义就变了。"再伟大的人物，历史也不能为你折腰"。重要的是要摆正自己是一只"小小鸟"，然后感性做人、理性做

---

① 选自《玫瑰与教育》，窦桂梅著，华东师范大学出版社，2006年。

事。这也许是最好的自我保护与发展。因此，当你改变了对自己、对事物的看法后，接下去的情形都会变了。

第二，享受过程。生命是一个过程而不是一个结果。生命是一个括号，左边是出生，右边是死亡，我们要做的事情就是填括号。要学会享受这个过程——无论是精彩还是糟糕。不要找最讨厌的地方去体会。这个世界总会有阴暗面，一缕阳光从天上照下来的时候，总有照不到的地方。如果你的眼睛只盯在黑暗处，抱怨世界黑暗，那是你自己的选择。要知道，凡是过重看待人生的成功、荣辱、得失的人，实际上就是把人生看成了一种占有。

第三，活在当下。活在当下，就是要对自己的现状满意，要相信每一个时刻发生在你身上的事情都是最好的，要相信自己的生命正以最好的方式展开。如果你对自己的现状不满意，怎么办？请你从事情的反面解释现状——你抱怨现状不好，是因为你没看到比现状更坏的情况。每时每刻尽量查问和审视自己的生存状况，努力做到快乐时不忘形，痛苦时不失态。

第四，学会感恩。西方有一条格言——怀着爱心吃菜，胜过怀着恨吃牛肉。一个人幸福不幸福，在本质上和财富、地位、权力没关系，而由思想、心态决定。要学会原谅你的敌人。不原谅，等于给了别人持续伤害你的机会。被别人的语言伤害了，实际上是你的念念不忘伤害了你。假使有人说，"你这人真不是个东西！"你不能跟他怄气，请对他这样说：你说得太对了，你揭示了人类的本质，人类绝对不是一个东西！你我都一样。因此学会感恩，就要养豪气而不是霸气，养正气而不是邪气；养大气而不是小气。

"眼因多流泪水而愈清明。心因饱经忧患而愈温厚"。要学会理想与现实的加减法，要努力实现"理想与现实对立最小"的幸福人生。懂得关怀，获得朋友；懂得开心，获得轻松；懂得遗忘，获得自由——就能使你心中盛满阳光。

教育者的角色

这 些都不是小事①

吴　非

你来信问我如何与学生相处，我想这是个很大的题目。以我的水平和实际经验，也只敢大题小作，说点体会罢了。

好多事看起来很小，似乎无足挂齿，但是与学生相处，教师的一举一动都可能具有教育价值，一言不慎，都有可能伤害到学生，作为教师，千万要注意这些。当个好教师不是那么容易的啊。

如果学生忘记交作业，至多批评一句就算了，千万不能让他跑回家去拿；上课时有的孩子可能会神色不安，也许是内急，你可以悄悄走到他面前，问他是不是想上洗手间——要知道，一个胆小的孩子会憋出病来的；学生上课迟到，不要过多责备，他可能已经很难堪了，你再追究他也妨碍了班上其他同学听课；如果学生病假后来上课，尽可能不要他补作业，学生病后也许比较虚弱，等他痊愈了再说……

你在课上讲评作文，需要读学生作文时，最好问一句"我可以读你的作文吗？"或者"你愿意让大家看看你的作文吗？"学生在作文中对你说了一些他想说的话，也许并没有想到你要让全班同学知道，教师事先向学生征求意见很有必要。

我当了这么多年的教师，从来没有让学生写过"日记一则""假期日记"那样的题目。学生虽然小，也要给他们灌输权利意识，私人的东西不要随便给别人看。我们少年时代没有这回事，老师让我们交"思想

---

① 选自《前方是什么》，吴非著，华东师范大学出版社，2006年。

汇报"，我们就交（后来的学生还要"狠斗私字一闪念"，要说出内心的隐秘，说出来了，再由教师"帮助教育"）；能保护自己的学会了说假话，不会保护自己甚至不肯保护自己的最终就得付出重大代价。那些年，街巷墙上的判刑布告中，赫然将"书写反动日记"当做判处重刑的罪名。那是对人的基本权利的严重侵犯，做法和法西斯一样。我们不能让那样的事重演。要告诉学生：日记是私人隐秘的世界，有权不让别人看。作为教师，即使是小学生也不要让他们交自己写的日记，从小就让他们得到尊重。

要尊重学生的人格，尽可能不要让他们做违背自己意愿的事。有校长对某女教师说了一句"你课后到我的办公室来一下"，那位教师很不高兴，认为校长不应当在上课前对她说这样的话。可是这位教师对学生也常说"你下课后到办公室来一下"。为什么不考虑学生的感受呢？能不能这样说："你愿意下课后到我办公室谈谈吗？"或者"如果你有时间，放学后请到我的办公室来一下，好吗？"事情也许就会是另一种结果了。这是对学生的尊重，教师也应当通过这样的语言方式使学生获得教养。

你们年轻，在带一个新班之前，一定要了解全班学生的基本情况。比如，学生是哪个民族的，有没有宗教背景，家庭是否完整，有没有人患病（特别是精神方面的疾病），父母从事什么职业，家庭经济情况如何，等等。有的学生可能比较敏感，我们一些同行言谈直率，不经意说的话会不小心伤害学生的自尊。不久前，我的同事了解到一些学生家庭贫困，决定替他们代交讲义费，这几位教师郑重其事地商量了办法，先让课代表收齐全班的讲义费，然后把家庭困难的学生一个个单独找到办公室，悄悄地把钱退给他们。教师这种不惮其繁的苦心会给学生一生留下美好的记忆。

千万不要以为这是多此一举，这是教育。学生年纪小，他们未必能像我们一样接受种种冷酷的现实，在这样的年纪，要给他们的心灵多种几粒善良的种子。在以后的岁月中，当他们回望童年、少年时代，他们就会对人世间充满感激，并可能把善良和爱传播给更多的人。

教 师的"六个学会"[①]

肖　川

　　教师在一个人成长历程中的重要性几乎是不言而喻的。假如一个人在他的学生时代曾经遇到过一个好老师，那么，他即使坏，也一定有限；相反，假如一个人在他的学生时代不曾遇到过一个好老师，那他的存在对于社会就可能是一个巨大的危险。

　　联合国教科文组织提出的 21 世纪教育的四大支柱是：学会认知、学会做事、学会共同生活、学会成为你自己。这是从培养年轻一代所应有的素质而言的。而作为教师，要能在新的历史条件下胜任自己的工作，就需要不断成长和发展。所以，广大教师，特别是优秀教师，需要做到"六个学会"：学会等待、学会分享、学会宽容、学会选择、学会合作、学会创新。只有当我们的教师具备了这些素质，人类才能拥有更加美好的未来。

　　学会等待，意味着教师能够用发展的眼光看待学生，意味着能够用从容的心态对待自己所做的工作：不急于求成、不心浮气躁，不指望一次活动、一次谈话，就能收到立竿见影的效果。因为一个好的品质的形成，一个不良品质的矫正，都不可能是一蹴而就的，而是一个长期的、曲折的过程；即使是一个概念、一个原理的掌握，也都很难一步到位，而是一个不断丰富、不断深化的过程，一个需要不断"温故知新"和"知新温故"的过程。

---

　　① 选自《教师的理想与信念》，肖川著，岳麓书社，2008 年。

其实，从我们个人的生命历程来说，我们 90％的努力都是徒劳的，而正是这貌似徒劳的努力，使我们拥有 9％的接近成功的机会，而正是这"9％接近成功的机会"，最终使得我们有 1％的取得成功的可能。

每一个人都有一个从幼稚走向成熟的过程。学会了等待的教师，一定永远不会对学生说"你不行"。教育是最能体现"一份耕耘，一份收获"的领域，只要我们付出真诚的努力，就一定会收到成效，尽管更多的时候不是那么直接，那么迅速。当我们学会用等待的心情看待学生时，我们就能对学生少一点苛责、少一点失望、少一点冷漠，而多一份理解、多一份信心、多一份亲切。

分享是双向的沟通、彼此的给予、共同的拥有。教育的过程其实也就是教师和学生一道共同分享人类千百年来创造的精神财富的过程，分享师生各自的生活经验和价值观的过程。分享，意味着教师更多的是展示，而不是灌输；是引领，而不是强制；是平等的给予，而不是居高临下地施舍。

学会分享，首先意味着学会倾听，学会走进儿童的内心世界，学会从儿童的眼光看待世界。高高在上的教师，怎能听到学生真情的呼唤？自以为是的学生，又如何听得进教师的肺腑之言？重要的是以心换心，彼此倾听。

其次，意味着努力创生一种新的分享方式和新的表达方式，因为分享方式和表达方式本身就蕴涵着教育的因素。

再次，意味着对于以自我为中心、自以为是、好为人师的倾向的自觉防范。

最后，学会分享是和学会欣赏别人高度相关的：欣赏别人其实就是真诚地去分享对方的闪光之处，它会带给我们非常单纯的满足、愉悦和欢乐。有人讲，我们不见得喜欢我们所赏识的人，但一定喜欢赏识我们的人。人同此心，心同此理，对别人表现出真诚的赞扬和欣赏会使我们的生活有更多的阳光、温馨和美丽。而当一个人在成长的历程中没有得到足够的关注、爱和欣赏时，一旦他拥有了权力，就更容易表现为自我中心、专制与独裁。

教育就是引领人们从狭隘走向广阔的过程。学会宽容，就是努力使自己变得胸襟开阔、气度恢弘，就是心智不那么闭锁，头脑不那么固执，思想不那么僵化，眼界不那么狭隘，就是尽可能地尊重多样性、珍视个性，尽可能地从多种角度看待事物，尽可能习惯"一个世界，多种声音"。

要做到如此这般，就必须不断地学习，领悟人类心灵的广袤与深邃，理解世界的多样与神奇，明了世界的无常与诡异。俗话说得好，"人心不同，各如其面"，由于每一个人的社会关系是千差万别的，每一个人的生活境况、生活道路也各不相同，世界在每一个人的眼中所呈现的样貌、所展示的色彩，也就不尽相同，因而每一个人对于同样的事情有不同的态度、不同的看法，这再正常不过了。使我们每一个人变得开朗、开放、开明，去创造一个宽厚、宽松、宽容的心理氛围，对于人的健康成长与和谐发展，对于我们宁静的心绪，对于我们的修身和养性，都是十分必要的。

一个崇尚个性的年代，也必定是一个崇尚合作的年代。因为一方面，个性使得合作成为必要与可能；另一方面，个性也只有在人与人的合作的关系之中才能得到健康发展。因此，学会合作就意味着对于不同、对于差异、对于另类，甚至是对于异端的尊重与接纳；意味着我们学会了"求大同，存小异"，学会了必要的妥协、退让、隐忍和放弃。

作为教师，需要很好地和校长合作，和同事合作，和学生合作，和家长合作。合作需要有善于沟通的品质和能力，需要有理智的判断和成熟的热情，需要有设身处地为他人着想的品质和推己及人的胸怀。

社会的加速发展，使人类的生存环境呈现出多变、多元、多彩、多险的飘忽迷离状态，平衡而单一的局面被打破，不确定性和可选择性同时增强。因而每个人或社会在求发展的同时，必须学会做选择。当成功与失败并存、机遇与陷阱同在时，正确的选择就成为走向成功、抓住机遇的十分重要的第一步。所以，我们可以用"注重选择"来概括这一时代精神。它意味着人类将通过选择来寻求适合自己发展的空间和途径，划一的、同步的、简单服从计划安排的发展模式不再被认为是天经地义的了。

衡量一个社会文明程度的一个重要尺度便是：看它在多大程度上，多大范围内，为个人自由全面的发展提供了可能性。这种可能性实质上就是人类对于自己的生存、发展和享受的方式的可选择性。社会的进步总是伴随着人们拥有愈来愈多的选择的机会和可能。学会选择就成了一个更加文明、人道、合理的时代人们必备的素质和能力。在一个变得越来越多样、丰富和便利的世界，人生的历程真正成为一个不断选择的过程。

民主化、个性化教育自然需要以教育的内容、教育的方式的可选择性为条件。而教师不是一个被动的被选择的对象，而应是一个引领学生进行积极选择的向导。因此，教师本人必须学会选择，学会选择教育的内容，学会选择教育的时机、教育的途径和方法。这就要求教师有非常丰富的积累，有高度的判断力和鉴赏力，如此才能有不俗的选择能力。

学会创新，意味着教师能够不断地探索以便改进自己的工作，不断尝试新的教学方式和教学风格，能够从不同的角度对那些习以为常、司空见惯、熟视无睹的事情作出新的解释，能够对那些理所当然、天经地义的事物抱以重新的审视，能够对那些似是而非、以讹传讹的种种说辞予以警示。

我们希望教师学会创新，是因为只有具有创新意识和创新能力的教师，才可能培养出具有创新意识和创新能力的学生。创新是一种心态，一种工作作风，一种人格特征。我们希望教师学会创新，并不是要教师能探索出对于整个人类来说都是新的认识、新的规律，而是希望教师通过自主探究，将古老的教育智慧变成自己的信念和教养，从而体现于自己的日常的、细微的教育行为之中。

具有创新意识的教师，也一定具有开放的头脑、进取的精神和探究的兴趣。而这些品质本身就是极其重要的教育力量、教育资源，是好教师重要的人格特征和内在资质。

"六个学会"是优质教育对教师的要求，是新世纪对教师的厚望，也是衡量教师专业成熟与否的标尺。

教育者的角色

为什么锦上添花不如雪中送炭^①
——边际递减效应

刘儒德

有人做过一个实验，一个没有鞋穿的人意外得到一双鞋，让他给这双鞋来评分，不管它是否赶得上潮流，是否合适，他立刻给这双雪中送炭的鞋子高分。接下来惊喜不断，他有机会不断地得到鞋子，但是他继续给后来的鞋子评分时，分数却越给越低。

一、边际效用递减

你可能觉得不可思议，白给的干吗不要，这个人真是不知足。可是看看没有办法可以拿这些鞋子的人，想必你也会心生同情。得到第二双鞋时，他微笑地说："好吧，谢谢"；第三双、第四双时还能礼貌地表示一下谢意，心里已经开始发愁该往哪里放了；到第七双鞋时，恐怕已经在心里祈祷不要再给他了。"下一双"鞋带给我们的满足感逐渐递减，这就是边际效用递减法则（Law of Diminishing Marginal Utility）。这个效应提示我们：我们对物品价值的认识不是来源于物品本身，而是通过使自己的需求、欲望等得到的满足程度来主观地体验的。消费或享用同样的东西给我们带来的满足感和效用，随着边界的变化不断变化，越到最后，效用就越小。

这个效应可能有点违背常理，人们通常认为我们得到的东西越多越

---

① 选自《教育中的心理效应》，刘儒德等著，华东师范大学出版社，2006年。

好，可是读了鞋子的故事，恐怕你已经有所改观了。拥有更多的鞋子，感觉却没有越来越好。对！人们思考一个物品带给我们的满意感不是总量，而是增量，是单位量变化带来的不同感觉。

二、水与钻石　谁更珍贵

心理学家用巧妙的实验证明了这一点。心理物理学最核心的定律韦伯—费希纳定律就涉及这个问题。1834 年韦伯对人们能够感觉出来的最小变化进行了测量，实验中，他让被试者判断所给的小棒是否和 10 毫米的标准小棒相同，结果发现人们的判断规律，不是与刺激强度直接关联，而是与刺激变化的增量密切相关。例如人们如何才能察觉出屋里的灯亮了一些？这依赖于之前的明亮程度。人们能在安静时听到针掉的声音，但是在嘈杂的环境中，都难以听到火车开过的声音。

经济学中关于水和钻石的经典论述形象地说明了这一点。你一生中需要更多的水还是更多的钻石？毋庸置疑，水作为生活的必需品，对我们来说更为重要。可水每天出现在我们的视野里，随着重复的次数过多，我们对它的价值渐渐熟视无睹，效用递减。而钻石却因为不能随心所欲地得到，获得一枚小得可怜的钻石带给我们的惊喜要远远大于得到一杯水。当然这也不是绝对的，当你处在沙漠中，一杯水的边际效用开始重新引起我们的注意。

不光如此，商品交换的过程中也充满了这种递减。张三生产了 10 个苹果。李四生产了 10 个橘子。王五不生产任何产品，只当一个中间人。王五向张三借 6 个苹果，跟李四借 6 个橘子。都收来后，王五还给张三 4 个橘子，李四 4 个苹果，跟二人说声拜拜。他自吃 2 个苹果 2 个橘子。你可能认为张三李四不就成为以 6 换 4 的傻子？王五是不是不劳而获的奸商？可是商品不但有价值，而且有"效用"。张三辛苦了一年终于有苹果了。这第一个苹果多香啊！于是这第一个苹果的"效用"最大。一个苹果已下肚，这第二个就差多了（边际递减效应开始）。对张三来说，第五个苹果已经没什么吃头。不反胃就不错了（边际效用接近零）。于是张三心想，要有橘子吃该多好。他绝对愿意用 6 个苹果换 4 个橘子。他不但不觉得上当，而是觉得太赚了！因为就那第一个橘子的滋味（效用），已经远大于那后 6 个苹果的效用之和。

三、别人家的饭就是好吃吗

边际递减效应在生活中也比比皆是，小孩子总喜欢吃别的小朋友家的饭，总觉得其香无比，但是如果在这个小朋友家吃上一段时间后，就开始嚷嚷着吃自己妈妈做的饭了。还有总觉得别人家的花香、别人的玩具好玩，但过后就产生了不过如此之类的想法，这些都是边际递减效应的威力。

同样的一杯水、一顿饭、一朵花、一个玩具，在没有得到的时候，对这个物品的好奇心被极大地激发出来，于是产生了强烈的需求感和占有欲。所以第一次得到的时候就能体会到最大的满足，我相信读者朋友们中很多人都还对自己的第一个布娃娃、第一把吉他念念不忘。但是随着对它的熟悉感增强，好奇心急剧地下降，如果没有找到更大的闪光点，对这个物品的热情和需求也逐渐递减。贝克汉姆作为知名的球星，拥有的汽车已经不是普通的车库能放得下了，这些车中甚至包括一辆价值 20 万英镑的法拉利跑车，那是妻子辣妹送给他的生日礼物。如若换了别人，这辆豪华法拉利跑车一定成了心肝宝贝，可在小贝家，也只能待在车库中难见天日。不光是对物，对人也是这样。谈恋爱的双方起初都认为彼此再合适不过，但是时间一长，也难免产生审美疲劳。这就是人们常说的，熟悉的地方没有风景。

四、表扬多了也烦人

边际递减效应，在教育中也不例外。曾经发生过的这样一件事，给我们敲响了警钟：某学生学习不好，每天母亲总是抓住他的缺点不放，放大了，重复地批评。一天孩子忍受不了母亲的唠叨，竟向母亲挥起了拳头。

为什么会出现这样的悲剧呢？从心理角度上讲，批评一次，孩子已经得到了应有的惩罚，这个惩罚的效用最大，但是在第二次，还是同样的内容，厌烦程度在孩子心里已经倍增，惩罚的效果已经递减。如果再来个第三次、第四次……那么批评的积极作用已经消失殆尽，就算没有达到案例中不可收拾的地步，惩罚也早已打了好几个折扣了。不管是家长还是教师，对那些"吵皮了"的学生发出一声叹息的同时，是不是也要反思一下自己，对学生的批评是不是来得太猛烈了一些。理解了这些道理，就不难理解为什么有的老师惜言如金却得到学生的尊重了。

同样，对学生的表扬也不能太"廉价"。赏识也有边界。调皮的学生听惯了批评，批评早就变得不痛不痒。老师对他们某些闪光点的偶尔表扬，可能就成为了改造他的绝好契机。表扬开始重复，效果开始下降。老师觉得自己是没词找词，学生心里也打起了小鼓，老师是不是哄我？是不是话里有话？如此一来，当学生出现一听到表扬就大为恼火的行为，也就不足为怪了。

现在你可能觉得自己已经掌握了边际递减效应，"什么话我只说一次"。可是效果如何？有人开始抱怨了，说一次，他们根本就不听！所以，应用这则简单的心理效应也不容易。如果你认为说一次是永远保持在最高的效用的唯一做法，那么你就错了。边际递减效应是有条件的，就像沙漠中水能比钻石珍贵一样，必须保证别的条件不变，递减才可能持续发生。教育环境复杂，难保你说一句，你的学生不会听到十句相反的意思。要想在你的教育生活中灵活运用，需要更多的智慧。

小白鼠跑迷津的实验可能能给我们一些启示：吃优质麦芽糖的小白鼠因为得到了更多的奖励，会比吃劣质葵瓜子的兄弟跑得快。时间一长，奖励的效果递减，他们都比刚开始跑得慢了一些。可是情况一掉换，突然吃上麦芽糖的兄弟毫无悬念地跑得更快了；可是由奢入俭的小白鼠出现明显的适应不良，速度更慢了。有了以前的表扬作铺垫，只有给学生的奖励只能升值，而不能贬值，才会达到预期的效果。对于学生来说，变幻刺激，寻找新的闪光点是保鲜的重要手段，死守以前管用的招数，只能适得其反。

边际递减效应揭示了人类心理的一个方面，了解并利用它，我们对待生活和自己的心理就少了一份惊惶失措，多了一分把握。

第 五 篇

发现与培养

　　最好的教育不是给予和塑造，而是发现与培养。儿童是发展中的个体，身上萌发着各种能力的胚芽，孕育着各种兴趣的火种。因循儿童的天性，尊重儿童不同年龄阶段的心理特征，通过激励、暗示、唤醒等各种教育机智与方法，因势利导地激发他们的兴趣，开发他们的潜力，让他们体验成功、感受赏识，从而自主地走上学习和探索之路。如果不顾儿童的心理发展特征，一味地按照主观意识去塑造儿童，不仅达不到预期的教育效果，还会损害儿童的想象力和创造力，扼杀儿童发展的可能性。

　　那么，让我们听听大师们的睿智的思考吧！在这一篇里，杜威跟我们谈"直接兴趣与间接兴趣"，爱米尔·库埃跟我们谈"利用自我暗示教育孩子"，陈鹤琴教授我们"儿童心理及教育儿童之方法"，还有赞可夫对"学生的发展"的深刻见解。

直接兴趣与间接兴趣①

〔美〕杜　威

现在我们讨论第二个重要问题，即兴趣心理学。我从简短的描述性的陈述开始。兴趣首先是积极的、投射的或推进的，是我们感到兴趣。对任何事物感兴趣就是积极地与那个事物发生关联。对于一个事物仅仅有感情，这种感情可能是静态的、无生气的，而兴趣是动态的。其次，它是客观的。我们说一个人有很多兴趣要关心或照料。我们谈论一个人的兴趣的范围，他的商业兴趣、乡土兴趣等。我们把兴趣与事物或事务视为一件事。兴趣不像赤裸的感情那样仅以自身为目的，而是体现在一个相关的对象中。最后，兴趣是个人的，它意味着直接的关心；意味着对某种事情的得失攸关的承认；意味着某种其结果对个人具有重要意义的事情。它既有其情绪的方面，也有其活动的、客观的方面。专利法或电的发明或政治可能是一个人的主要兴趣；但这包含着他的个人幸福和满足是以某种方式与这些事情的兴旺发达密切相关。

这些就是普通意义上使用的兴趣这个词的各种不同的含义。这个词的根本意思似乎就是由于认清其价值而集中注意、全神贯注、专心致志于某种活动的意思。inter esse（在两者之间）这个词的词源指明了同样的意思。兴趣标志着在个人与他的行动的材料和结果之间没有距离。兴

① 选自《学校与社会·明日之学校》，〔美〕杜威著，赵祥麟、任钟印、吴志宏译，人民教育出版社，2005年。

发现与培养

趣是它们的有机统一的标志。①

1. 兴趣的积极的或有推进功能的方面使我回过头来考虑一下活动的冲动和自发的迫切要求或倾向。绝对不偏不倚地指向各方面的冲动，这种事是没有的。冲动往往是沿着或多或少的特定管道分化。冲动有它自身特殊的传导方式。关于两捆干草之间的驴子这个古老的难题是人们非常熟悉的，但是它的根本的谬误却不是如此为一般人所知。如果自我是纯然被动的，纯然惰性的，只是等待着来自外面的刺激，那么，这个假设的例子中的自我就会永远是无助的，就会饿死，因为它在两个食物来源之间保持平衡。它的错误在于假定有这种被动的状况。一个人往往已经在做某事，专心于某一迫切的事，此种进行中的活动往往偏好于一方面而不偏好于他方面。换句话说，驴子往往是已经在向一捆干草移动而不是向另一捆移动。身体上的斜视没有力量导致心理上的斜视，竟至使这只动物处于从两方面受到同等刺激的状态中。哪里有生活，哪里就有活动，具有某种自己的倾向或方向的活动。

我们的天然兴趣的根基在于自发的冲动性活动的这种自然状态中，兴趣不再是消极地等待来自外部的刺激，而是冲动性的。在冲动的选择性或择优性的特性中，我们懂得了这样的事实：在任何时候，如果是完全清醒的，我们总是对某一方面感兴趣而不对另一方面感兴趣。完全没有兴趣或不偏不倚地分配兴趣的情况和经验主义伦理中那个驴子的故事一样是虚构的。

2. 兴趣的客观方面。如前所述，每一种兴趣都从属于一个对象。艺术家对他的画笔、颜料和技巧感兴趣。商人对供需的波动和市场的动态等感兴趣。不论我们以何种兴趣为例，我们都会看到，如果将兴趣所聚的对象除去，兴趣本身就会消失而回到空洞的感情中去。

错误开始于假定对象已经存在，然后才使活动产生出来。例如，油画布、画笔和颜料使艺术家感兴趣，是因为它们有助于他的显示和提高

---

① 诚然，兴趣这个词也在一定的贬义上被使用。我们说的是与原则相对立的兴趣，是行为动机只考虑个人私利的自私自利；但是这些既不是使用这个词的唯一的意思，也不是占主导地位的意思。完全可以怀疑是否这不过是对这个词的合理意义加以狭义的或贬义的使用。不管是什么情况，由于一方是在公认的价值或全神贯注的活动这种更广阔的、客观的意义上使用这个词，而另一方是在把它等同于自私动机这个意义上使用这个词，于是产生对兴趣这个词用法的争论，这似乎是确定无疑的。——原注

他已有的艺术才能。在一个轮子或一根绳子中没有什么东西能激发儿童的活动，除非他们对已经活跃的某种本能或冲动有吸引力并给它提供实行的手段。当12这个数字只是一个赤裸的、外在的事实时，是不会令人感兴趣的，当它作为实现某种萌动的能量或愿望——制作一只盒子、测量一个人的高度等的工具出现时，它就有了兴趣（正如对陀螺、手推车或玩具火车有兴趣一样）。尽管程度不同，恰恰正是这条原则对最专门的科学知识或历史知识也是适用的——凡能促进行动、有助于精神活动的，就是有兴趣的。

3. 现在我们讲到情绪方面。价值不仅是客观的，也是主观的。不仅有表明为有价值的或值得花时间的事物，而且有对它的价值的评价。

因此，兴趣心理学的要旨可以作如下表述：兴趣主要是自我表现的活动的一种形态——即是说，通过作用于萌芽状态的倾向而出现的生长的一种形态。如果我们从所做的事这方面考察这种活动，我们就得到兴趣所依附的、所群聚的它的客观特征、观念、对象等。如果我们考虑到它是自我发展，考虑到自我在这种满足中发现自己的力量，我们就获得了它的情绪的、鉴赏的方面。所以，真正兴趣的任何意义都必须把它理解为有着力所能及的、有直接价值的对象的外向活动。

在有些情况下，行动是直接的、即时的。它是在没有想到任何其他事情的情况下发生的，它是自我满足并自行满足的，其目的就是眼前的活动，因此不存在思想上的方法和目的之间的鸿沟。全部活动都具有这种直接的性质。纯美学的鉴赏接近于这种类型的行动。现在的经验只是为经验而左右我们，我们并不要求它使我们对它以外的某事感兴趣。对于儿童和他的球，业余爱好和听交响乐，眼前的对象就使他全神贯注。它的价值就在其中，就在直接在场的事物中。

另一方面，又有间接的、迁移的，或者用专门术语说是居间的兴趣。无关紧要的甚至令人厌恶的事情往往变得有兴趣只是因为假定有我们以前所不知道的关系和联系。很多所谓有务实性格的学生在学习了需要以数学理论作工具的某种工程学以后，发现曾经一度使人讨厌的数学理论由于有巨大的吸引力而变得光彩夺目。当音符和指法技巧被当做为学习而学习的对象并被孤立地对待时，儿童对它是不感兴趣的，当儿童认识了它可以帮助他，使他对唱歌的爱好发音更优美宏亮时，它就变得

发现与培养

迷人了。它是否引人入胜，是一个关系问题。尽管幼小儿童只能看到切近的事物，当他的经验增长时，他就变得能扩展自己的眼界，不仅看到一种行为或一件事或一个事实的本身，而且把它看做更大的整体的一部分。如果这个整体属于他，如果它就是他自己的活动的模式，那么，它所包括的那件事或行为也就具有了兴趣。

在这里，也只是在这里，才是"使事物变得有趣"这个观念的真实意义所在。有些反对兴趣的人主张，在教材已经选定之后，然后教师就应使教材变得有趣。我不知道还有比这种主张更加败坏道德的说教。这种主张有两个彻头彻尾的错误。一方面，它使教材的选择变成与兴趣问题不相干的事——这就是说，与儿童天生的迫切要求和需要毫不相干；此外，它使教学方法贬低为或多或少是外部的、人为的、装点不相干的教材的诡计。实际上，"使事物变得有趣"这条原则的意思是参照儿童现在的经验、能力和需要选择教材；（如果他对这种吻合不觉察、不理解的话）新教材的提出要使儿童能够联系到已经对他有意义的事情去理解新教材的意义、关系和价值。正是这种使之认识到新教材的意义构成了被朋友和敌人双方都误解了的真正的"使事物变得有趣"。

换句话说，这个问题乃是一个作为注意力的动力的、内在关联的问题。如果儿童不能更好地背诵理解课文就叫儿童在放学后留校的教师①，是求助于居间兴趣的心理学。因读错拉丁字元音或音节的音量而敲打指关节的古老的英国方法，是学习复杂的拉丁文时唤起兴趣的一种方式。哄孩子，或许诺能得到教师的喜爱、或升级、或能赚钱、或在社会上得到一个职位，是另一种类型。它们是迁移的兴趣。但是，评价它们的标准也正在这里：一种兴趣在多大程度上在外部从属于另一种兴趣或代替另一种兴趣？新的感染力、新的动力在多大程度上有助于解释、提出、叙述教材，而没有兴趣就做不到？此外，它还是一个在两者之间的问题。这个问题可以说是方法与目的的关系问题。任何不令人感兴趣的或令人讨厌的事物，当人们把它看做是能达到已经支配着注意的目的的方

----

① 听说有人曾认真地主张放学后要孩子留校学习常能获得以前所不能有的对算术或文法的兴趣，似乎这证实了与兴趣相反的"训练"的功效。当然，实际情况是，更多的闲暇、提供的个别讲解的机会有助于使教材在儿童的大脑中产生适当的关联——他"得到了"它。——原注

法时，或者当人们把它看做是一个目的、而这个目的允许已经掌握了的方法去取得进一步的活动和出路时，它就变得有兴趣了。但是，在正常的生长中，对方法的兴趣和对目的的兴趣在外部不是紧密联系的。对方法的兴趣弥漫着、充满着因而改造着对目的的兴趣。前者阐明后者或重新评价后者——赋予后者以新的意义。一个男人有了妻室儿女，由此就对他的日常工作有了新的动力——他从中看到了新的意义并以前所未有的坚定性和热情贯注于其中。但是，当他把日常工作看做是内心不乐意的事、看做仅仅是为了工资报酬的苦差事时，情况就完全不一样了。方法和目的仍旧是隔离很远的；它们并不互相渗透。这个人并不是真正比以前对他的工作更感兴趣；工作本身成了唯恐避之不及的苦事。所以，他不能对它赋予充分注意。他不能无保留地从事这项工作。但是对一个人来说，对工作的每一份努力都实实在在地意味着与他的妻子和婴儿息息相关。在外部、在身体上，他们是远离的。在精神上，涉及他的生活计划，它们是一回事，它们具有同样的价值。相反，在索然无味的工作中，方法与目的仍然在意识上是分离的，犹如它们在空间和时间上是分离的一样。这个真理，对于在教学中依靠求助于外部动力而"创造兴趣"的任何企图也同样适用。

在天平的另一端，试以艺术创作为例。雕塑师有其所期望的目的、理想。为实现他的目的，他必须经历一系列中介的步骤，这些步骤在表面看来是与目的不相符的。他必须制作模型、浇铸、雕凿；完成一系列特殊的动作，其中没有一种动作展现出或就是他心中的美的形式，其中每一个动作都显示出个人精力的使用。但是，因为这些都是完成他的活动的必要方法，最终完成的形态的意义被移入到这些特殊的动作中去，每一个泥塑模型的制作，每敲击一下凿子，对他来说都是这时尚处在实现过程中的全部目的，凡是属于这个目的的兴趣和价值也属于每一个步骤。他全神贯注于其中一个步骤，也同样全神贯注于另一个。不能做到这种完全的融为一体的任何表现都意味着是非艺术的产品，意味着他不是对他的理想真正有兴趣。在另一方面，他的兴趣最终被看做是作为方法的特殊过程所具有的目的。对它发生兴趣是因为它在现有的主动过程中的重要性而不是它在终极点上的重要性。他也可能为结束如此有趣的一部分工作的日子临近而感到遗憾。无论如何，引起他的兴趣的不是单

发现与培养

215

纯的外部产品。

我们已经畅论方法与目的，因为这些名词用得很普遍。然而，我们必须对它们作一点分析以弄清楚它们是否被误解了。方法与目的这些名词主要用于作为一个单一的活动的各个阶段的行为所占的地位，并仅次于事物或对象。目的实际是指一项活动的最后阶段，它的最后的或结束的时期；方法是较早的阶段，是在活动结束以前所经过的阶段。比方说，在与狼吞虎咽、尽快吃完不同的悠闲自在地吃肉的时候，在赛球的时候，在听音乐主题演奏的时候，这一点就显而易见了。在每一种情况下，都有一个明确的结果；肉吃完以后，在体内就有一定数量的食物；当九局棒球比赛结束时，有一方获得胜利。自此以后——以后——就有可能从外部结果与过程分离，与为过程铺好了道路的继续活动分离。以后，我就易于使结果与过程分离；把过程的结果看做目的而把整个过程看做只是达到外部结果的方法。但是，在开化的社会里，吃不仅仅是使体内获得如此多食物动力的方法；它是一个社会过程，是家庭成员的和好友的团聚时间；此外，进餐时的每一道菜都有其独特的乐趣，正如把食物吃完时的情况一样，即是说，正如活动的、持续的过程中的乐趣一样。区分方法与目的几乎没有任何意义。整个过程的每一个阶段都有其充分的意义或兴趣，较早的阶段和较晚的阶段是完全一样的。然后，即使在这里，也有把最好的一道菜留到最后的倾向——在用餐结束时端上甜点心。这就是说，有一种倾向是使最后一个阶段成为完成的或尽善尽美的阶段。

在听音乐主题演奏中，较早的各阶段决不仅仅是达到以后各阶段的方法；它们赋予思想以一定的定势，使之倾向于预想以后的发展。因此，目的、结局不仅仅是在时间上居于最后的事情；它是完成前面已进行的事，可以说，它是把音乐会的性质作为一个整体看的。在赛球时，兴趣可能随着比赛的每一个经过阶段而强化；最后一局最终决定谁胜谁负，这是在此以前成为悬念或疑问的问题。在比赛中，最后阶段不仅在时间上是最后的，而且确定整个比赛的性质并使前面的一切具有意义。虽然比赛的前几部分是比赛的重要部分，但它们不是单纯的为达到最后一局的方法。

在这些例证中，我们已经看到最后阶段可能成为前面已进行的各阶段的完成、完善或尽善尽美的阶段，可能因此而决定整个活动的性质。然而，目的决不能单纯地等同于外部结果。一方胜利——外部结果或对象——单是这一事实，离开了胜利所标志的竞赛的结束就没有任何意义。正因为如此，我们可以说，在代数方程式中，X 的值是 5，但是，如果说，X 在任何情况下等于 5，这就是胡说。只有作为解一个特定方程式的特定过程的答案，这一结果才有意义。然而，如果将这个数学问题转用于解其他有关的方程式，就可能使结果 5 与导致这个结果的过程分离，在进一步的运算中将 5 独立地用于得数是 5 的方程式。这个事实引出了一个更复杂的问题。

我们的活动有很多或者说大多数是互相关联的。吃肉不仅仅是一个过程，也是继续运用所吃的食物——它的吸收和转变成新作用的能量。所听的音乐主题可能代表音乐教育的更具连续性的过程中的一个步骤。比赛的结果可能成为决定两个俱乐部在一系列竞赛中的相关地位的一个因素。一件新的电话装置的发明者全神贯注于过程中的各个不同步骤；但是当发明完成时，它就成为另外一套活动的一个因素。当画家完成一幅画时，他的问题可能是怎样能出售他的画以维持家庭生活。利用一个行动过程的结果作为另外一个过程的现成因素，这一事实使我们把方法与目的看做在一个活动之外的固定的东西，把整个活动看做仅仅是为了达到外部结果的方法。因此，把赛球看做获胜的方法，而获胜反过来又仅仅是获得更多胜利的方法。一系列的获胜可能反过来成为仅仅是为了获得一笔金钱或一定荣誉的方法，如此无限循环。为了不致使讨论混淆不清，所以我们必须仔细分辨目的这个词的两种意义。当活动正在进行中的时候，"目的"仅仅意味着树立在整个过程的终极阶段的一个目标，它表明我们需要向前看，考虑我们现在所做的事，使之尽可能绝对地、有效地过渡到以后要做的事。当活动已结束以后，"目的"就意味着作为一件固定的事完成的结果。同样的考虑也适用于"方法"这个词。在活动过程中，它仅仅是指一项活动生长的各相续阶段直到它的完成的材料与动作的方式。活动完成以后，它的与达到结果的行动分离的结果可以用来作为达成其他事情的方法。

这种区分不只是理论上的区分，而是影响到教学中的兴趣的整个范围和意义的区分。我们已经讨论了纯粹外来的兴趣——靠裹上糖衣的方法赋予事物以兴趣——假定有某种准备好了的教材——完全与学生自己的活动无关的、完全独立存在的教材。于是就提出问题，怎样才能使这种外来的教材进入学生的头脑中去；怎样才能使他的注意力离开他的本能所关心的事物而转到这种不感兴趣的现成的外部教材上去。必须找到某种兴趣，找到某种联结的纽带。流行的习惯与教师所受的训练和倾向将决定教育学是求助于"硬"教育还是"软"教育；我们是用"施粥场"式的教学还是感化院式的教学。能否使没有趣味的事情（所以没有趣味，因为它存在于个人的活动计划之外）变得有趣——靠给它披上外加的令人愉快的特性的外衣，或者靠恐吓的方法——靠创造出聊胜于不注意的结果的兴趣以便在学习中两害相权取其轻吗？

然而，这两种方法都不是正确地提出问题，都不是解决问题的正确方法。所要学习的东西和所要获得的技巧方式与之相关的、（由于天赋或由于过去的成就）已经存在并在学生的经验中起作用的活动过程，有哪一个不是方法便是目的？那就是说，有哪一种行动靠注释和使用教材就能继续进行下去直到有适当的结局？或者说，有哪一种行动能够受到指导，以便在行动完成时自然地以所要学习的事物为结束？再说一遍，这个错误在于忽视了儿童已经从事的活动，或假定这些活动如此微不足道、如此毫不相干，竟认为它们对教育没有意义。一旦它们受到足够重视，新教材就视其参与活动的程度而本身成为令人感兴趣的东西。错误是在于把这些已经存在的活动看做似乎已经达到生长的极限；似乎它们目前的形态已足以令人满意而只是有待于激发的某种东西，不然，就不过是令人不满并需要予以压制的某种东西。

行动过程外在的目的和方法与行动过程内在的目的和方法之间的区别，使我们能够理解愉快和幸福之间的区别。任何人偶然碰上外来的任何事情并感到兴奋，愉快就产生了。愉快的问题是一个直接的或瞬间的反应的问题。幸福在性质上既不同于一种愉快，也不同于一系列愉快。当儿童连续不断地从事任何一种不受压抑的活动时——当他们在忙碌时，他们几乎总是幸福的、高兴的——成人也是这样。一个行动过程的日益增长的生长所带来的情绪上的伴随物，开展和成就的继续不断的迅速发展，这就是幸福——精神的满足或宁静，如果强调一下，它就叫做乐趣、快乐。不论是成人还是儿童，人们都对他能做成功的事、对于他们满怀信心地进行的事和对于他们怀着取得成就的意识所从事的活动，感到兴趣。这样的幸福或兴趣不是自觉的或自私的；它是正在发展的力量和聚精会神于所做的事的征兆。只有当活动是单调无味时，幸福才停止出现，而单调无味意味着生长和发展的停止；没有新的东西参与到将活动引向前进。另一方面，缺乏正常的做事的活动就会带来不安、烦躁，并需要任何一种足以引起活动的刺激——一种易于变成渴望着为兴奋而兴奋的状态。生活在健康的家庭或健康的社会环境中的健康儿童并不问"我现在能有什么样的愉快？"，而是问"我现在能做什么？"所要求的是生长着的活动，是有所事事，是一种兴趣。如果是那样，幸福就会自然而来。

在直接兴趣和间接兴趣之间没有严格的不可逾越的界线。活动愈复杂，它所包含的因素就愈多。只是用木块从事建筑的儿童，他的活动只有一个短暂的时间，他的目的就在他此刻正在做的事的前面——即是说，继续从事建筑，使他的木块越堆越高——不要倒塌。只要它能竖立不倒，至于他所建造的是什么，那是无关紧要的。当积木堆倒塌时，他愿意再从头开始。但是，如果他的目的在于某种更复杂的事情，用他的木块建筑某一种建筑物，更加复杂化的目的就使他的活动周期需要更长的时间；目的的达到被推迟了。在他达到结果以前，要做更多的事，因此，他必须在更长的时间内心中想着那个结果，以支配他的每时每刻的活动。逐渐地这种状态转变到另一种状态，在这后一种状态中，假如活动不是为了某一更远的、有价值的、必须为之采用本身并不重要的中介方法的目的，直接的活动就会完全不受欢迎。对于有教养的成人，遥远的未来的目的、只有在若干年后才能达到的结果，也可能激起并控制一长串困难的中介步骤，这些与对目的思考不相干的步骤可能完全是无足轻重的、甚至是令人讨厌的事情。因此，从这一方面，间接兴趣的发展只是一个征兆，它标志着简单的活动生长或展开成为复杂的、需要更长得多的时间去实行的、因而包含着推迟达成对中介步骤具有决定性意义和充分价值的目的的那种活动。

然而，当行动的时间延长时，不仅对一个对象的直接兴趣因此而逐渐地、自然地转变为间接兴趣，而且发生相反的过程。间接的价值变成直接价值。每个人都曾听说过，有一个人在开始时因为需要钱用而对获

发现与培养

得金钱有兴趣，最后他竟变得那样沉迷到仅仅占有金子，竟至贪婪地盯着他的金子。这个故事清楚表明了方法变成目的的令人讨厌的例子。但是，正常的、悦人心意的同一类型的例子也是常见的。学生在开始时对数字关系感兴趣，因为他们能利用这些关系制作某种其他东西（即是说，开始时是对仅仅作为方法或工具的算术的一部分感兴趣），他们可能变得对数字本身所能做的事为之神往。[①]

有的孩子开始对玩石弹或打球的技巧感兴趣，仅仅因为它是使他们感兴趣的游戏中的一个原动力，他们会变得对练习瞄准、投掷、抢球等动作感兴趣，因而不辞劳苦地致力于技巧的完善。培养游戏中的技巧的专门练习本身也变成了一种游戏。有的女孩对为洋娃娃做衣服感兴趣，仅仅因为是玩洋娃娃的兴趣，她们可能发展一种做衣服的兴趣，直至洋娃娃本身变成只是一种借口，或者至少只是做衣服的一种刺激。

如果读者回想一下他自己的生活过程中的一段时间，他就会知道，在这些例子中引证的有点琐碎的事是经常发生的。他会知道，凡是他的活动的意义的程度和范围增长的地方（而不是变成僵化、死板），两件事情中就有一件（或两件同时）在进行。一方面，比较狭隘、比较简单的兴趣（需要较短的时间去完成它）已经在向包括更长时间的兴趣发展。随着这种变化，它们已成长得更丰富更完满。它们已成长到包括很多以前漠不关心的、或者甚至厌恶的事情，因为在目的价值中现在已把包含在达到目的的过程中的价值包括进去。另一方面，很多事物开始时有意义，只是因为需要它们作为一个整体的、有兴趣的活动中的组成部分，后来这些事物变得自身具有独立的价值。有时甚至可以看到它们取代了它们原来赖以成为的那种活动。当孩子长大、不再对以前令他神往的事感兴趣时，正是发生这种情况；正如当男孩感到玩石弹游戏有失他们的身份、女孩发觉自己不再对洋娃娃感兴趣一样。从表面看来，原来的兴趣似乎只是被挤掉或被丢掉了。如果更仔细地加以考察，就会看到，只是由于在原来活动中的地位才在开始受到尊重的活动和对象，其重要性已发展到超过它们在开始时受欢迎的原因。在很多情况下，除非较简单的、看来似乎比较微不足道的兴趣已经适时有过影响，后来更重

---

① 用通常的术语说，就是对"具体"数字的兴趣转变为对"抽象"数字的兴趣。——原注

要的、更专门化的活动就不会发生。只要发展在继续进行，这个过程也可以在成人的发展中得到证明。一旦发展停止，生长也就开始停止。

现在，我们可以更明确地重述一下对兴趣在教育中的功能的正确的和错误的理解，为判断对兴趣原则的运用是否正确制定一个标准。如果活动包含着生长和发展，兴趣就是正常的，依靠它在教育上就是合理的。如果兴趣是活动中的发展停止的征兆和原因，它就是被不合理地利用了。

当然，这些准则是抽象的，远非不言而喻的。但是，根据我们在前面的讨论，它们的意义应当是显而易见的。当人们反对兴趣，把它看做不过是娱乐、虚度光阴或暂时的激动时（或者，在教育实践中它的确不过意味着这些事），就会看到，这里所说的兴趣仅仅属于在持久性的活动——一项要经过一段时间发展的活动——中没有地位的短暂的活动。当这种情况出现时，唤起"兴趣"的对象之所以受到重视，正是以它所引起的短暂的反应、它所激起的直接愉快为基础。这样产生的"兴趣"是反常的，因为它是能量浪费的征兆，它表明生活被割裂成一系列互不联结的反应，其中每一个反应都脱离了它在推进（或发展）一项连续性活动中的作用而独自受到重视。正如我们已经看到的，比方说吧，仅仅依靠使数字依附于偶尔唤起愉快反应的事物以使数字变得令人感兴趣，这是一回事；依靠介绍数字，使它的功能成为继续进行一项范围更广的活动的真正方法，以使它变得令人感兴趣，这是根本不同的另一回事。在后一种情况下，兴趣不是意味着由于和与数字不相干的某种其他事物的联合而产生的兴奋；它意味着，数字之所以有趣，是因为它在推进连续性的或持久性的活动方面的作用。

因此，我们的结论不单纯是说，有些兴趣是好的，有些兴趣是坏的；而是说，真正的兴趣表明某些材料、对象、技巧模式（或无论什么）被理解的基础乃是它在实现某种由人投身其中的行动中所起的实际作用。简言之，真正的兴趣只是意味着人已经投身于其中的、或发觉自己已身在其中的某一行动过程。因而他与那个过程成功地进行中所包括的任何对象和技巧是融为一体的。这个过程包括的时间或长或短，视情况而定，特别是视有关人员的经验和成熟程度而定。指望一个幼小儿童从事的活动像年龄较大的儿童所从事的活动那样复杂，或者指望年龄较大的儿童所从事的活动像成人所从事的活动那样复杂，这是可笑的。但是，持续一段时间的活动的延伸也是必要的。即使是对用匙子敲碟子感兴趣的婴儿也不是只与短暂的反应和兴趣有关。敲击与随之而来的声音有关，因此是有趣的，发出声音不是孤立地有趣而是作为敲击的结果有趣。这样短时间的活动形成直接兴趣，一时冲动的游戏活动一般都是属于这一类型。因为（重复一下前面已经说过的）在这种情况下，不需将后面的和正在进行中的活动记在心上以保持前面的活动继续进行，并指导完成活动的态度、顺序或先后。但是，行动愈复杂，活动所需的时间就愈长，时间愈长，完成或实现的阶段就愈推迟；推迟的时间愈久，对目的兴趣和对有趣的各步骤的兴趣之间发生冲突的机会就愈大。

下一步要讨论的问题是要考察一下，随着活动完成被推迟或变得遥远，努力就开始起作用；需要努力的情境的意义就是情境与思维的联系。

利用自我暗示教育孩子①

〔法〕爱米尔·库埃

幼儿教育的初始时间应该从他们出生以前开始。这个说法听起来似乎很荒谬，然而，这是一个无可争议的事实。

实际上，假如一个妇女在她怀孕几周之后，根据她心中所企盼的孩子的性别、生理、心理特征在脑海中勾勒出她所孕育的孩子的画面，并将这一印象在整个怀胎期间不断地加深。那么她所生的孩子的性别、特征就会恰如她所企盼的那样。

简朴的妇女可能会养出粗鲁的孩子，他们长大后会成为令人畏惧的武士。因为他们的母亲最强烈的欲望就是为自己的祖国培养出这样的英雄；然而在雅典，做母亲的都会生出聪明的孩子，他们的智慧要比身体素质强百倍。

以这种方式培养出来的孩子极易接受那些有益的暗示，并能将它们转化为自我暗示。而这些自我暗示，会在今后影响他的一生。因此，你必须明白，我们所有的言语、所有的行为，不过是在实例暗示、语言暗示的作用下所产生的自我暗示的结果。

那么，这些孩子的父母以及那些专门从事教育的委托人怎样才能避免唤起不良的自我暗示，而另一方面，生成有益的自我暗示呢？

在与孩子的交往中，要尽量保持平和的心情，说话时使用温和而又坚定的语调。这样他们就会变得绝对地服从，而没有丝毫逆反心理。

---

① 选自《心理暗示术》，〔法〕爱米尔·库埃著，刘双译，天津社会科学院出版社，2008 年。

首先，最重的一点：要避免尖刻和粗暴。因为这种态度会将残酷和仇恨带到自我暗示中去。此外，当心不在焉的女佣绝非故意地在客厅中打碎东西时，一定注意不要当着孩子的面训斥她们，而这种情形是很常见的。

这种事例必然会被不断效仿，并在今后酿成真正的祸端。

要唤醒他们的心中理解事物的缘由和热爱世界的欲望。要非常清晰地给出一切可能的解释，以一种愉快的温和的语调，以此来激发他们的兴趣，你必须愉快地回答他们的问题，而不是以："别烦人了。安静点，你以后就会知道了"这样的话来打断他们。

在任何情况下，都永远不要对一个孩子说："你懒惰，没有任何优点。"因为那样会让这个孩子恰恰产生出你对他所指控的那些缺点。

如果一个孩子很懒惰，而且做的工作也很糟糕，你应该在某一天这样对他说，即使这并非事实："你这一次的工作比平时好多了，干得不错。"由于受到了这种不寻常的赞扬，这个孩子一定会在下一次的工作中表现得更好，渐渐地，由于这种明智的鼓励，他终会成为一名真正的工作者。

无论如何都不要在孩子面前谈论起疾病，因为这必然会使他们产生不良的暗示。相反，要教导他们：健康是一个人的正常状态，而生病是不正常的，节制的、有规律的生活方式不会带来任何哪怕极其轻微的堕落。

不要通过教导他们害怕这个或那个、冷或热、雨或风等来给他们造成某种缺陷。男子汉就是要能够毫无损害、没有怨言地去经受这样的变化。

不要给孩子讲述各种妖魔和狼人的故事来让他们感到恐惧不安，因为这会使他们从童年起就变得胆小怯懦，甚至一生都如此。

对于那些不亲自抚养自己孩子的父母来说，极其需要谨慎地为孩子挑选一个委托人。仅仅爱孩子是不够的，他们还必须具备你期盼你的孩子也能拥有的那种素质。

要唤起孩子对工作和学习的热爱。要靠耐心和解释和以令他们愉快的方式使事情变得更加简单。通过引入一些对逸闻趣事的解释使他们急切地想去领会下一章的课程。

首先，要让他们意识到，对一个人来说，工作是必需的，而那些不以任何一种方式工作的人是毫无价值的、无用的生物。一切的工作都会给从事它的人带来健康和极大的满足。然而一些人所向往和渴望的无所事事则会使人疲倦、神经衰弱、厌恶生活，并使那些没有从无所事事中获得任何满足感的人误入歧途，甚至走上犯罪的道路。

　　教育孩子对所有的人都要保持礼貌、和气，尤其是对待那些比自己的阶层低微的人。也要尊敬老年人，绝不要嘲笑那些由于年老而身心有缺陷的人。

　　教育他们去热爱所有的人，不论他们富贵、还是贫贱。要随时准备好去援助那些需要帮助的人。在这一点上，不要计较自己在时间与金钱上的得失。总而言之，关心他人应该胜过关心自己。

　　这样的做法会给他们内心带来极大的满足，而利己主义思想在他们身上绝对不会出现。

　　要使他们建立自信心，教导他们：从事任何一种工作都要在理性的指导下进行。这样就会避免冲动行事。在理性地作出判断之后，他要形成一个决定，并严格遵守，除非某个后来发生的事实证明了他所作的决定是错误的。

　　重要的是要教育他们每一个人一生都要以必胜的坚定信念前进，在这种信念的影响下，他无疑一定会获得成功。当然，这并非说他只需静静地期待事情的发生，而是因为，在这种信念的驱使下，他会去做一切能促使他成功的事。

　　他将懂得如何去利用时机，哪怕是唯一一个可能出现的机会，也许仅仅是一根线或一根头发。然而那些怀疑自己做什么事情都不会成功的人只会不断的失败，因为他一切的努力都会朝着失败的方向。

　　首先，要让父母通过列举事实来对孩子进行说教。孩子的联想能力很强，把他想做的某件事情提出来，他就会去做。

　　一旦孩子学会说话，就要让他们每天早晚连续重复20次："每一天，在每一个方面，我正变得越来越好。"这样会在他们生理上、心理上都营造一个健康的气氛。

　　假如你尝试下列的暗示，你就能帮助无数的孩子改掉缺点，并挖掘出他们潜在的不同的才能。

225

每天晚上，在孩子睡着的时候，轻轻地走近他，注意与他的床保持三四英尺的距离，以免将他惊醒。站在那儿，用低沉单调的声音向他轻声耳语那些你所希望他去做的事。

最后，所有的老师都应该在每天早晨以类似下面这种方式对他们的学生进行暗示。

让学生们都闭上眼睛，对他们说："孩子，我希望你能够礼貌、友好地对待每一个人，听从你们父母和老师对你们提出的要求和劝告，并且不要有任何厌烦的情绪；过去，当你被提醒去做某事的时候，你总是感到厌烦，但是，现在，你应该十分理解他们所说的一切全是为了你好，那么，对于那些说教你的人，你就不会再感到生气，而是心存感激。

此外，从现在起要热爱你的工作，无论你从事的是哪一类。要学会去喜欢你必须掌握的东西，尤其是那些在过去一直不被你所喜欢的。

此外，当老师在教室里讲课的时候，你要集中全部的精力去倾听他的讲话，而不要去关注你周围学生可笑的话语和举止，自己也不要讲任何让人发笑的事。

在这种状态下，你是非常聪明的，孩子，你是非常聪明的，你会很容易的理解和记住你所学的东西，它将镶刻在你的脑海里，可以随时被你所用。只要你需要它的时候，你将能够运用它。

同样，当你独自或在家中完成某项任务、学习某一课程时，你就会把全部精力集中在你所做的事情上，你就总能取得较好的成绩。"

如果一个人从今以后能够严格遵循如上的建议，它就会在生理上、心理上具备最强的能力。那些未能充分理解自我暗示的原理和运作方式的人可能会觉得在一个孩子还没有出生之前，就开始对他或她进行教育是非常荒谬的。在这里我就不再重复在前面某些章节里已经解释过的问题，我只需要告诉大家，想象在生命的每项功能中都发挥了最为重要的作用。通过对想象的训练，换句话说，通过实行自我暗示，一位未来的母亲不仅可以决定她的孩子的性别（这已经被某些医疗权威人士所证实），而且还可以在很大程度上决定孩子的身体上和精神上的特征。要达到这一点，她只需要按照她所期望的那样进行想象，在潜意识里创造出未来的儿子或女儿的形象，以及她所期望的这个还未出生的孩子将会具有的品质。这种做法肯定会带来一定的结果。

　　更重要的结果是，在某些特征上，孩子可能会比父母所想象的还要出色，这并不意味着这个孩子的原有特征会减弱。恰恰相反，随着他或她逐渐长大成人，自我暗示所产生的特征很可能会取代暗示所产生的特征，并且在孩子的人生中取得主导地位。但是有一点必须要记住，就是我们的行为举动在很大程度上是过去的外部暗示或者示例的结果。因此很明显，对任何人来说，尽早开始对孩子进行教育，并对影响和塑造孩子思想的暗示加以控制是非常重要的。父母和教育工作者必须谨慎地进行有益的暗示，并且不遗余力地避免孩子受到有害的暗示的影响。

　　怎样才能够做到这点呢？这里我尝试着列举出一些命令或者是暗示。当然，所有这些都是泛泛而谈的暗示，它们应该依照具体的个人和环境的不同而有所改变。

　　如何对待孩子呢？你应该对他们保持心平气和的态度，和他们用温和但是坚定的语气交谈，劝说他们服从你而不是诱惑他们屈从于你的影响。不要粗暴地对待孩子，因为这样做的话，可能会导致孩子滋生畏惧、忧郁甚至憎恨的情绪。

　　（1）要避免在孩子面前说别人的坏话，他们日后必然会遵循你的做法——背后中伤，通常会导致不幸的发生。

　　（2）要寻求一种途径来唤醒他们意识中对于理解自然界的渴望，使他们保持对自然界的兴趣——明确而又幽默地回答他们的问题。不要总是回答“哦，你又来烦我了”，或者“以后你就会知道这个问题的”——就像我们中的很多人那样——这会令他们失去兴趣。

　　总而言之，无论如何都不要告诉一个孩子他或者她是一个说谎的，懒惰的，愚蠢的或者更为恶劣的孩子。记住这样的暗示很可能会变为现实，正如暗示能够使人变得优秀一样。

　　（3）孩子尤其需要鼓励——对一个有懒惰的或者粗心大意的倾向的孩子，你应该说“好，你今天要比往常做得好得多，我很满意你的努力，你进步了。”这可能不是真的，但没有关系。进步、优秀和努力的暗示将会深入孩子的脑海里，随着你明智的鼓励，这些暗示就会在不知不觉中逐渐地变为现实。

　　（4）要避免在孩子面前谈论疾病——自我暗示会迅速把这个概念传

达给身体，并且导致你想要避而远之的疾病。因此，你应该教导他们身体健康才是正常的；生病是不常见的，只有在不遵循自然法则的时候才会遭受那样的后果。

（5）不要吓唬孩子。不要让孩子害怕坏天气。你应该告诉孩子，人生来就能够经受寒冷、炎热、下雨、刮风之类坏天气，也能够不受疾病的侵扰，生病完全是由错误思想所引起的。用妖怪、魔鬼以及诸如此类的东西来吓唬孩子是非常残忍的，恐惧会慢慢地一直占据孩子的思想，并且会毁掉孩子日后的生活和命运。

（6）把学习变得吸引人——你应该通过讲述与主题有关的奇闻轶事来把上课变得生动有趣，并带着微笑解释难点，给孩子一种"这个难点非常容易"的印象，这能够使孩子喜欢上学习。教师的目标应该是能够令孩子迫切地希望学习下一课。

（7）当然，你也要循序渐进地向孩子灌输热爱劳动的思想——劳动是天赋的和不可或缺的，游手好闲是不对的，不利于健康的，这会导致身体和精神上各种各样的疾病。孩子易受改变的思想就会很自然地吸收这样的暗示。这些暗示将会永远留在孩子的思想里，并且塑造他的性格。

（8）树立良好的榜样——列举一个好孩子所应具有的所有品质是没有必要的，也不是本章要讨论的内容。我所希望解释的是在对孩子的教育和培养过程中如何运用暗示和自我暗示。我们都知道"以身作则胜于口头教诲"，但是当我们掌握了自我暗示的力量之后，我们就能够更好地认识到暗示的真谛。孩子对于暗示是及其敏感的，他们总是愿意学着去做他们所看到的，无论是好是坏。所以父母和教育工作者的首要责任就是要树立良好的榜样。

（9）在孩子睡觉的时候给他们暗示——在纠正孩子性格上的缺点和培养他所不具备的品质方面，暗示可以取得极好的效果。每天晚上，在孩子刚好快要睡着时，或者在他已经睡着之后，你可以站在离他的床不远的地方，低声诉说你期望的获得物，重复15到20遍你希望孩子所具有的品质和他应当纠正的缺点。不要害怕重复单调的语句，那是最有效的接近潜意识的方法。对于潜意识来说，雄辩并不能帮助它来加深印象。仅仅是对观点的简单表述已经足够了。过多的表达反而会画蛇添足，适得其反。

（10）在学校对孩子进行暗示——在学校里，教师可以通过在每天上课前进行所需的暗示来取得显著的效果。学生应该被要求闭上双眼，然后他们会听到如下所述的教诲："孩子们，我相信你们都会变得善良、有礼貌，和睦相处，听从父母和老师的教导。你们会记住他们的教诲，因为你们知道那完全是为了你们自己好。你们是勤奋的，所以热爱学习，即使是学习你们以前并不喜欢的功课。在课堂上，你们会一直全神贯注地听讲。那种在上课时无聊地浪费时间嬉戏的行为，只会引起你们的遗憾。正因为你们是非常勤奋的，无论对哪一门功课，你们在理解课文上都毫无困难，你们会记住听到的每一句话。那些知识都会存在于你们的大脑里，一旦需要就能够马上从脑子里调出来。"

性格由想象形成。当然，上面所说的仅仅是一个相关暗示的例子，教师可以对它进行修改，当然也可以根据自己的特殊需要加以改进，问题的关键不是这些语句，而是要通过这种方式来实行暗示。如果开始时孩子们发笑或者他们的注意力不集中，没有关系。当早晨的暗示（当然他们并不需要知道暗示的目的）成为惯例时，他们就会自动地去听从这些言语，而无须听到它们。这些言语同样到达了潜意识的深处，它们所表达的思想也会有效地起到作用。

总之，向孩子灌输恰当的暗示非常关键。对孩子的一切教育都依靠它。你应该充分利用想象，别忘了性格由想象形成。没人相信一个孩子生来就是罪犯。他变成罪犯是因为自我暗示，同样如果他的自我暗示能够得到正确引导的话，他也可能成为一名对社会有价值的人。

形 成学习动机①

〔苏〕尤·克·巴班斯基

　　大家知道,任何活动(其中包括学习活动)的成就,在很大程度上取决于具有积极的学习动机。

　　人生来就具有好问"为什么"这样无条件的定向反射。"为什么"问个不停的小家伙,以及一年级的学生,特别明显地表现出这种特点。教师的任务是在整个学校教学期间,创造最良好的条件来维护人所特有的这种好奇心,不仅不可摧残它,而且应当以新的动机,即从教学内容、认知活动的组织形式和方法以及与学生的交往方式产生出来的动机来充实它。学习动机的形成,并非一种自发产生的过程。如果仅仅把它看做是天赋的素质,那就是轻率的、没有远见的看法。动机应当专门地加以培养、予以激发,尤其重要的是教育学生"自己激发"自己的动机。

　　学习动机是多种多样的,其中可分为两大类:认知兴趣动机,学习义务感及责任感动机。认知兴趣动机较具体地表现在,譬如说,学生渴求很急需的内容,或内容中有一些引人入胜的、不平常的和离奇的东西。他们特别向往认知性游戏、学习讨论、争论及其他可激发学习的方法。义务感和责任感动机,首先同明确学习的社会意义,即同明确学习是和苏联学生的爱国主义义务联系在一起。同具有自觉的学习纪律,乐于执行教师、父母、学生积极分子的要求,尊重班级舆论等密切相关。

　　积极动机的形成首先是教师激励的结果。特别是初等学校的学生更

---

①　选自《教育过程最优化》,〔苏〕尤·克·巴班斯基著,吴文侃译,教育科学出版社,1986年3月。

是如此，他们对学习的自我激励能力是很有限的。但是，随着这种能力的增长，特别是在中年级阶段，必须积极地诱导学生进行自我教育，自己培养积极的学习动机。

在开始培养学习动机时，必须了解学习动机的现有水平和状况。在这方面，初等学校具有特别有利的条件。这里，学生们的言论、判断以及回答常交往的教师的问题都很坦率。可能会有这种情况，即学生的学习动机主要是害怕教师和父母的责备，害怕不及格或者低分。还有另一种情况，即动机仅来自情境的趣味性，由于当时所举例子、事实和问题在内容上引人入胜、离奇和非凡，从而产生兴趣。有经验的教师，在同某些学生进行坦率的信守秘密的谈话时，不难发现有虚荣心和其他不正确的学习动机。这样就产生了问题：究竟应当怎样做才能改变上述的各种动机，而代之以积极的动机呢？存在消极的学习动机本身并不意味着缺乏积极的动机。积极的动机是每个学生都有的，只是程度不同而已。但是，由于各种原因，这些动机被抑制了，需要排除抑制它的原因和事实，使它解放出来。为此，必须分析各种积极动机的形成程度，特别是分析它们的具体因素，以便发现消极动机比积极动机占优势的主要原因究竟在哪里。

在详细研究学生的学习动机过程中，最好能查明：

学生是否认识到学习对社会和个人都有重要意义？

学生如何理解学习的必要性，是把学习看做是社会的义务，还是仅把学习看做是个人准备升上大学的需要？

他究竟是力求获得深刻而牢固的知识，还是主要只为取得高分？

他究竟是认识到知识缺陷越积越多的危险性，还是只怕获得低分？

他如何对待教师和父母的要求（持积极态度还是消极态度）？是否懂得这些要求对自己有好处？

他能否使自己相信这些要求有好处？

他能否抑制不良的动机，还是只能听之任之？

他能否把兴趣动机和义务感动机合理地结合起来？他究竟是积极学习任何教材，还是只学习特别感兴趣的教材？

哪些兴趣占主要地位：好奇心，求知欲，还是对整个知识的认知兴趣？

了解学生的学习动机，教师就能及时向他指出，最近期间应当努力

231

克服哪些缺点。要知道，有许多学生根本没有考虑过这个问题，只要提醒他们注意这个问题，他们就会不知不觉地开始自我教育，即使采用的是最简单的形式。另一些学生需要向他们指出自我培养学习动机的可行方式。第三种学生则需要对他们的自我教育过程进行更细致、更系统的检查，需要高年级学生和本班同学给予经常的帮助。如果教师发现学生在义务感动机方面培养得不够，那么，就应当采取措施，向学生阐明学习的社会意义，还要教育学生在学习具体学科和专题时能自己认清其社会意义，并且搜集有说服力的例子，阐明教育对科技进步的意义，对促进生产自动化、机械化和提高劳动生产率的意义，以及对我国的社会进步和文化进步的意义。同时，教师还要教育学生认识学习对本身的意义——学习该科对培养他的爱好、能力，职业定向和引导本人去认真掌握感兴趣的专业有什么好处。应当帮助学生理解学习对准备进行文化领域和劳动集体中的交往，对满足创造性探索（设计、合理化活动、艺术创作等）的意义。这一切能使学生养成自我激励的习惯："这是社会所需要的，我是社会的一个成员，所以也是我所需要的，我一定要积极地学习！"这样一来，"课题就征服了学生"。他们也就形成了一种能力，能够从新的课题内容中找到推动力量，推动他们从内容的迫切性、新颖性和重要性出发，进行积极的学习。

然而，远非各种活动都是引人入胜、津津有味、饶有趣味的，因而并非都能自动地引起儿童的积极动机。学习上有许多事情是平凡的，有时甚至是单调的、枯燥的。这时怎样培养积极的活动动机呢？在这种情况下，应当发挥作用的是意志动机——自我命令，自我促进，自我开导，就是说，即使没有兴趣的作业，困难的作业，意义不大的作业，也必须下决心做好。这时，当然要以义务感、责任感和自觉纪律作为动力的源泉。学习纪律和意志力的自我培养与"抗干扰能力"的培养是分不开的，就是说要强迫自己聚精会神地完成"不听从摆布"的作业。教师方面明确提出要求，保证要求一致，打分合情合理，也有重大的意义。

合理的奖励制度也值得重视。

回答时给予表扬，在教室日志和成绩登记表上写下表扬的评语，社会性知识评比，通过向列宁汇报的方式集体讨论完成学习义务的情况，这一切，都有助于形成有社会意义的动机，这些动机在整个学习动机中起着特别重要的作用。

这里再一次提醒大家，在教学过程中，要求和鼓励的运用必须适当，因为失去分寸，就不可避免地要出现两种情况，一种是惊慌、恐惧、经常准备受处分的心理，另一种是由于过分表扬，形成了虚荣心，经常处于紧张状态，使神经系统疲惫不堪。

上面我们指出了形成学生积极动机的一些基本工作方法。我们讨论的主要目的在于强调必须从外部刺激转到学生内在动机的自我培养。这里，善于把决定学习目的和形成学习动机结合起来，具有特别重要的意义。学生，特别是高年级学生在考虑自己家里和课堂上的活动任务时，已经形成了自己的活动动机。学生们如果看到教师、家长、学生积极分子关心他们动机的自我培养，在困难时得到这些人的帮助，这些人为他们创造"成功的情境"，那么，学生们就会更加积极地进行自我培养。

顿涅茨克第二学校物理教师 Б. И. 杰格佳列夫，在激励和形成学生的学习动机方面，做了大量的工作。他没有一堂课不考虑"动机的保证作用"。他系统地研究了学生的兴趣和学习动机，并且考虑每个班级的典型情况，改变教学方法和组织形式，一方面，力求依靠积极的动机，另一方面，又力求消除消极动机的作用。近年来，他特别积极地从事这方面的研究。1975 年他进行了一项研究，研究学生在课堂上过分疲劳的原因，结果表明，有 58.7％升入他教的高年级的学生，过度疲劳的基本原因是学习缺乏兴致，课堂的教学形式不能引起兴趣。下表就是所概括的分析结果：

项目 顺序	课堂上什么原因使你最疲劳	回答的数量统计	
		人数	％
1.	疲劳是由于学习作业负担过重	53	10.08
2.	无法尽全力地学习	116	22.05
3.	学习缺乏兴致（课堂教学形式不能引起兴趣）	309	58.75
4.	对教材不理解	28	5.32
5.	小环境的干扰	20	3.8
学生总数		526	100％

在问卷中，学生写道："……经常坐着没事干是很难受的。整堂课

塞满有趣的作业也很疲劳。但这种疲劳是愉快的"。

　　这一切，使探索促进学生形成学习动机的方式更加积极起来。Б. И. 杰格佳列夫开始采用多种多样的教学方法，因为方法的变换可以拨动学生兴趣之弦。他在教学中情绪十分高涨，经常率先介绍科学新事物，举行好学者竞赛会，物理维多利亚游戏（参加者应回答一个总题目中的许多问题——译者注），最新科学成就评论会，学习辩论会，经常组织回答有趣问题的活动，力求指明科学的未来。他不怕学生在这方面的负担过重，因为，有趣的作业会使精力旺盛，不会引起过度疲劳。在他的课上，可以看到参观生产的录像，可以看到编码显示器的大量有趣的图解说明（使用他编制的连续底片并用编码器自动控制）。这里，特别令人信服地表现出一条未成文的教育规律：教师的兴致必须转化为学生的兴致。

　　杰格佳列夫高度评价教育伦理学。在同我们交谈时，他作了这样的说明："在生活突飞猛进的时代里，在信息的洪流中，在现代技术装备的情况下，在当前学习负担的状态下，如果没有掌握适度，没有教师的深情厚谊，没有在班上创造舒适的心理环境，那么，学生的心理就可能支持不住"。他的课就体现了这种精神。不仅如此，就连组织实验小组，他也考虑到学生心理上的融洽。

　　如果把上述内容扼要地概括一下，那么可以说，使学生实现自我促进学习的过程，就必须：

　　使学生明确学习是一种社会义务；

　　认清学科和所研究问题的理论意义和实践意义；

　　认清整个学习和该科学习对发展自己能力和培养职业志向的意义，或者反过来说，对有目的地消除某些不良因素的意义，这些因素会阻碍他充分发挥自己的实际学习能力；

　　力求不仅掌握最有趣的、生动鲜明的、引人入胜的、津津有味的知识，而且掌握所有教育内容；

　　培养服从自己下达的命令的能力，能够用意志力推动学习，既能克服各种诱惑、嗜好和分心，又能进行自我训练；

　　不断克服学习上的困难，从而体验愉快的心情；

　　力求认识和理解执行教师、父母、班集体等的要求对自己的益处，并体验和珍视这种益处；

自觉抑制在回答、测验或者考查时的恐惧感。利用各种方式安慰自己，增强自己的信心；

只要发现在行为中和学习态度方面有爱虚荣的表现，更不用说教师、父母或者同学恰当地指出这一点，就应予以克服。

这一切说明，形成学习动机和激励自己学习是一个很复杂的过程，这个过程需要纳入教育管理的范围，并且进行耐心的教育。

发现与培养

尾 巴[①]

〔日〕黑柳彻子

这是一天下午发生的事。下课之后，小豆豆正在收拾东西，准备回家。这时候，大荣君跑了过来，压低了声音，说道：

"校长先生发火了！"

"在哪里？"

小豆豆问。因为，迄今为止，小豆豆还从来没有看到过校长先生发怒的样子，不禁十分惊奇。大荣君因为急急忙忙地跑了过来，加上十分吃惊，大眼睛瞪得圆溜溜的，鼻翼也有点儿鼓了起来，说道：

"在校长先生家的厨房里。"

"去看看？"

小豆豆抓住大荣君的手，就向校长先生家的厨房跑去。校长先生的家就在礼堂的侧面，厨房则靠近校园的后门。有一次小豆豆掉进了厕所的掏口里面，就是在这个厨房里面的洗澡间里洗干净的，另外，午餐时的"海的味道"和"山的味道"的菜肴，也是在这个厨房里做出来的。

两个人蹑手蹑脚地走近厨房，厨房的门已经关住了，果然，从门缝中传来校长先生发怒的声音：

"到底为什么，您要那样随便地问高桥君'有没有尾巴'？"

然后听到了小豆豆的班主任老师的声音。对校长的责问，女老师回答道：

---

① 选自《窗边的小豆豆》，〔日〕黑柳彻子著，岩崎千弘图、赵玉皎译，南海出版公司，2003年。

"我没有什么别的意思。我只是看到了高桥君，觉得很可爱，就随口说了一句。"

"您难道不知道这有多严重吗？我对高桥君费了多少心思，这一点，您怎么才能理解呢？"

小豆豆想起了今天上午上课的事情。早晨，班主任老师说：

"古时候，人是有尾巴的。"

这是非常有趣的话题，大家都非常高兴。用大人的话说，这是进化论的初步知识，总之，是很少见的话题，特别是，当老师说道：

"……所以，现在我们都有尾骨，这是尾巴退化后留下来的。"

这个时候，以小豆豆为首，大家开始互相摸哪一个是尾骨，教室里乱成一团。在这个话题的最后，老师开玩笑地说：

"有没有人还有尾巴呢？高桥君，你有没有呢？"

高桥君急忙站了起来，摇着小小的手，认真地说：

"我没有。"

小豆豆明白了，校长先生正是因为这件事而发怒。

现在校长先生的声音，不像是在发火，而是充满了悲伤：

"您有没有想过，高桥君被您问'有没有尾巴'，他会是什么心情呢？"

女老师没有回答。小豆豆不明白为什么尾巴的事情，会惹得校长先生这么生气。"如果老师问我有没有尾巴，我一定高兴死了。"

的确如此，像小豆豆这样的孩子，身体上没有任何缺陷，所以，即便老师问"有没有尾巴"，也一点不会在意。但是，高桥君的个子，已经不可能再长高了，他自己也知道这一点。所以，校长先生在开运动会的时候，特意设计了适合高桥君的项目，让他可以取得好成绩；而且为了去掉身体上有障碍的孩子的自卑心理，让大家都不穿冰衣，一起到池子里游泳。总之，为了使高桥君，还有泰明这样的身体上有障碍的孩子，能够去掉自卑的心理，以及"我比别的孩子劣等"的想法，校长先生尽了他能做到的种种努力。而事实上，这些孩子们也确实没有什么自卑的情结。但是，因为觉得高桥君很可爱，顺口就说出一句"是不是有尾巴呀"这样的话实在是欠考虑，这也是校长先生始料不及的。关于尾巴的这件事，是校长先生偶然知道的，因为上午上课的时候，先生正在后面参观课堂。

女老师哭了起来，只听她说道：

"确实是我做错了。我怎么向高桥君道歉才好呢？"

校长先生沉默了。这时候，小豆豆很想看一看校长先生，但是从玻璃窗上是看不到的。虽然不清楚为什么要看一看先生，但她却更深切地感觉到，校长先生的确是我们的好朋友。大荣君肯定也是这个想法吧。

校长先生对班主任老师发火的时候，不在还有别的老师的职员室里，而是在谁也看不到的厨房里，这一件事，给小豆豆留下了深深的印象。从这件事上能够看出，小林先生作为一位真正的教育者的处事方式。这一点，虽然当时的小豆豆还不能理解，但不知为什么，先生的声音却总是留在心里，无法忘怀。

春天来了……对小豆豆来说，巴学园的第二个春天，已经真实地向她走来了。

教育机智做什么①

〔加〕 马克斯·范梅南

教育机智是一种教育行动的形式。它涉及母亲和父亲与他们的孩子交往的方式。它描述了教育者可以在教与学的关系中行动的方式。教育机智描绘了任何一个成人可以与年轻人进行教育交往的方式。在对年轻人的教育行为中，学生得到了影响。但是如果这种影响用机智加以调和，则不至于成为权威式的、控制性的、支配性的、操纵性的关系，不至于成为利用孩子，或者使年轻人变得无能，只得依赖于你。机智不是一个价值中立的（value-neutral）术语。教育机智也是受到规范性的敏感所支配的。不论我们作为父母或老师做什么，我们的教育行动总是受到来自规范性意图的信息的指导：我们总是想以对那些我们身负责任的孩子和年轻人好的方式采取行动。

教育机智做什么呢？教育机智做那些对孩子好的和恰当的事。可是，我们怎么知道什么对孩子好和正确呢？假如你不能上升到道德和批判性的理论高度去以一种概括性的方式寻找答案的话，那么你就需要下到日常生活体验的具体层次中去观测机智在具体的情境和环境中做什么。我们从与孩子生活的体验中知道什么样的行动是在教育机智的范围之内的。在下面的几节中，我们提出了教育机智能做以下的事：保留孩子的空间，保护那些脆弱的东西，防止受到伤害，让破碎的变成整体，

---

① 选自《教学机智——教育智慧的意蕴》，〔加〕马克斯·范梅南著，李树英译，教育科学出版社，2001年6月。

239

巩固好的品质，加强孩子的独特之处，支持个性成长。

一、机智保留了孩子的空间

成长和学习需要空间。

在其他同学面前演示一个十年级的科学实验的结果时，考瑞完全失去了他的潇洒和信心。现在他感到十分的尴尬，简直就希望能钻到地底下去，这样他就永远也不要见到他的同学们了。孩子们注意到了他内心的斗争，有些开始窃笑，而其他的同学则为考瑞感到很尴尬，于是假装不去注意。这使得情形变得更糟。考瑞僵立在那儿。脸上抽搐着。那种安静变得让人无法忍受。就在这个时候，老师打破这种尴尬，递给考瑞一支粉笔，并问他是否能够用两三个要点将主要的结果弄出来。考瑞这时有了一个机会转过身去，镇静一下自己，不面对其他孩子。同时，老师向班上作了一些评论，以帮助考瑞回忆和梳理结果。结果，考瑞的实验结果陈述作得还不错，老师最后说，"谢谢你，考瑞。你刚才经历了一个很艰难的时刻。我们都经历过类似这样的时刻。你做得很好"。

考瑞的老师所做的让一个可怕的、尴尬的经历变得可以承受。通过她的机智的干预，她使得考瑞的体验要轻松些，可以承受。虽然这是一个考瑞不会觉得自豪的尴尬时刻，但他还是可以挺过去的。老师闯进来挽救局面，而不是取消考瑞作为陈述者的地位（比如建议他坐下来），她实际上帮助挽救了考瑞的空间，使他能够恢复对局面的控制。在闯进情境之后，她又迅速地撤了出来，让考瑞自己去处理。

机智意味着可能的时候撤出来，但是当事情出现问题的时候，又随时在场。通过撤出来，成人给孩子创造了空间，这样孩子得以用自己的方式来作决定。然而，机智地撤出，与完全地撤出、让孩子自己去做是有区别的。后面那种放任自流的教育方法被以孩子为中心的民主进步主义的人所误会。孩子需要我们给予犯错误的自由并从中吸取教训。但是，完全撤出教育关系让孩子充分地"自由"去作他们尚未有充分的能力去作的决定和选择，这是错误的机智。

在许多家庭中，大人可能太忙于他们自己的事务，而没有意识到孩子内心的生活世界。良好的交流能够保持一种亲密的水平，而不会窒息孩子对个人空间的需求。在许多家庭里，成人很可能与他们的孩子交流太少，这里积极的一面是，这使得一种内心的生活发展起来了。过分保护孩子或者过分窥探孩子秘密的父母亲与孩子交流得太多，欲刺探孩子的思想、梦想、想象力、感情、恐惧等。一种恰当的交流关系能提高自我认识的更大的机会，而人类亲密和亲情的满足感促进了敏感性。但是，缺乏交流在多数家庭中很可能比过分交流要更普遍。爱刺探的父母往往对孩子多疑，因此，他们的孩子可能更想将一些事放在心里，不让父母知道。这样，在孩子独立的需要与父母控制孩子的事情的欲望之间形成了一种默默的斗争。了解某人秘密的一个办法就是去寻找那些受压抑的例证。它们有时可以告诉我们秘密的性质或位置（比如，未进入青少年期的儿童突然避免在父母面前脱衣服）。

教师不仅应该意识到孩子对机智的支持和个人空间的需求，他们也应该意识到家庭中的缺乏交流和过分交流。孩子在家里的交流方式可能会影响孩子分享思想和情感，以及在学校时探险的主动性。

二、机智保护那些脆弱的东西

孩子的脆弱性软化了成人。

体育老师带孩子们去游泳。多数孩子都玩儿得很开心。有时老师帮助孩子改进划水的动作。他看到了斯蒂芬，一个不错的游泳者，站在跳水板上。斯蒂芬站在那儿好长一段时间了。他在判断到水池表面的距离。他渴望像他的一些朋友一样，勇敢地跳下去。可是，他就是克服不了恐惧。他的朋友们叫他跳下来，一起玩儿水中捉迷藏的游戏。但是，斯蒂芬摇了摇脑袋，假装说他更喜欢在跳板上。"等一会儿！我在休息！"最后，斯蒂芬在没有人注意的时候，从跳板的侧面爬了下来，跳到了水中加入了大家的游戏。老师将斯蒂芬的内心矛盾看在眼里，觉得直接去干预，公开地鼓励斯蒂芬战胜恐惧，会引起他的同学的注意，这不恰当。后来，他找到了一个不引人注目的机会给斯蒂芬指点了一两下，帮助他做了第一次跳水。在游泳快结束之前，斯蒂芬有一次勇敢地爬到了跳板上，自己朝下跳了下去。随后，他又跳了几次。斯蒂芬显然对他新获得的勇气和技巧感到非常高兴。老师注意到这点，对他大加赞扬："做得好，斯蒂芬！我很喜欢你在跳水时四肢伸直的样子。"

　　一个机智的教育者能够分辨出孩子身上那些积极的但可能起初却是孩子的弱点的品质。机智决不粗暴地或轻率地对待这样的情境，相反，机智要求成人以"看见了却不去注意它"或"分享秘密"的方式来对待这样的情境，回避这样的情境。成人常常很难做到这一点。不如说，那些重新回到大学拿额外的资格证或高级学位的老师，在参加考试或者在大学课堂里要在他们的同学面前表演时，常常体验到自身的脆弱性。然而，同样是这些成人可能对他们自己的学生的极其脆弱性却十分的不敏感。

　　尽管如此，当成人们注意到孩子们是多么地易受伤害的时候，他们往往会感到更加有责任和富有同情心。孩子的无助和相对的柔弱使得成人更加感到温柔和心软。我们可以说，孩子的柔弱和脆弱让成人也变得柔弱起来，并且呼唤着成人对孩子负起责任来。很少有成人没有体验到年幼的孩子向他们呼唤的力量。恰恰是因为孩子容易受到伤害，成人才立刻就能体验到孩子由于毫无保护自己的能力和脆弱性所形成的那种呼唤。孩子的这种脆弱以其神奇的力量将成人的鲁莽和粗心转变成温柔和体贴。从某个方式上看，孩子的无力和脆弱使他从成人那里奇怪地独立出来。孩子向成人发出的呼唤阻止了后者滥用权力。因此，滥用权力的成人遭受到了道德上的失败。

三、机智防止伤害

　　要使伤害变得可以忘记。

　　在谢丽从学校回家的路上，她的男朋友汤姆骑着新购的摩托车从她身边驶过。他们互相招手。"别忘了明天！"他叫道。她用手势回应着，脸上带着期望明天约会的微笑。他呼啸着向前开去。谢丽脸上的微笑尚未消失，这时突然一辆汽车出现在路中央。摩托车猛地转弯，旋转着向空中飞去。骑手就像一个扔出去的玩具一样，嘭地撞上了另外一辆汽车，然后躺在地上一动不动了。那天晚上，谢丽尖叫着从梦中醒来。她做了一个可怕的梦。她的母亲来到了她的卧室。母亲知道，劝谢丽试着忘记这个事故一点儿也不会有用。"妈妈，我总是看到那个场面。一遍又一遍地看到它。我怎样才能不见到它？"她的母亲在她旁边坐了下来，扶着她，在谢丽小的时候，她就是这样扶着她。"汤姆还活着，我们真是幸运呀"，她对谢丽说道，"在他康复的过程当中，他需要你的友谊，你可能还要帮他完成家庭作业"。母亲和女儿，就这样静静地坐着，在寂静的夜晚。

谢丽的母亲试图促使谢丽将这个可怕的经历忘记。当然，并不是绝对意义上的忘记，因为一个人无法将所发生的完全抹去。但是，我们却可以使这些事件变得可以忍受，从而使精神上的创伤消失。一个可以忘记的经历是那种不会与我们其他的经历不连续的，因而也不会与我们的自我感（sense of self-identity）不和谐的经历。

不连续的经历是那些在我们的个人历史上留下了深刻创伤的经历。一个孩子因为死亡或离婚而失去了父母中的一方，这可能会成为孩子的一个精神创伤的记忆，需要加以抑制，孩子才能继续生活下去。然而，受到抑制的创伤记忆只是表面上被遗忘了。尽管不出现在意识当中，但它们却是无法忘记的，因为这些记忆没有加以处理。它们会转变成我们生活中的不连续性，外在地表现为恐惧、依赖、困扰、精神扭曲，阻止我们与世界和其他人建立健康的关系。

我们寻常的学校经历可能会变成这样具有创伤的记忆，令我们后来将其看做是"对某些似乎很难的事情做不好的恐惧"，"害怕数学"，"讨厌科学课"，"憎恶诗歌"，等等。我们当中一些人没有把这些记忆发展成不连续的记忆，这要归功于我们的一些重要老师的智慧性机智。

四、机智将破碎的东西变成整体

机智使伤口愈合。

一个孩子很伤心，因为他觉得他班上所有的同学朋友都背叛了他。一个学生非常气馁，因为一系列的低分使他感到了失败。一个小学生表现得像被击败了一样，因为他认为失去了他最喜欢的老师的尊敬。在人们的生活当中，特别是在孩子的生活当中，事情不断地破碎或遭遇到破碎的危险。正是在这种特别的情况下，机智发挥着它该发挥的作用。机智努力使事情不至于破碎，并且试图将破碎的恢复起来。一个感到别人

243

背叛了他，觉得受到了挫折或伤害的孩子不仅认为他生活中的某个东西破碎了；更严重的是，这种挫折感、背叛感、受伤害感折射出孩子生活中破裂的关系。当一个人感到他人背叛了他或对他人很失望，他与这个人的关系就不再是一个整体的关系了。

机智必须要处理孩子体验中的客观和主观方面。老师们可能希望不理睬学校孩子当中的这些看起来很微小而琐碎的矛盾冲突。一个观察很仔细的老师知道，在孩子的学校生活中，孩子们是如何将这些"小"问题体验为巨大的障碍的。接受感或拒绝感很可能比老师为这个上午准备的数学或科学课的知识对孩子具有更大后果。

教育中有许多的倾向与教育机智的更深层次的兴趣相矛盾：课程政策更主要的是关心可以度量的学校成果，老师感到被迫以考试为中心进行教学，学校的规章制度没有帮助孩子体验集体感（a sense of community）——所有这些都往往忽视了这样一个事实，即所有的教育最终是为了整体的人的教育。许多老师直觉地知道，对于所有的学生来说，他们的教育是一个终身的活动。每一门课程、每一个主题、每一个成就必须从这个更大范围的年轻人的生活活动中加以理解。许多老师自己不知不觉地在与官僚的、行政的、政治的结构进行一场无声的战斗和个人的改革。他们这样做是为了保存孩子教育体验中的健康品质。

五、机智使好的品质得到巩固和加强

对孩子信任就是给孩子以力量。

怎样来理解"加强好的品质"呢？几乎在两百年前，裴斯泰洛齐（Pestalozzi）在他的斯坦瑟信（Stanser letter）中，做了这样的表述①：

> 成人期望好的品质，孩子愿意对之敞开胸怀。但是，孩子想要那些好的品质并不是为了你老师。孩子是为了他自身才想要那些好的品质。而且，你想让孩子所具有的好品质不应该受到你的心血来潮或一时激情的支配；相反，它必须本身就是好

---

① J. H. Pestalozzi (1799～1954)，*Ausgewahlte Schriften*，W. Flitner，ed. Dusseldorf/Munchen. p. 103.

的，在本质上就是好的。而且，它必须让孩子觉得就是好的。然后，在孩子期望同样的好的品质之前，孩子必须感觉到你是根据它的情境、它的需求来期望好的品质。孩子想要所有他喜欢的东西。孩子想要所有那些给他信任的东西。孩子想要所有那些唤醒他内心伟大的期望的东西。孩子想要所有那些给他以力量，那些使他能够说，"我能够做到"的东西。但是，这种期望的产生，不是用言语，而是通过对孩子无微不至的关心和因此而唤醒的孩子内心的情感和力量来达到的。言语并不能产生事物的本身，仅仅能够唤醒对事物的意识和清晰的看法。

教育者需要信任孩子。尤其是对他或她所负有责任的具体孩子的潜力和善良充满信任。我对孩子的信任给孩子以力量——自然，这要在孩子体验到我的信任是真实的、积极的时候。一个成人说，"让我来替你做"，可能只是想帮帮孩子而已。但是，可能孩子会觉得这是对他的能力和独立性的冒犯。"我要自己来做!"孩子可能会这样说。另外一个孩子可能会将"我来替你做"理解为缺乏信心，因而反应更加地消极。他或她可能会对自己的能力缺乏信心。不信任或疑惑使得真正的教育几乎不可能。那些不能显示对孩子充分地信任的成人，不能成为真正意义上的老师或作为教育者的父母。这些可能就是那些他们自己对世界和对他人的信任受到打击的成人的情况。假如我不信任别人，假如我充满疑惑、不能以信心和希望面对生活，那么我可能就不能够为了孩子的缘故来珍惜信任。

怀疑会带来否定、恶意，甚至邪恶。它容易使孩子也产生怀疑和不信任："你为什么还这样做!""难道你就总做不好吗?""为什么我这次就应该相信你?""我知道你做不到那样的!""我知道我不能指望你!""你刚才做了啥?"孩子听见成人这样对他说"我知道我不能指望你!"他和成人的关系就没有合适的调子。这可能会导致孩子不能正眼看人、说话张口结舌、尴尬地停顿、喜欢低头朝下看，或者倾向于说道歉的话和说那些成人想听的话。于是，成人会发现他的怀疑得到了证实。很快，教育的关系变成了一种武力和操纵的关系——在这种关系下学习则变得十分荒唐可笑了。

六、机智加强孩子的独特之处

时刻要注意孩子的独特性（uniqueness）。

前些天，我又想起了亨利。亨利那时可能并不出众。至少这就是每一位老师在亨利的成绩报告单上所写的评语。他是那种你不会注意的孩子，虽然他就坐在我所带的五年级的班上。从外观上看，亨利显得像一个矮小的带眼镜的中年人。他有些矮胖，行走蹒跚，上体育课时总是很别扭。但是，亨利有一种愉快的性格和一种奇特老练的谈话方式，加上一种英国犹太人的口音。几乎在所有的学科中亨利的成绩都很平平。他的数学技能很成问题。但亨利对诗歌的思想和对语言的不可思议的理解给我的印象很深。令人惊讶的是这样一个在所有学科中表现平平的孩子却能写出如此优美和精心构思的诗歌。事实上，学校的其他老师听到这个男孩有这种不为人知的本领也感到很惊讶。亨利在他的同伴当中也不受大家的喜爱。

但是，五年级的学习对于亨利来说却出乎意料地富有成果。他觉得太特别了！在老师的鼓励下，加上老师的一些指点，亨利写出了他儿童生活中富有意义的事件的诗歌。他甚至在地区的文学杂志上还发表了诗作。他的父母亲对新发现的孩子的才能感到摇摆不定。如果他能够在数学上取得高分他们会更高兴些。亨利已经尽了全力，但是总是不能满足他父母亲的期望。当亨利升到六年级，然后上初中之后，他的父母亲无疑感到松了口气，因为孩子对诗歌的着迷突然停了下来。

那是在九年级的时候，我意外地撞上了亨利。那天我去访问他所在的那所学校。"啊，亨利"，我对他说，"很高兴再见到你。我常常纳闷，我们的小诗人现在怎么样了"。亨利不好意思地承认在过去的4年，他写诗的活动停了下来。就是这样！他耸耸肩膀，带着歉意地说，"太忙了，您知道的"。而且，写诗也不再是他的强项了。我想我是带着疑惑的眼光看着他，接着，我们握了握手，道了别。但是，就在那天快要结束的时候，该校的校长给我送来了一封信。"是亨利写的！"里面是三首诗。它们抒发了同样清楚的希望，尽管标题并不是那么有创造性："老师颂"。我深深地被打动了。"毕竟还是一个诗人"，我这样想着。

机智能够识别孩子的独特性和差异性，并加强它。相反，一个没有机智的老师看不到孩子的差异。一个没有机智的老师用同样的方式来对待所有的学生，错误地认为这样的方法符合平等、公平和一致性原则。其实，所有的孩子在性格、能力和背景的方面都不一样。注重公平地对待孩子仍然包括老师能够看到孩子们的独特性和差异性。教育机智知道如何去识别和评价差异性。教育机智旨在巩固这些差异性，这些在孩子的成长和发展过程当中所存在的差异。每一个教师应当不断地问自己这样一些问题：这个孩子在哪些方面与我和其他人不一般？孩子怎么会有这样的差别？这个孩子是如何地想与别人不一样？我能够做些什么来帮助这个孩子认识到自己的与众不同呢？

七、机智促进孩子的学习和个性成长

个性成长就是深层次的学习。

在十一年级的英语课堂上，每个学生都给指定了一个短篇故事来作讨论和解释。老师向学生反复解释了通读所有故事的重要性："你当然不会愿意来讨论一篇其他人没有读过的故事吧。这些故事都很有趣，请大家都通读一遍。同时这也是尊重你的同学们。"这点大家都明白。（当老师提到以前老师常常准备一些和让学生讨论一些学生根本就没有兴趣阅读的材料时，他们似乎吃了一惊。）

现在每一个故事大家都读了一遍。每位学生对指定的故事还阅读了多遍。故事的讨论常常是非常生动活泼的，同学们的理解既带有个人的看法，又很有见地。就像每一个读者一样，学生们都往往在自己经历的背景下来理解这些故事。斯蒂芬正在脑海里搜寻词汇来解释罗瑞所讲述的故事，他说尽管故事很有趣，却对他"一点用也没有"。这时，老师请求允许她来解释一下斯蒂芬的观点。老师运用斯蒂芬的话，十分巧妙地阐述了用来娱乐的"消遣文学"（escapist literature）和增加我们理解力的"阐释性文学"（interpretive literature）的区别所在。两者都是很有价值的文学形式。而且，当然，有时对于一个人来说是阐释性的文学对于另外一个人来说却是消遣性的文学，因为这个人只觉得故事很有趣，但并不为故事所打动。

发现与培养

　　结果，由于老师的巧妙干预，斯蒂芬和罗瑞两人都发现他们各自对这篇故事的看法得到了老师运用的文学概念的确证。老师也很高兴，因为，为了帮助斯蒂芬和罗瑞澄清对故事的不同反响，她成功地将他们俩的学习稳定在一种他们俩都很可能不会忘记的方式上。他们将明白阐释性的文学是那种打动某个人的文学，但它也可能对另外一个人来说却还不足以动人心弦。我们有时都读过这样的一本书，它就像一首余音缭绕的韵律一样，不让我们摆脱出来。我们必须得去理解它。我们将它推荐给朋友们阅读，以期与他们一道来讨论。阐释性的文学是那种让我来理解语篇而同时又好像语篇在理解我的文学。相反，消遣性的文学，可能仅仅因为它给我提供的经历或兴奋才有价值。但是，阅读消遣文学的体验是瞬间和短暂的、易于忘记的，就像在周日下午喝一杯及时的咖啡一样。

　　在隔壁的十二年级的课堂上，另外一个老师正在口述"阐释性文学"的定义。所有的学生都在将定义写在他们的笔记本上。他们并没有投入到这个术语当中去。在这个课堂上没有时间来使用"学生讨论法"，因为老师感到了为了期末考试而教学的压力。她希望学生能够就阐释性文学的概念对一个多项选择的问题作出正确的选择。然而，很可能这个概念并不能帮助他们理解他们阅读文学的体验。在十一年级的课堂上学生拥有学习经历的方式与十二年级的学生不一样。事实上，后者并没有真正"拥有"这些他们为了考试而去死记硬背的故事和概念；他们没有将这种学习转变成他们自己的东西。显然，通过学生讨论的这种更为间接地教授英语文学的方法时间效率并不高，而那种口述笔记和为了考试死记硬背的更加有效的方法却能节省许多时间，甚至还能涵盖更多的课程计划的内容。但是，尽管如此，这种更加有效的方法最终却是失败的，因为学生由此得到的仅仅是更加容易忘记的肤浅的知识。

　　上面这个对比说明了几点问题。一门具体学科的教学方法对内容获得的方式产生影响。这里不仅仅是效率和有效性的问题。学生和教师的关系也在改变着教育质量：十二年级那个班的更加控制取向的教育方法和十一年级那个班的更加具有对话性的方法。在十二年级那个班上，老师受到时间效率的引导。而在十一年级的班上老师则是考虑到学习要与学生生活相关联。所有的教育都是规范性的。问题是老师是否愿意选择教育的规范而不是非教育的规范。

学习的过程是对最初的或多或少的前反思的经历不断发展的解释和说明的过程。儿童和年轻人学习在这个世界上生活以及与这个世界的主要方面进行交流的活动，比如，阅读和文学。尔后，他们学习对这个世界进行反思，尤其是对他们在这个世界上的具体体验进行反思，比如说，通过区分那种作为娱乐来欣赏的文学和那种因为它所提供的见解而为人们所喜欢的文学，来进行反思。我们需要越过一堂课的表面上的品质来观察老师在孩子面前的方式。我们将看到对课程内容的选择和老师教授这个内容的机智的方法两者几乎都能产生学习和成长的后果，这将影响孩子的性格和反思以及批判性地理解世界的能力。教育机智促使年轻人形成学习研究的个人责任感。

发现与培养

要 注意学生的年龄特征①

〔苏〕 巴班斯基

　　教师应注意学生的年龄特征和个性特征，这是提高教学和教育效率的一个极为重要的前提。

　　每一个年龄组的学生，都有他们实际的学习可能性，以及一定的发展工作能力的水平，这两者对于思维活动的质量，对于意志方面和情感方面的个性品质都具有主导作用。即使在同一个年龄组内的儿童，（由于各种原因）他们对学习的态度，工作能力水平，注意力集中的程度，以及完成作业时疲劳的程度，记忆类型，思维方式等，也都各有其特点。如果教师在教学和教育过程中善于注意学生的年龄特征和个性特征，学生对教育的作用和影响又能发出灵活的反应，那么花费较少的时间和精力，也能较快地获得成功。因此，注意学生的年龄特征和个性特征，能够促进教学和教育过程获得最佳效果，还有助于在评定学生的学习劳动及其认识可能性时，克服形式主义。

　　在学生发展的每一个基本年龄阶段，大多有某些起主导作用的活动形式，大多会在某一年龄期特别强化而形成新的特有的个性类型。教师的任务就是要研究和认清学生的年龄特征和个性特征，并在教学和教育过程中考虑到这些特征。

---

　　① 选自《最优化教学理论与教育论著选读》（上），〔苏〕巴班斯基著，北京师联教育科学研究所编译，中国环境科学出版社、学苑音像出版社，2006 年。

250

一、低年级学生和中年级学生的学习特点

大家都知道，低年级学生一般总是对学校抱积极态度的。重要的是，要让这种积极性在儿童的学习活动当中和行为当中表现出来。所以在低年级，应该善于把培养儿童的学习兴趣和逐步发展儿童的责任感，以及在克服逐渐增长的学习困难方面所必需的意志和毅力结合起来。

当然，与高年级学生相比，低年级学生的工作能力是比较差的，而且比较容易疲劳。所以，他们一周的课时一般不能超过 24 小时。

给低年级学生上课，必须采取各种特殊的措施，使他们整堂课都保持注意力的集中和认识的积极性。（例如：课间操，合理地交替使用各种不同的教学方式和方法，采用游戏的形式上课，等等。）同时，教学要有节奏，对待学生交往要有正确的作风，要在班级里创造合理的心理气氛，这些都具有重要的意义。

近年来，心理学家的一系列研究表明，我们这个时代的低年级学生的学习可能性，比过去年代的同年龄学生大。尤其是已经证实，他们能够进行比较复杂的概括和抽象的操作。这些结论已引起新的教学大纲和教科书编订人员的重视。现在，初等学校出现了比平常更为广泛的运用启发式的、逐步探索的教学方法的可能性。但是还必须注意，低年级学生思维类型的特点，是直观形象性的，而不是语言逻辑性的。这就要求更广泛地运用各种形式的直观手段。同时，教学过程的目的，应该是发展通过理解掌握教材的方法，防止相当普遍地存在着的死记硬背课文的现象。

一、二年级学生的感知还是肤浅的，注意力也还是游动的。必须特别重视发展他们这样的本领：能对研究对象进行观察，比较，区别相同点和不同点，掌握所学材料当中最本质的内容。从一年级起就教他们自我检查、自我测验的技能，使他们养成对自己的学习义务负责的态度，这样做是有益之举。

低年级学生学习基本概念主要用归纳法（同时逐步扩大运用演绎法去掌握知识）。

我们在维持学习纪律的同时，也应当考虑到低年级学生所特有的注

意力不集中的弱点，他们的意志还没有发展健全，他们还缺乏克服学习困难的经验，遇事容易冲动，特别是在和同龄儿童的交往中，不善于克制自己的感情。不考虑到这一切，教师就不可避免地会犯错误，会对他们要求过高，或是不问情由就批评他们不遵守纪律。在专门分析学生在课堂上行为不正常的事件和尽量帮助他们克服年龄上的弱点时，教师要特别耐心、沉着。此时采用惩罚和批评的方法务必十分慎重，以免造成学生对学习抱消极态度。同时，又必须对他们提出恰如其分的严格要求。

儿童在校学习的初期，要求教师打分数时要特别注意掌握分寸。教师往往过分强调分数本身，而不注意分析学生在学习活动中的长处和短处，不分析错误及消灭错误的方法。这就可能使低年级学生产生过分计较分数的虚荣心，或者得到差分时产生痛苦的心情，这两种情况都是不利于调动学生学习积极性的。

教师在低年级学生中享有很高的威信。低年级学生认为，老师的行为、指示、要求和建议总是绝对正确的。因此，关心教师在与低年级学生的交往中应有很高的教育修养，是非常重要的事。

少年期学生的特点在于，他们实际的学习可能性不断增长，他们渐渐能有意识地集中注意力，他们的观察、分析、比较、概括、掌握重点、自我测验的技巧都在发展。所有这些都有利于扩大中年级学生的课程学习范围，增加每星期的教学量。

同时也应当注意，年龄较小的少年的特点是特别容易疲劳。这是因为他们正处在迅速成长的阶段，他们的心血管系统以及机体的其他组织系统的变化都非常快，一遇到不利条件就会产生不协调，就会引起他们工作能力的下降。所以教师在制订四到七年级的教学时间表的时候，要特别仔细地遵守学校的卫生规则，要善于灵活地安排课程，把比较容易学的课程安排在下午和一周的最后几天，不要把所有的测验都集中在学季末期，等等。上课时创造一些能缓和学生紧张心理的条件也是有益处的。

在选择上课内容时，也要考虑到少年的年龄特征。诚然，上课内容的基本核心，是由教学大纲的要求和教科书决定的。但是，教师还必须选择补充的例子、练习、实验、观察材料等。对于中年级学生，必须考虑到他们兴趣范围和交往面的明显扩大，考虑到他们由阅读书籍、听收音机、看电视而得到的教学以外信息量的明显扩大。在这种情况下，学生对教师讲课的内容，对引用周围现实、新的书、杂志、电视节目中的例子的新颖性、真实性和重要性等，都开始提出了更高的要求。这种情况是应该引起注意的。

少年期学生的语言逻辑思维开始优于直观形象思维，尽管直觉形象思维的作用和意义并未降低。这一点应该在教学内容和教学方法中有所体现，应该制定逻辑推理和直观形象相结合的教学方法。

少年兴趣广泛，变换迅速，这就要求教学方法的特别多样化。逐步更新课堂教学方法，而新方法又行之有效，就能使学生的注意力始终保持集中，就能使学生对越来越复杂的教材感兴趣。

四年级学生不再像以前那样只有一个老师，而是由几个老师一起教，所以这几个老师必须配合行动，必须保证要求一致，教学影响必须协调。由于少年自我肯定和成为大人的愿望提高了，这就要求教师与他们交往时采取下面的方式：着重注意他们的个性特征，在鉴定和批评他们的时候，要多说明理由。教师的讽刺和嘲笑的口气，会使少年感到委屈，这一点低年级学生尚不在乎。与少年交往时，要经常和他们交换意见，听取他们的看法，看到他们推论中的合理部分。这种交往的特点，很容易由于某些教师没想到这种年龄学生个性要求十分自然的增长，而引起矛盾。

二、高年级学生的学习特点

高年级学生的学习特点是工作能力比较强。他们每星期在校上课时间可达 33～35 小时，按此推算，他们每天要完成的家庭作业接近 4 小时。

一般说来，高年级学生的抽象思维水平普遍比较高。他们能进行深邃的分析，能确定因果联系，能抓住主要的、基本的、起主导作用的原因。他们的批判性思维在发展，他们要求多作论证性的阐述和证明，要求揭示研究对象本身所固有的规律性。所有这些，都要求教师在对高年级的教学中努力提高逻辑性，在备课和上课时，注意选择论据和事实，注意概括、总结和分析事件发生的原因。

高年级学生思维、感知、逻辑记忆的可能性的增长，使教师能够广泛地运用提出问题和探讨问题的教学法，以及演绎的教学法。利用直观教学法的手段也应有所变化。在高年级，越来越广泛地运用着表格、图示、文字说明和抽象的、符号的直观手段。组织高年级学生独立钻研教科书、各种文件和其他文献资料有了很大的可能性。在学习新课、巩固旧课和进行各种试验、实验的时候，都必须让学生进行各种形式的独立工作。这样，就能使教学过程活跃起来，有助于培养学生在科技进步条件下参加劳动所必备的各种品质。

学生进行实验、实习和在生产大队以及教学生产车间里完成劳动任务时，进行教学讨论，进行独立的探索和研究，是高年级教学、教育中所特有的过程。在这些场合，教师也采用了演讲、课堂讨论以及学生独立作业的方式，诸如研究原著——研究马列主义的经典著作和苏联共产党文件，从当地生产生活、农村生活和地区生活当中选择材料等。在这些场合，物理、化学和其他实习课都以新的上课形式出现。

特别值得注意的是，应该形成高年级学生对各门学科都积极学习的态度。问题在于，高年级学生都对一般专业知识有明显的兴趣，他们开始偏爱一部分课程，而轻视另一部分。教师的任务就是，要用摆事实、讲道理的方法说服高年级学生，要使他们相信，为了有效地进行劳动，为了以后的生活，各门课程都是有其重要意义的。但是在培养学生对各门课程都抱积极态度的同时，不能低估对学生学习兴趣的分析。必须让学生参加他们自己感兴趣的选修课，组织课外活动小组或个人的课外活动，用这些不同的活动形式，去满足和发展学生的特殊兴趣和能力。

高年级教师应该更加注意学生的职业定向，要令人信服地举出具体的例子，来说明劳动在物质生产方面的作用和意义，特别要举一些学校周围的生产区域所特有的职业当中的例子。

高年级学生世界观的概括化和系统化的过程正在加强，《社会学》课程的学习，在很多方面促进了这种加强的过程。教师的任务在于，要更具体地剖析每个课题中起主导作用的世界观方面的思想，逐步地转变高年级学生世界观的概念和观点，使之成为个人的坚定信念。

要把教学和生活紧密相连，要分析世界革命的过程，揭示社会主义制度优于资本主义的巨大优越性，培养高年级学生对资产阶级思想毫不调和，培养他们有能力同宗教偏见、市侩习气、利己主义、寄生虫心理等旧时代的残余作斗争。

高年级学生对教师个人的科学、政治和文化的修养要求很高。高年级教师应该不断地扩充和更新自己的知识。现在，教师正在"每个教师都应该有高度的政治教养""提高业务水平是创造的方法"的口号下，参加各种进修班、各种创造协会或是用自修的方法提高自己的业务水平。

通过上面对低年级、中年级和高年级教学、教育过程中某些特点的论述，我们要强调的是，在教学过程中应该辩证地注意学生的年龄特点：不应该使学生停留在限制他们学习可能性的水平上，要逐步地培养他们，使他们进入教学活动的更高阶段。为了在以后的年龄阶段能顺利地从事学习，特别要掌握普通教学的、智力方面的技能和技巧，以及其他有关方面的技巧。教师的技能也就在于，在依靠实际存在的学习可能性的同时，不使其绝对化，而要不断地扩大这种学习可能性，把它提到更高的水平。

学 生的发展[①]

〔苏〕赞可夫

为了对小学教学新体系的有效性作出一定的结论，应当谈谈它的两个方面的效果：学生的一般发展方面和掌握知识技巧方面。这是非常重要的。因为教学的结构虽然注意到预期的效果，但还不是肯定真正会达到这种效果。在教学实践中，提出的任务得不到实现的事例是常常有的。

同样重要的是：只是掌握知识与技巧的质量这一个方面，不可能正确反映教学体系是否有效。必须要有学生发展进程方面的材料。

现在我们开始谈谈可以证实已达到的效果的一些事实。让我们先从学生的发展谈起。在这里必须直截了当地指出，在研究小学生的各种特点的那些著作中，都没有把这些特点放在各种教学条件下进行追踪研究。

在这些著作中只是泛泛地指出，儿童发展的进程是受他成长所处的各种条件制约的。其实，在对不同的教学体系作出比较的时候，无疑具有头等重要意义的事情是要弄清楚：在这种或那种体系的条件下，学生的发展是否有差异，这种差异有多大以及差异的本质特点是什么。

为了实现这一任务，我们对下列两种条件下的学生的发展的进程作了比较，一种是在我们提出的小学教学新体系的条件下，另一种是在通常的传统教学的条件下。在这里主要是揭示出各方面的发展情况。事实

---

① 选自《论小学教学》，〔苏〕赞可夫著，俞翔辉译，教育科学出版社，2001年。

上，这种或那种教学方法可能在某一方面（例如对词语逻辑思维的发展）显得有效，而在其他方面（例如对观察力的发展或实际操作能力的发展）带来的效果恰恰很低。我们注意到这种情况，详细研究了学生的三个方面的发展情况，这三个方面（三条线索）是：观察活动，思维和实际操作。这样研究有可能揭示出：小学教学的新教学论体系是全面有效的呢，或是只对发展的个别方面起作用。

我们认为研究观察活动方面的发展十分必要，因为观察活动中主要的是知觉过程。我们之所以要研究观察，还因为它是一种复杂的活动。在学习过程中经常遇到这种活动。知觉是观察的决定性组成部分，在观察中，知觉跟思维有紧密的联系。

观察的组成部分之一是特殊形式的思维。这些思维过程直接依靠对现实的感性认识，而且只是初步地分析和综合感性认识的材料（颜色、形状和其他属性的名称，确定直接感知到的各种事物的属性的异同，等等）。

考虑到上述情况，我们选定抽象思维作为应当研究的第二条发展线索。毕竟要用抽象思维才能最深入和最近似地认识客观现实中的各种现象的本质。

我们研究思维没有运用让被试者局限于言语应变的那些方法。为了达到我们的科学目的，用实验法研究思维要合适得多，这种方法能够从外部最大限度地检查思维过程的进程。当具体事物作为开展思维活动的材料时，就有可能作这种检查。

这些想法曾是我们决定采用萨哈罗夫的方法的理由之一，他的方法本来是研究概念的形成的。

我们着重注意的是思维过程的某些特点，这些特点在苏联的心理科学中过去早已用一定的方式提出过，而现在则是专门努力和明确地强调的。

我们打算从某方面研究客体，这要根据提出的任务、客体的特点以及其他条件。

我们是把实际操作作为学生心理发展的第三条线索予以研究的。我们把实际操作列为研究对象的理由是：通过实际操作可以追踪研究学生的独特的活动形式——制作实物。跟观察和思维不同，实际操作的典型组成部分是有手的操作。

上述三条线索：感性经验，认识现象的本质，对周围事物施加物质影响而解决实际任务——就是一般发展的最重要的几个方面。我们在确定心理活动的这几条发展线索作为研究对象的时候，不仅注意到了它们之间的区别，也注意到了它们的联系和相互渗透。

我们这样研究学生的心理发展，不仅没有忘了分析的观点，而且也没有忘掉综合的观点。我们在按各条线索研究心理发展时，没有忽略儿童的整个个性。研究整个个性中相互渗透着的各个方面，是研究整个个性发展的重要条件。

思维过程的发展是跟掌握知识紧密联系着的，所以在不同的教学阶段中，根据对知识本身和运用知识的分析，显然有可能对这种发展作出判断。但是，仅仅通过分析知识说明思维的发展，不能被认为是完全确切的。因为这里会有疑问：通过分析知识说明的思维发展的某一种水平，是不是学生真正达到的发展水平？运用学到的知识能不能反映出学生实际的独立思考能力？因此，我们是用实验的方法研究学生的思维的，要求学生做一些他们在平时的学习环境中遇不到的作业。

在思维发展方面，实验班学生跟对照班学生相比较，也有明显的优势。若是比较头两个学年期间的思维发展的进步情况，大致情况如下：实验班中有63％的学生已经达到较高的思维发展阶段，而对照班中则只有11％的学生达到这个阶段。

在实际操作的发展方面，把实验班学生跟对照班学生作一对比，也是很典型的。

为了得到说明实际操作的发展的具体材料，曾让学生按照提供的样品用厚纸制作过一个小盒子。现在我们谈一谈这条发展线索特有的一个重要因素，即计划面临的制作物品的活动的能力。

在把样品指给学生看的时候，对他说："请仔细地看这个小盒子，想一想它是怎么做成的。"

这个预备（准备）阶段是要考虑工序，选择完成任务的方式方法。

在第二学年初，实验班有34％的学生能够作出全面的计划，即具有对制作物品所必需的全部操作作出预计的能力，并且操作顺序正确无误。在其同龄的对照班中，谁也不能对制作盒子的进程作出全面的计划。

从二年级升到三年级，也就是在大约一学年的期间内，实验班学生在计划各自的劳动活动的能力方面有了明显的进步。如果在二年级时，实验班有34％的学生对制作物品能够作出全面的计划，而在三年级时，就有60％的学生都能做到这一点。对照班里的情况完全不是这样。正如上面已经谈到的，在二年级时谁也不能对物品的制作作出计划；过了一年之后，也就是在三年级时，也只有25％的学生能够做到这一点。由此可见，对照班的学生在三个学年之后表现出来的发展水平，低于实验班学生在两个学年之后的水平。

把制订制作物品的计划跟执行这个计划（即活动的执行阶段）作一对比，也是值得注意的。在实验班学生中，制订计划和执行这个计划大都是一致的。我们在对照班学生中看到的不是这种情况。在这里经常可以发现制订计划和随后的活动之间是脱节的。例如，在对照班里能够对面临的活动部分地作出计划的少数学生中，有一名学生在制作盒子的过程中作了完全错误的、跟既定计划不符合的别的操作。

制作物品时所犯错误的数量，也是活动的执行阶段（制作指定物品的过程本身）的独有特点。对照班学生犯的错误，比实验班学生多4倍。对照班学生犯错误的原因之一是：他们看不出样品的某些特点，这些特点对于制作物品有很大的关系。

学生能独立发现自己的错误，也是一个重要的因素。当时看到实验班与对照班学生之间在这方面的对比情况是：实验班有2名学生，对照班有9名学生没有找到错误（实验班和对照班各有12名学生参加实验）。

总之，把实验班学生所取得的成绩跟对照班里的成绩作一比较可以证明，就实际操作的发展方面的全部数据来看，实验班的学生大大胜过自己的同龄人。在第二学年时，成绩的差距已经很大，过了一年到三年级末，这种差距又明显扩大。对照班的学生在实际操作的发展方面确实也有一定的进步，但是这种进步的幅度如此之小，甚至过了一年他们还达不到实验班二年级学生已经达到的水平。

儿童心理及教育儿童之方法[①]

陈鹤琴

常人对于儿童的观念之误谬，以为儿童是与成人一样的，儿童的各种本性本能都同成人一色的，所分别的，就是儿童的身体比较成人的小些罢了。若诸君以为这句话未免太过，那么我举几个例，来证实证实。我们为什么叫儿童穿起长衫来？为什么称儿童叫"小人"（Little Man）？为什么不准他游戏？为什么迫他一举一动要像我们成人一样？这岂不是明明证实我们以为儿童同成人一样的观念吗？儿童既然同成人一样，所以他亦应当穿成人的长衫马褂，不晓得长衫马褂与他的行动大生妨碍，并很违逆他的好动本性。至于叫他端端正正地坐在家里，不得往外游戏，这是愈不对了。但以上所说的误谬观念误谬教育，到了今天仍是如此。假使我们要收教育的良果，对于儿童的观念，不得不改变的；施行教育的方法，不得不研究的。

我现在把儿童的心理以及怎样教育儿童的方法，约略说一说。

1. 好动心。儿童生来好动的，他喜欢听这样，看那样；推这样，攫那样；忽而玩这样，忽而弄那样；忽而立，忽而坐；忽而跳，忽而跑；忽而哭，忽而笑。没有一刻的工夫能像成人坐而默思的。你要叫他像成人的样子穿了长衫，规规矩矩坐起来，他实在觉得精神上痛苦不堪。你要问我："儿童虽然生来好动的，但坐坐有什么难处呢？"咳，你不晓得他的心理嘎！儿童为什么好动呢？因为他的感觉与动作很连通

[①] 选自《陈鹤琴教育文集》（上卷），陈鹤琴著，北京市教育科学研究所编，北京出版社，1983 年。

的，若他一想到吃，他就去寻东西吃。他一觉得痛，他就哭。他一听得门外欢呼声，他即刻跑出去看。总之，儿童还没有养成自制力，他的行动完全为冲动与感觉所支配。这种心理，密尔氏（Miller）叫做"心意的动现"（Motor Flow of Consciousness），从这一点看来，儿童生来好动，不像成人有自制力的。或者你又要问我："这个好动心于儿童的教育有什么好处呢？"他的好处是显而易见的。我现在略说一点以供参考。我们晓得一个儿童生来无知无识的，试问他怎样能有知有识呢？他生来并不知冰是冷的，火是热的，铁是坚的，水是弱的，那样东西的性质，这样东西的滋味，他怎样能支配工具，怎样能控制万物，他的身体怎样得着运动，他的道德怎样能发展，他的智力怎样能增进，他的群育怎样能养成？这些就都是他的好动心的功劳，虽然不能完全归功于这个好动心，但是要发展儿童，那这是很要紧的利器。他摸着铁，就觉得铁的坚性，他吃了冰，就知道冰的冷性，他玩这样弄那样，就渐渐儿从无知无能的地步，到有知有能的地步。这样说来，从前我们教育儿童的方法，实在是大错了。我们应当给他充分的机会，适当的刺激，使他多与万物相接触才好。

2. 模仿心。这个模仿心，青年老年亦有的，不过儿童格外充分一些。儿童学习言语、风俗、技能等，大大依赖这个模仿心。他生来不能说方言，到了 1 岁的时候，就咿唔的要说起来了。到了 3 岁的时候，一乡的方言就学会了。假使他生在英国，他就能讲英语了；假使生在德国，他就会说德语了。儿童的模仿力实在是大，不仅对于言语是如此，对于一国风尚文化亦莫不如此。这样说来，寻常儿童的优劣智愚，虽有先天的基础，亦决定于后天环境的影响。倘若儿童处的环境是卑鄙龌龊的，那么难望其光明正大的了；倘若环境是奢侈繁华的，难望其能节俭朴实的了。孟母三迁择邻，就是为了这个缘故。那么，儿童的模仿心在教育上有什么价值，我们应如何利用模仿心呢？做父母的要格外留意，因他们的一举一动，都能影响他们的儿童。做师长的，亦须"以身作则"，烟酒嫖赌，尤宜戒绝。吾闻友人说某校学生，因为教员吸烟，亦居然效仿，谓教员可吸我们为什么不可吸。做职教员除了以身作则之外，还宜养成纯美的校风，使得学生不知不觉地模仿了。假使某校学生皆好勤学，凡偷懒的新生进来亦渐渐儿地好学起来了。我对于利用这个模仿心，还有一层意思不得不说的，我们不论在家庭在学校，当设备极好的环境，使儿童模仿，不过同时要教他鉴别是非善恶，务使他达到"择其善者而从之，其不善者而改之"的地步。脑斯华社（Norsworthy）说得好："教育家对于模仿心的责任，就是对于儿童选择模范与法则，发展他们的判断力与分析力，要求他们所模仿的结果与模范相比较，并设备各种模范，使儿童得发展自立心、创造力和发明心。"

3. 好奇心。好奇心关于儿童之发展，文化之造就，具莫大势力的。儿童凡对于一切新的东西就生出好奇心。一好奇，就要与新的东西相接近。一接近，那就晓得这个东西的性质了。假使儿童与新的境地相接触愈多，他的知识愈广。虽然由好奇心所得的知识，一时不发生效力，但后来于实用上很关紧要的。比方他以好奇心的缘故，知道木能浮水，蜂能刺人，火能烧，刀能割，这些经历，这些知识，于他将来很有用处的。

好奇心具有怎样的性质呢？

（1）能激起儿童的好奇心，就是新异（Novelty）。比方大声、辉耀的色泽、显著的比照（Contrast），皆易惹起儿童的好奇心。

（2）事物与事物相接触而发生的新异亦能引起儿童的好奇心。第一条所说的新异，是指事物之本身而言；这条所说的新异是事物与事物相接触而发生的新异。

比方说，儿童放风筝，起初风筝是他的新物，放风筝，为他的新事，所以他对于风筝是很好奇的。但是过了一两个星期后，放风筝的事体，不能发生他的好奇心了，风筝的本身的新异已消化了。虽然如此，假使我们对这个儿童说："某儿童亦有一个好风筝，你愿意去看吗，你愿意与他比赛放风筝吗？"这个儿童对于放风筝这一件事体又发生好奇心了。他的好奇心一方面是要看看某儿童的风筝是怎样的，一方面是要看看他的风筝能否比那儿童放得高。从上说来，我们晓得事物有本身的新异，有与他事物相关系而生的新异。儿童对于这两种新异，皆有好奇心。

（3）好奇心与年岁。儿童的好奇心不是永久不变的，乃是随年岁而发展的。克尔帕屈克（Kirkpatrick）在他的《儿童学原理》（Fundamentals of Child Study）一书中，对于这一点说得很清楚，我所以把那一段译出来以饷读者。他说："当儿童未能行走以前，他的主要兴趣即在经历新的感觉并注意感觉的关系。但当儿童一能讲话，就要问他所经历过的东西的名词，'这个是什么？''那个是什么？'若得了一个名词的答案那就知足了。等到熟悉各种事物并名词之后，他的兴趣就变了，他现在常常要问：'这个什么用处？''你怎样做的？'或者'你为什么这样做的？'有时他要追根掘源问：'这个东西从哪里来的？'"

儿童长到三四岁的时候，他的"为什么"的询问格外多，所问的大抵关于普通公理，比方"天黑暗因为太阳下山了"。他的兴趣常常关于应用真理一方面的，"太阳下山吗？""没有"——"那么为何天如此黑暗呢？"在这个时期他的对于真理的询问必加之以"为什么"三字，而且他一直要问到底始肯息或等到受成人的责骂为止。

儿童究竟爱悦什么样的东西，我们也应当研究的。当七八岁的时候他对于颜色比对于形状有兴趣，对于动物与小孩比对于大人有兴趣。到十二三岁的时候他的兴趣在于理解，迷物（Puzzles）推想，在这个时期研究历史的兴趣亦浓厚起来了。年岁再长一点，他对于道德的问题就很有兴趣。总之，好奇心是儿童学问之门径，吾人不得不注意的，不得不利用的。

（4）好奇心与教育。柏拉图曾经说过："好奇心是知识之母。"可惜我们不会利用这种利器。儿童一到学校，就受注入的教育，没有发展好奇心的余地。所以现在我要请掌教职的，当利用儿童的好奇心，引导他至学问的境界，并不仅以新的经历新的东西引起他的好奇心罢了。

4．游戏心。儿童好游戏乃是天然的。近世教育利用这种活泼的本能，以发展儿童之个性与造就社会之良好分子。幼稚园教育，即根据游戏本能。即以中小学校而论亦以游戏为施教之良器。但是吾国社会对于游戏不加注意，甚有以为学校不宜让儿童游戏的。普通人常以游戏为顽皮。

乡村学校有志的教师就是要引进游戏一门亦觉得困难万分，因许多父母竟反对儿童在校游戏，以为他们送子弟是为读书不是学顽皮的。

（1）游戏的价值。未说儿童与游戏的关系之先，我要把游戏的价值约略的说几种：

①发展身体。游戏是一种自然的、具兴趣的、活泼的运动。游戏

发现与培养

时，儿童不自知地将他的全副精神拿出来游戏。因此锻炼他的筋骨，协助他的消化，加速他的血液之循环，增加他的肺之呼吸。工作与体操虽能发展身体然万万不及游戏。因为工作与体操无所兴趣的，易使人疲劳的。游戏致人快乐，人乐意玩弄。

所以欲发展儿童的身体非利用游戏心不可。

②养成公民应有的品质。各种高尚道德，几乎多可从游戏中得来。什么自治、什么克己、什么诚实、什么独立、什么共同作业、什么理性的服从，这种种美德之养成，没有再比游戏这个利器来得快，来得切实。至于公平、信实、尊敬他人的权利、勉尽个人的义务，种种懿行，实为游戏之附属产品。我请以捉迷藏之游戏为例。蔽目捉人的儿童，不得私自偷看，他一定要有自治的能力；假使他不能自治而偷看，那么，同玩的儿童断断不让他这样偷看的。所以强迫他自治，也不许他与别人串通欺弄其余的儿童，他必定要独立的、诚实的。还有假使某强硬的儿童，被蔽目捉人的所捉着，不肯照例来代替蔽目的，其余的儿童断然不让他不尽他的义务，亦不准他侵犯他们游戏的规则。这种精神除了游戏之外，实在不可多得。我再举一例，以证游戏之效用。比方四人玩网球。二人在一边，这二人各有玩球的范围，不得互相侵犯，且必须共同协济来攻打他们的对敌，在这一点，就可养成尊敬他人的权利之心并共同作业之精神，其余的，我也不必多细述了。总之，游戏是一种发展公民道德之利器，吾人万不可忽略的。

③能使脑筋锐敏。游戏亦能发展智力。判断力、知觉力、观察力、想象力、创作心、冒险心皆能从游戏中渐渐地养成。我将棒球游戏来作证据，游戏的人必须眼快手快，而且要冒险，要判断，见有机会可抢家基（Home base）即须冒险前进。玩棒球游戏，一定要刻刻注意，时时观察的。

④为休息之灵丹。人之精神有限，休息与放松是必需的。比方某儿童在学校读了六点钟的书，他的精力一定觉得困疲，那么，最好的休息方法是什么？我们简直可以说，除了游戏之外，没有好的灵丹。一游戏，他的脑筋就得放松，他的心思，就到游戏上去了。所以，要发展儿童活泼的精神，非引进适当的游戏不可。

（2）年岁与游戏的关系。幼时所好的，未必青年之所喜。老年之所爱的，未必儿童之所能。人生一期，有一期之游戏。今略述华特尔（Waddle）在《儿童心理学入门》（Introduc tion to Child Psychology）一书中研究所得的结果，以供大家参考参考。

①幼稚期（出生～3岁）。在这个时期儿童所爱的游戏，完全是属于一种感觉的与动作的方面（Sensory and Motor Experimentation）。遇着小的东西，儿童就要捻它，尝它；遇着大的东西，如椅、桌等，他就要推推看，动动看。儿童在这个时候，不但爱触觉的游戏，亦喜欢听觉的游戏。他很爱听声音，他常常以棒敲这样，击那样，有时把桌上的杯碗抹下地上，听那破碎的声音。所以在这个时期，我们应当给他各种会响的玩物，如摇铃、吹箫（一种小的，是专门为儿童玩的）、摇鼓冬、口笛等，一方面可以使得他独自游玩，不致缠绕父母；一方面使得他学听各种声音。

②儿童初期（4～7岁）。在幼稚期，婴儿喜欢独自游戏。到儿童初期，他就要同伴同游。假使没有同伴，那么他就想象一个或几个幻想的同伴，他能与这个幻想的同伴一同游戏，一同起居饮食，但到底他的同伴是幻想的，他终究觉得寂寞的。所以我们一定要使得儿童有良好的伴侣。在这个时期儿童所游戏的，近于模仿，近于戏曲。心理学所谓模仿游戏（Imitative Play），戏曲游戏（Dramatic Play），三五儿童，常常群集一隅，同作娶亲或出丧的游戏。从前小的时候只能把凳子推推摇摇罢了。现在二三小儿以两根棒头，抬了这个凳子，抬来抬去，谓"我们抬花轿来了"，或者把几个长凳，拖来拖去，谓"火车来了"。这些模仿游戏，戏曲游戏对于发展儿童是很有价值的。儿童怎样的游戏，对于他本身，学习社会风尚习惯；对于社会，使得文化永续的不绝。不过我们最要注意的，就是应当设备适当的环境，使儿童不知不觉地模仿才好。

③儿童后期（8～12岁）。儿童到了这个时候，他的身体比较初期的时候强健得多，他的精神亦非常的充满，他的知识亦渐渐地丰富，他的运动筋骨亦颇老练。因此从前所游戏的现在不喜欢了；现在要玩的，当比从前的复杂，若放风筝、踢毽子、斗蟋蟀、拍皮球，等等。这些游戏的价值比较初期的初浅模仿游戏，自然来得高。强健儿童的身体，活泼儿童的精神，敏锐儿童的脑筋，发展儿童的道德，大大地可从这些复杂的、具兴趣的、有规则的游戏中得来。

结论：以上所说的，不过区区数端。其余儿童心理若群居心、竞争心、畏惧心、争斗心、嘉许与谴责心等非这短篇所能尽述。但请读者诸君于这篇中要格外注意的有数点，我再简单地声明于下：

①儿童不是"小人"，儿童的心理与成人的心理不同样，儿童的时期不仅作为成人之预备，亦具他的本身的价值，我们应当尊重儿童的人格，爱护他的烂漫天真。

②儿童秉性好动，我们不要仍旧用消极的老法，来剥夺他的活泼天性，必须给予适当的环境，能使他充分地发展。

③我们教育儿童，亦当利用他的好奇心。好奇心为知识之门径，我们当利导之。我们的普通父母常常摧残这点好奇心，禁止儿童"多嘴""饶舌"，这实在令人痛恨之极。

④游戏是儿童的生命，游戏具种种教育上的价值，我们更加宜利用的，但是我们也要明白这个游戏是随年岁而变迁的。总而言之，我们应研究儿童的心理，施行教育当根据他的心理才好。

科 学地帮助孩子克服自卑心理[①]

陆士桢

　　大多数人的心灵深处都有羞怯和自卑感，许多孩子在遇到失败、遭到挫折以后，面对"恶劣"的环境无精打采，他们以自己是个"不行"的人为理由，选择逃避，说明自己已无能力解决所面对的问题。这时，需要家长进行引导才能帮助孩子克服自卑心理。

　　南京市儿童研究中心的专家根据多年从事心理咨询工作的经验提醒家长，良好的社会适应能力和与人合作的能力是孩子成才的关键。

　　专家们介绍说，目前有不少孩子在人际交往中常会陷入疑虑、困惑的尴尬境地。同学之间的关系如何处理是孩子及其家长咨询最多的问题。成绩好、受老师喜欢的孩子往往会被同学孤立，而成绩差的孩子常诉说被人瞧不起、被同学所冷落。凡此种种，都说明孩子亟需这方面的指点和培养。通常，孩子在人际交往中存在几方面的心理障碍：羞怯和自卑心理、猜疑心理、忌妒心理、不能容人心理等。

　　大多数人的心灵深处都有羞怯和自卑感，许多青少年在遇到失败、遭到挫折以后，面对"恶劣"的环境无精打采，他们以自己是个"不行"的人为理由，选择逃避，说明自己已无能力解决所面对的问题。

　　害羞是一种习惯，是自卑感的外在表现。我们家长常告诫孩子，孩

---

① 选自《龙凤出自父母手》，陆士桢著，京华出版社，2007 年 1 月。

267

子的同学中有些同学是可以交往的，有些同学是不能交往的；还告诫女孩子应当文静、礼貌、整洁，说话声音要小、速度要慢，见到陌生人和异性要注意回避。在这种教育下，孩子长大后多半是羞怯的，而且羞怯一旦形成，是轻易赶不走的。

有些孩子在人群聚集的场合无法参与谈话，想表达自己心里的想法，但又张不开口，甚至害怕自己的发音不准。在整个交际过程中，他都处于一种紧张的状态。所以，羞怯对孩子的成长是十分不利的，羞怯的人往往十分脆弱、常常自卑、又具有极力压抑自己的恶习；他们摆脱不了挫折的阴影，或者干脆躲在阴影中看这个世界。

那么，家长应该如何引导孩子走出这种不良心理障碍的误区呢？

首先，要引导孩子正确认识自己，接纳自己。

一个人要对自己的品质、性格、才智等各方面有一个明确的了解，方可在生活中获得较为满意的结果。除此之外，不要讨厌自己，不要以为自己羞怯就容忍自己的短处。一个人不要看不到自己的价值，只看到自己的不足，什么都不如别人，处处低人一等。例如，有的孩子总认为自己学习不好，天生愚笨不敢跟别人比；有的孩子认为自己拙嘴笨舌，不善辞令，就会丧失信心，产生厌恶自己并否定自己的自卑感，在与人交往中就缺乏勇气，缺乏积极性、主动性。连自己都不信任的人，当然很难引起别人的兴趣和注意，而这又恰恰助长了自卑，如此形成了"恶性循环"，越发增长了羞怯和自卑。要经常给孩子以鼓励，让他不但能认识自己，还要全面接纳自己。

其次，要让孩子学会正确与人比较。

自卑感强的人往往拿自己的短处跟别人的长处比，其实，这样越比越泄气，越比越自卑，有的孩子因为学习不好而产生自卑就是这个原因。

如果自己的孩子学习不好，家长就不应该拿孩子与学习成绩好的同学相比。如有的父母经常说："你看看隔壁的小刚，年级和你的一样，他的成绩就那么好，为什么你的成绩就这么差？"这种比较只能使孩子越比心情越糟。其实在比较中扬孩子的长、避孩子的短往往更能增强其自信心。

最后，要努力塑造孩子坚强的个性。

交往中的自卑心理，往往是由于对自己的能力不能正确评价而造成的。心理学家研究认为，智力优秀者一般具有四种品质：第一，一定要取得成功的坚持力；第二，善于为实现目标不断积累成果；第三，自信心；第四，不自卑。

一些有特殊才能的科学家、艺术家等的实践表明，他们的成就与他们个性品质有密切的联系。鲁迅的话就很能说明问题："我哪里是什么天才，我只是把别人喝咖啡的工夫都用在了工作上。"另外，能力和自信心是密不可分，自信心强的人往往能扬长避短，能力发挥得更充分。

要让你的孩子知道：只有自信才能挖掘自己的潜力，才能有勇气正视别人的优点。

以下是帮助孩子克服自卑心理的 6 条方法：

（1）在生活中要注意并善于发现孩子的优点和点滴的进步，并不失时机地给予肯定和表扬。

（2）不要总拿孩子的缺点和别人的优点作比较，更不要贬低孩子。

（3）不管你的孩子表现如何，都不能随便作出"没有出息"之类的负面判断，也不能任意给孩子贴上"窝囊废"之类的灰色标签。

（4）不要单纯抽象地用貌美、聪明、学习成绩好等夸奖来满足孩子的自我表现欲，而要尽可能地在具体地不同层次上让孩子看到自己特有的优势，从而实现高质量的自我满足。

（5）要教育孩子重视自己每一次的成功。成功的经验越多，孩子的自信心也就越强。

（6）要让孩子知道，只要付出，就会有收获；付出的越多，收获的就越多。

征 稿 启 事

　　《名师工程》系列丛书是西南师范大学出版社策划、组织出版的大型系列教育丛书。丛书以新课程下的新教学为背景，以促进施教者的教育能力为落脚点，以提高教育质量、提升教师水平为宗旨。

　　丛书首批推出的"名师讲述""教学提升""教学新突破""高中新课程""教师成长""大师讲坛""教育细节""创新语文教学""教育管理力""教师修炼""创新数学教学""教育通识""教育心理""创新课堂""思想者""名师名课""幼师提升""优化教学""教研提升""名校长核心思想系列""名校""高效课堂""班主任专业化"等系列，共120多个品种，其余系列也将陆续出版。为了让广大教师有一个交流、借鉴的机会，同时也为了给广大教师提供更多、更好的图书，《名师工程》系列丛书编辑出版委员会特向全国教育工作者征集稿件。

稿件要求：

1.主题鲜明、新颖，有独创性。

2.主题以提升教育能力为主，也可适当外延。

3.主题要有一定规模、有典型案例支撑。

4.案例要贴近教育实际，操作性强。

5.文章、书稿结构清晰，语言精彩。

　　书稿作者在选题确定之后，请及时与我们做好沟通，具体事宜确定好之后再进行创作；也欢迎用已经完稿的稿件投稿。一线教师如希望参与图书案例的创作，可联系我社策划机构，由策划机构备案，在适合的图书中参与创作。

　　真诚欢迎各位教师踊跃投稿。

联系方式：

西南师范大学出版社高教分社

电话：023-68254356　　E-mail：zcj@swu.cn

西南师范大学出版社高教分社北京策划部

电话：010-68403096

E-mail：guodejun1973@163.com

敬 告 作 者

　　《大师讲坛系列》旨在为从教者或家长提供一个能够提升教育思想和教育能力的平台。选收的文章为古今中外大师们关于各种教育主题的经典论述。由于作者面广，选编者们经过多方努力，还是与一部分作者（译者）无法取得联系，敬请作者（译者）或著作权享有人予以谅解。

　　敬请作者（译者）或著作权享有人与我们联系，以便寄奉样书或支付稿酬。

　　联系人：任小姐
　　电话（传真）：010—68403097

西南师范大学出版社
《名师工程》系列丛书目录

系列	序号	书　　名	主编	定价
高效课堂系列	1	《用什么提高课堂效率——有效数学课必须关注的10大要素》	赵红婷	30.00
	2	《让作文更轻松——小学作文高效教学36锦囊》	李素环	30.00
	3	《让研究性学习更高效——研究性学习施教指导策略》	欧阳仁宣	30.00
	4	《让母语融入学生心灵——提升学生语文素养的高效施教艺术》	黄桂林	30.00
思想者系列	5	《今日教育之民间立场》	子虚（扈永进）	30.00
	6	《教育，细节的深度反思》	许传利	30.00
	7	《追寻教育的真谛——许锡良教育思考录》	许锡良	30.00
班主任专业化系列	8	《神奇的教育场——打造特色班级文化创新艺术》	李德善	30.00
教研提升系列	9	《教师怎样做小课题研究——高效助力教师专业化成长》	徐世贵　刘恒贺	30.00
	10	《今天我们应怎样评课》	张文质　陈海滨	30.00
	11	《今天我们应怎样进行教学反思》	张文质　刘永席	30.00
	12	《一节好课需要的教育智慧》	张文质　姚春杰	30.00
优化教学系列	13	《让教学更生动——激发兴趣让学生快乐认知》	朱良才	30.00
	14	《让教学更高效——策略创新让教学事半功倍》	孙朝仁	30.00
	15	《让教学更开放——拓展延伸让学生触类旁通》	焦祖卿　吕勤	30.00
	16	《让教学更生活——体验运用让学生内化知识》	强光峰	30.00
	17	《让知识更系统——整合与概括让学生建构体系》	杨向谊	30.00
	18	《让思维更创新——思辨与发散让学生思维活跃》	朱良才	30.00
名校长核心思想系列	19	《成为有思想的校长》	赵艳然	30.00
名校系列	20	《好学校，从关注每个学生开始——石梅小学优质教育多元感悟》	顾泳　张文质	30.00
幼师提升系列	21	《全国优秀幼儿健康教育活动课例评析》	教育部教育管理信息中心	30.00
	22	《全国优秀幼儿艺术教育活动课例评析》	教育部教育管理信息中心	30.00
	23	《全国优秀幼儿社会教育活动课例评析》	教育部教育管理信息中心	30.00
	24	《全国优秀幼儿语言教育活动课例评析》	教育部教育管理信息中心	30.00
	25	《全国优秀幼儿科学教育活动课例评析》	教育部教育管理信息中心	30.00
名师名课系列	26	《名师如何炼就名课》（美术卷）	李力加	35.00
教师修炼系列	27	《班主任工作行为八项修炼》	杨连山	30.00
	28	《教师心理健康六项修炼》	李慧生	30.00
	29	《教师专业化五项修炼》	杨连山　田福安	30.00
	30	《课堂教学素养五项修炼》	刘金生　霍克林	30.00
	31	《高效教学技能十项修炼》	欧阳芬　诸葛彪	30.00
	32	《教师新师德六项修炼》	王毓珣　王颖	30.00

系列	序号	书　名	主编	定价
创新课堂系列	33	《如何实现三维目标——让学生与文本共鸣的诵读教学》	张连元	30.00
	34	《想说　会说　有话可说——突破作文瓶颈的三维教学法》	杨和平	30.00
	35	《综合课的整合创新教学》	周辉兵	30.00
	36	《如何打造学生喜欢的音乐课堂》	张娟	30.00
	37	《理想课堂的构建与实施——一个教研员眼中的理想课堂》	张玉彬	30.00
	38	《小学语文：决定教学质量的关键策略》	李楠	30.00
	39	《用〈论语〉思想提升数学教育智慧》	胡爱民	30.00
	40	《童化作文——浸润儿童心灵的作文教学》	吴勇	30.00
创新数学教学系列	41	《小学数学：名师教学目标落实艺术》	余文森	30.00
	42	《小学数学：名师高效教学设计艺术》	余文森	30.00
	43	《小学数学：名师易错问题针对教学》	余文森	30.00
	44	《小学数学：名师魅力课堂激趣艺术》	余文森	30.00
	45	《小学数学：名师同课异教》	林高明　陈燕香	30.00
	46	《小学数学：名师抽象问题艺术教学》	余文森	30.00
教育通识系列	47	《用心做教师——青年教师快速成长的十大定律》	王福强	30.00
	48	《做最受学生欢迎的老师》	赵馨　许俊仪	30.00
	49	《做有策略的校长——经典寓言与学校管理智慧》	宋运来	30.00
	50	《做有策略的教师——经典故事中的教育启示》	孙志毅	30.00
	51	《从学生那里学教书》	严育洪	30.00
	52	《突破平庸——提升教育质量的31个跳板》	严育洪	30.00
	53	《教育，诗意地栖居》	朱华忠	30.00
	54	《好班规打造好班级》	赵凯	30.00
	55	《做学生成长的引领者——学生终身成长的素质培养》	田祥珍	30.00
	56	《如何管出好班级——突破班级管理的四大瓶颈》	刘令军	30.00
	57	《青春期性教育教师实用手册》	闵乐夫	30.00
教育心理系列	58	《做最好的心理导师——中学生心理健康咨询手册》	杨东	30.00
	59	《每天学点教育心理学》	石国兴　白晋荣	30.00
	60	《学生心理拓展训练与指导》	徐岳敏	30.00
	61	《好心态成就好学生——学生心理问题剖析与对症教育》	李韦遴	30.00
教育管理力系列	62	《名校激励管理促进力》	周兵	30.00
	63	《名校安全管理执行力》	袁先潋	30.00
	64	《名校师资团队建设力》	赵圣华	30.00
	65	《名校危机管理应对力》	李明汉	30.00
	66	《名校校本研究创新力》	李春华	30.00
	67	《学校文化力建设策略》	袁先潋	30.00
	68	《名校长核心教育力》	陶继新	30.00
	69	《名校长高绩效领导力》	周辉兵	30.00
	70	《名校行政管理细节力》	杨少春	30.00
	71	《名校教学管理提升力》	张韬　戴诗银	30.00
	72	《名校学生管理教导力》	田福安	30.00
	73	《名校校园文化构建力》	岳春峰	30.00
创新语文教学系列	74	《小学语文：享受对话教学》	孙建锋	30.00
	75	《小学语文：名师教学目标落实艺术》	刘海涛　王林发	30.00
	76	《小学语文：名师魅力教学设计艺术》	刘海涛　王林发	30.00
	77	《小学语文：名师魅力课堂激趣艺术》	刘海涛　豆海湛	30.00
	78	《小学语文：单元整体教学构建艺术》	李怀源	30.00
	79	《小学作文：名师情趣课堂创设艺术》	张化万	30.00

系列	序号	书名	主编	定价
教育细节系列	80	《名师最具渲染力的口才细节》	高万祥	30.00
	81	《名师最有效的沟通细节》	李燕 徐波	30.00
	82	《名师最有效的激励细节》	张利 李波	30.00
	83	《名师培养学生好习惯的高效细节》	李文娟 郭香萍	30.00
	84	《名师人格教育的经典细节》	齐欣	30.00
	85	《名师营造课堂氛围的经典细节》	高帆 李秀华	30.00
	86	《名师最有效的赏识教育细节》	李慧军	30.00
	87	《名师最有效的批评细节》	沈旎	30.00
大师讲坛系列	88	《大师谈教育心理》	肖川	30.00
	89	《大师谈教育激励》	肖川	30.00
	90	《大师谈教育沟通》	王斌兴 吴杰明	30.00
	91	《大师谈启蒙教育》	周宏	30.00
	92	《大师谈教育管理》	樊雁	30.00
	93	《大师谈儿童人格塑造》	齐欣	30.00
	94	《大师谈儿童习惯培养》	唐西胜	30.00
	95	《大师谈儿童能力培养》	张启福	30.00
	96	《大师谈早恋与性教育》	闵乐夫	30.00
	97	《大师谈儿童情感教育》	张光林 张静	30.00
教师成长系列	98	《学学名师那些事》	孙志毅	30.00
	99	《给新教师的建议》	李镇西	30.00
	100	《教师心灵读本：成为有思想的教师》	肖川	30.00
	101	《教师心灵读本：教师，做反思的实践者》	肖川	30.00
高中新课程系列	102	《高中新课程：教师角色转变细节》	缪水娟	30.00
	103	《高中新课程：班主任新兵法细节》	李国汉 杨连山	30.00
	104	《高中新课程：教学管理创新细节》	陈文	30.00
	105	《高中新课程：更有效的评价细节》	李淑华	30.00
教学新突破系列	106	《把教学目标落实到位——名师优质课堂的效率管理》	冯增俊	30.00
	107	《拿什么调动学生——名师生态课堂的情绪管理》	胡涛	30.00
	108	《零距离施教——名师和谐师生关系的构建艺术》	贺斌	30.00
	109	《一个都不能落——名师提升学困生的针对教学》	侯一波	30.00
	110	《让学习变得更轻松——名师最能吸引学生的情境设计》	施建平	30.00
	111	《让知识变得更易学——名师改造难学知识的优化艺术》	周维强	30.00
教学提升系列	'112	《方法总比问题多——名师转变棘手学生的施教艺术》	杨志军	30.00
	113	《用特色吸引学生——名师最受欢迎的特色教学艺术》	卞金祥	30.00
	114	《让学生爱上课堂——名师高效课堂的引导艺术》	邓涛	30.00
	115	《拿什么打开思路——名师最吸引学生的课堂切入点》	马友文	30.00
	116	《没有记不牢的知识——名师最能提升学生记忆效果的秘诀》	谢定兰	30.00
	117	《让学生的思维活起来——名师最激发潜能的课堂提问艺术》	严永金	30.00
名师讲述系列	118	《施教先施爱——名师讲述班主任的核心教导力》	杨连山 魏永田	30.00
	119	《在欢乐中成长——名师讲述最具活力的课堂愉快教学》	王斌兴	30.00
	120	《让学生做自己的老师——名师讲述如何提升学生自主学习能力》	徐学福 房慧	30.00
	121	《引领学生高效学习——名师讲述如何提高学生课堂学习效率》	刘世斌	30.00
	122	《教育从心灵开始——名师讲述最能感动学生的心灵教育》	张文质	30.00

图书在版编目（CIP）数据

大师谈教育心理/肖川主编. —重庆：西南师范大学出版社，2009.4

（名师工程系列丛书）

ISBN 978－7－5621－4438－0

Ⅰ.大… Ⅱ.肖… Ⅲ.教育心理学－文集
Ⅳ.G44－53

中国版本图书馆 CIP 数据核字（2009）第 052838 号

名师工程系列丛书

编委会主任：马　立　宋乃庆
总策划：周安平
策　划：李远毅　卢　旭　郑持军　郭德军

大师谈教育心理

主编　肖　川

责任编辑：杜珍辉
封面设计：大象设计
出版发行：西南师范大学出版社
　　　　　地址：重庆市北碚区天生路 1 号
　　　　　邮编：400715　市场营销部电话：023－68868624
　　　　　http://www.xscbs.com
经　销：新华书店
印　刷：九洲财鑫印刷有限公司
开　本：787mm×1092mm　1/16
印　张：18
字　数：265 千字
版　次：2009 年 5 月　第 1 版
印　次：2011 年 9 月　第 3 次印刷
书　号：ISBN 978－7－5621－4438－0

定　价：30.00 元